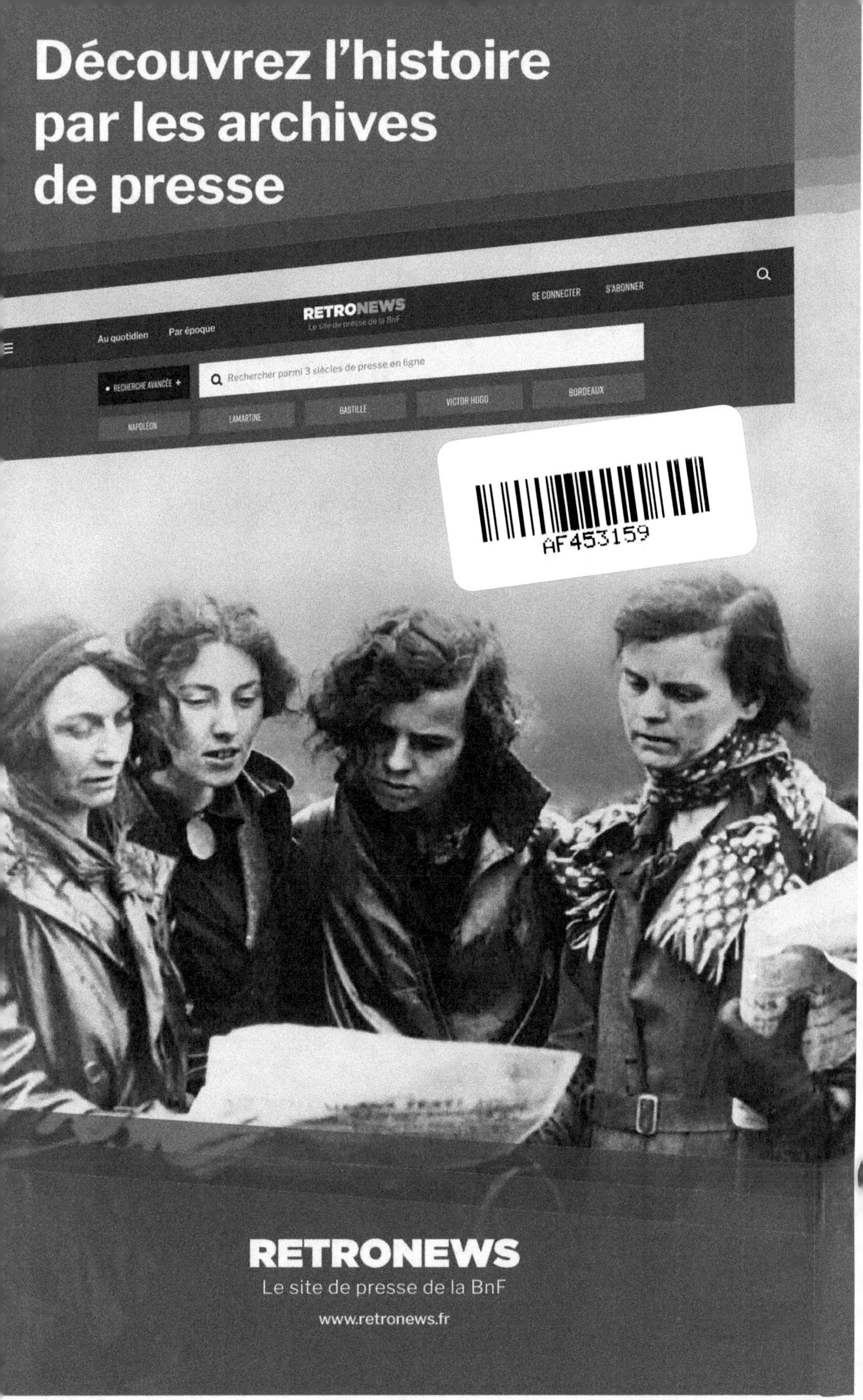

Découvrez l'histoire par les archives de presse

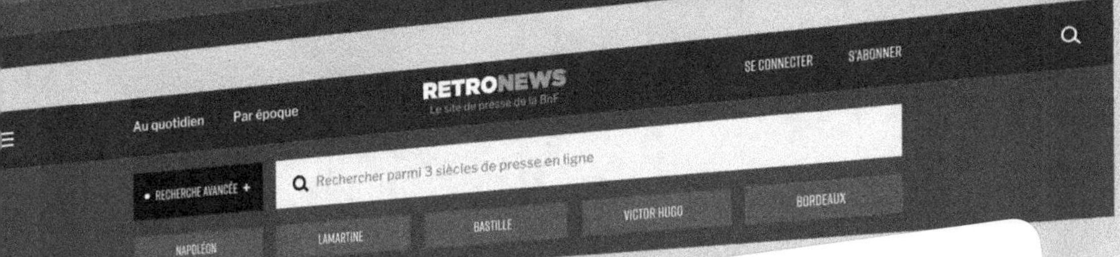

RETRONEWS

Le site de presse de la BnF

www.retronews.fr

SOCIÉTÉ AGRICOLE & SCIENTIFIQUE

DE LA HAUTE-LOIRE

MÉMOIRES

ET

PROCÈS-VERBAUX

1891, 1892, 1893

TOME SEPTIÈME

LE PUY

R. MARCHESSOU, IMPRIMEUR DE LA SOCIÉTÉ

Boulevard Carnot, 23.

M DCCC XCIV

MÉMOIRES

ET

PROCÈS-VERBAUX

PROCÈS-VERBAUX

PROCÈS-VERBAUX

EXTRAIT DES PROCÈS-VERBAUX

DES SÉANCES

DE LA

SOCIÉTÉ AGRICOLE ET SCIENTIFIQUE

DE LA HAUTE-LOIRE

SÉANCE DU 8 JANVIER 1891.

PRÉSIDENCE DE M. LE Dr MOREL.

Présents : MM. Blanc-Giraud, Breschet, Chaduc, Champanhac, Dr Coiffier, Experton, Gatillon, Gazanion (Édouard), Gazanion (Louis), Gueyffier (Louis), Hérisson, Jacolin, Lascombe, Martin, Ménaud, Dr Morel, Vallery-Michel.

Le procès-verbal de la dernière séance est lu et adopté après une courte observation de M. Martin.

Dans une circulaire datée du 29 novembre 1890, M. le ministre de l'Agriculture indique un procédé employé avec succès, depuis plusieurs années, à l'Ecole pratique d'Agriculture de Beauchêne (Mayenne), pour détruire les mulots et souris qui ont causé dans ces derniers temps, et sur divers points du territoire, d'énormes dommages aux récoltes. Voici en quoi consiste ce procédé :

« Dans un tuyau de drainage d'environ 3 centimètres de diamètre « intérieur, on introduit vers son milieu, à l'aide d'une petite palette, « un mélange de 4/5 de farine et de 1/5 d'acide arsénieux (arsenic du « commerce), puis on dépose ce tuyau à proximité des trous où se « trouvent les mulots. »

Ce procédé, simple et peu coûteux, permet en outre de ne pas exposer les animaux domestiques, non plus que le gibier, aux conséquences de l'absorption du mélange.

M. Hérisson, membre du jury au concours agricole tenu à Siaugues-Saint-Romain, le 16 décembre dernier, donne des renseignements sur ce concours qui comprenait deux catégories, celle des animaux gras et celle des reproducteurs. Les animaux exposés présentaient un ensemble remarquable par le nombre et la qualité. Les médailles offertes par la Société agricole et scientifique de la Haute-Loire ont été décernées aux reproducteurs.

En terminant sa communication, M. Hérisson ajoute que le jury, informé qu'un propriétaire dont la génisse avait obtenu un premier prix, l'avait vendue à un boucher, a retenu ce prix et l'a accordé à un autre exposant.

En vue d'améliorer l'espèce bovine du pays, la Société avait, au moyen d'une allocation de l'État, fait l'acquisition : 1° d'un taureau de race tarantaise ; 2° d'un taureau et d'une génisse de race limousine. Ces animaux ont été revendus à des propriétaires de la région qui ont pris l'engagement de les conserver dans leurs domaines durant un temps déterminé. La somme formant la différence entre les prix d'achat et de revente sera, suivant le désir de la Société, affectée à l'acquisition de graines.

Dans une lettre adressée à M. le Président, M. Girard-Gory, signale un essai de culture d'une pomme de terre connue sous le nom de *Kernour*. Semés à Espaly, 100 kilogrammes de cette variété ont produit 1,200 kilogrammes. Comme qualité, le *Kernour* se rapproche de la pomme de terre hollandaise, mais lui est supérieur comme rendement. Les échantillons envoyés par M. Girard-Gory laissent un peu à désirer au point de vue de la grosseur, et peut-être la grande culture ne pourrait-elle bénéficier de cette variété nouvelle. Quoique très bonne, cette pomme de terre est tardive, ce qui présente des inconvénients dans un pays comme la Haute-Loire, où les hivers sont presque toujours prématurés.

L'ordre du jour appelle une communication sur la température du sol à diverses profondeurs. Au champ d'expériences du Fer-à-Cheval,

M. le professeur d'agriculture a observé, durant plusieurs jours, la température du sol à trente centimètres de profondeur, et l'a constamment trouvée bien supérieure à celle de l'air ambiant. Les variations de cette température différaient peu et ne s'abaissaient guère au-dessous de + 1°. Ce phénomène, d'ailleurs bien connu, semblerait donner l'explication de la persistance de la végétation des racines, pendant les hivers et les froids les plus rigoureux.

M. Lascombe entretient la Société d'une découverte d'antiquités romaines à Rosières, signalée dans l'*Echo du Velay* du 27 décembre 1890. Au fond d'un ancien puits on a trouvé : 1° une médaille en bronze, grand module, à l'effigie de l'empereur Domitien ; 2° un vase de même métal, à goulot étroit ; 3° diverses poteries, la plupart brisées. Quelques vases néanmoins ont été sauvés de la destruction par M. le maire de Rosières.

Le lieu de dépôt de ces objets constituait sans doute un puits funéraire analogue à ceux découverts sur plusieurs points de la France, et notamment en Vendée et en Poitou.

M. Lascombe rappelle à ce sujet la trouvaille faite, il y a quelques années, à Saint-Paulien, d'un récipient en bronze placé au fond d'un antique puits et entouré de vases en poterie commune.

Une réunion du conseil d'administration de la Société, a eu lieu le 24 décembre dernier, sous la présidence de M. le docteur Morel.

Le but principal de cette convocation était la vérification des recettes et des dépenses de la Société pendant l'année 1890, et le réglement d'un compte en ce qui touchait l'allocation annuelle faite au Comice par la Société agricole et scientifique de la Haute-Loire.

Une commission composée de MM. Philippe Hedde, Hérisson et Vallery-Michel fut désignée pour procéder à ce réglement.

M Hérisson, au nom de M. Hedde, rapporteur, donne communication du rapport dressé par ce dernier. Après une discussion assez vive, et sur la demande de quelques membres, l'assemblée ajourne sa décision à la prochaine séance.

L'un des secrétaires,
A. LASCOMBE.

SÉANCE DU 5 FÉVRIER 1891.

PRÉSIDENCE DE M. LE Dʳ COIFFIER.

Présents : MM. Boyer, Breschet, Chaduc, Coiffier, Enjolras, Experton, Gazanion Édouard, Gazanion Louis, Jacotin, Lascombe, O'Farrell,
Vallery-Michel, Vérot et Riboud.

Le procès-verbal de la dernière séance est lu et adopté.

M. Coiffier lit une lettre de M. le Dʳ Morel s'excusant de ne pouvoir
assister à la réunion et exprimant le désir, à la suite de la discussion
un peu vive de la dernière séance, touchant les intérêts de la Société
et ceux du Comice, de voir voter sans discussion les conclusions du
rapport de M. Hedde, présenté à la dernière réunion, au nom de la
commission déléguée par le conseil d'administration pour l'examen
des comptes et de la situation budgétaire de la Société.

Il ressort de ce rapport :

Que l'actif net de la Société est à ce jour de 11,097 fr. 40 c. et que
pour 1890, le budget se solde par un excédant de dépenses de 1,938 fr.
35 c. sur les recettes. Cet excédant, dont la répétition serait de nature
à nuire à la situation financière de la Société, doit être attribué uni-
quement à la dépense extraordinaire de 3,775 fr. pour l'impression
du volume des publications.

Il y aura donc lieu, à l'avenir, d'apporter une certaine réserve sur
cet article.

Le rapport indique ensuite, touchant le règlement des comptes
entre le Comice et la Société, qu'il y a lieu de faire remonter ce règlement à 1886. En affectant au Comice pour ces quatre années, comme
pour les précédentes, une subvention annuelle de 1,000 fr. — le total
est de 4,000 fr. dont il faut déduire les sommes payées par la Société
pour le Comice, soit 2,500 fr. Il resterait donc un reliquat de 1,500 fr.
dû au Comice par la Société. — Voici pour le passé.

Pour l'avenir, considérant que depuis 1885, les dépenses du Comice doivent diminuer par suite de la suppression de la publication du journal, la commission émet le vœu que l'allocation annuelle fournie par la Société au Comice soit réduite à la somme fixe de 500 francs, sur laquelle le Comice devra prélever un contingent de 200 fr. pour le concours, mais ne participera pas aux dépenses de la Société.

Faisant droit au désir exprimé par M. le Dr Morel, le Président met aux voix les conclusions de ce rapport.

Après une observation faite par M. O'Farrell et agréée par M. Jacotin, président du Comice, que cette allocation de 500 fr. ne soit dépassée sous aucun prétexte, ces conclusions sont adoptées à l'unanimité.

Le huitième fascicule du tome V du *Bulletin de la Diana*, page 343, contient la note suivante :

« M. le lieutenant Jannesson communique à l'assemblée d'intéres-
« santes remarques archéologiques faites par lui pendant les grandes
« manœuvres de 1890, sur différents monuments de la Haute-Loire,
« notamment à Saint-Hilaire et à Chassignoles. »

On doit, dit M. Lascombe, regretter le laconisme de cette note. Elle ne nous apprend rien sur la nature des découvertes de M. Jannesson ; mais il y a lieu cependant de la signaler à nos confrères de Brioude, MM. Paul Le Blanc, Lachenal, Vernière et Fournier La Touraille qui pourront explorer les localités qui semblent présenter, au point de vue archéologique, un certain intérêt.

M. Lascombe fait passer sous les yeux de l'assemblée une brochure transmise par notre confrère, M. Henry Mosnier, et qui a pour titre : *Inscription énigmatique sur un chapiteau de Saint-Julien de Brioude.* M. Robert de Lasteyrie, membre de l'Institut a, dans cet opuscule de quinze pages in-8°, paru en 1890 dans les *Comptes rendus des séances de l'Académie des Inscriptions et Belles-Lettres*, étudié, surtout au point de vue épigraphique, cette inscription restée indéchiffrable jusqu'à ce jour.

La Société, après le compte rendu de cette brochure fait par M. Lascombe, en vote la reproduction dans ses Mémoires.

M. Lascombe appelle l'attention de la Société sur une récente brochure publiée par M. Amédée Saint-Ferréol sous le titre de *Documents pour l'histoire de la ville de Brioude.* L'auteur décrivant les médaillons en bronze fixés aux portes du porche sud de l'église de Brioude, dont Prosper Mérimée n'a pas dit un mot dans ses *Notes d'un voyage en Auvergne*, dit que ces médaillons « sur lesquels sont sculptés en haut relief des têtes d'hommes, ayant à la bouche l'anneau que devait prendre avec la main celui qui venait demander le droit d'asile dans l'église » portent les inscriptions suivantes :

Orior exanimis : vitam dat sps (spiritus) oris
Illecebris oris capta fallax trahit orbis.

Suivant M. Saint-Ferréol, « ce sont deux sentences morales dont le sens est : « Je viens au monde inanimé ; la parole me donne la vie : Le monde trompeur entraîne à leur ruine ceux qui sont séduits par les charmes de la parole. » Autrement dit : Il y a la parole de vie et la parole de mort, ou : La parole donne la vie et donne la mort.

Sous l'une de ces inscriptions, on lit *Geraldus* ou *Geralus me fecit*.

M. Vérot renouvelle son ancienne proposition relative au remboursement des dettes d'État par un simple procédé de trésorerie et demande que l'État profite du renouvellement du privilège de la Banque pour imposer à celle-ci, en échange du droit de battre monnaie, l'obligation de lui prêter *sans intérêt* une somme suffisante pour retirer de la circulation 50 millions de rente, et de se servir des revenus de ce retrait pour rembourser les avances de la Banque jusqu'à concurrence de 50 millions par an ; que l'expérience en a été faite en 1870 par le prêt à l'État d'une somme de 1,500 millions ; que ce prêt n'a porté aucun trouble dans les affaires de la Banque et a servi, au contraire, à vulgariser les billets de Banque dans les campagnes où ils n'avaient jamais pénétré.

Il demande, en outre, que les bénéfices de l'opération soient affectés à l'abolition progressive de l'impôt foncier qui grève de plus de 10 p. 0/0 les revenus de la terre ; alors que les rentiers de l'État ne payent pas un sou d'impôt à quelque somme que s'élèvent leurs rentes. En faisant disparaître cette inégalité choquante pour les populations agricoles, on établira réellement ainsi, dit M. Vérot, « la République des paysans ».

Cette manière de voir, qui ne paraît pratique qu'à son auteur, semble sortir des limites du cadre de la Société. En tout cas, son examen est renvoyé à une séance ultérieure.

M. Lascombe fait la communication suivante :

« Dans le tome III des *Mémoires de la Société agricole et scientifique de la Haute-Loire*, M. Henry Mosnier a publié un acte extrait des minutes de Pierre Mareschal, notaire au Puy, concernant la corporation des maçons et charpentiers de cette ville. Cet acte est du 1ᵉʳ août 1632.

« Un nouveau document, dont nous devons communication à M. Vialet, maire d'Aiguilhe, confirme l'existence de cette corporation au commencement de ce siècle. C'est un prix-fait consenti par les maçons de notre ville à Jean et Jacques Gentes, père et fils, pour la confection d'un drap mortuaire. Voici le contenu de cette pièce.

« Aujourd'huy, le 4 may 1801, avont fait la convention suivante :

« savoir que nous, Jaque Antoine Veysere, premier baille du corps
« de masson, et Jaque Cartal second baille, Michel Chanu troisième
« baille, Jean-Pierre Veysere quatrième baille, avons donné à faire à
« Jean-Jaque Gentes, père et fils, un drap de mort en velour, moye-
« nant le pris et somme de cens treize livres, dont ledit Gentes père
« et fils doit faire le dit drap de mort composé de 7 aunes et demi
« quart de longueur sur 6 pieds et 8 pouces de large, avec une croix
« au milieu, composé de 8 pouces de large avec quatre têtes de mort,
« une à chaque coin, avec saint Escrutere, évêque, tenant une tran-
« che à la main gauche et à la main droite un compat; et ledit Jentes
« père et fils s'oblige de rendre ledit drap de mort, en bon état : et
« avont fait double des présentes.

« Veiseyre, Gentes, Chanut. »

« Saint Scutaire, huitième évêque du Puy, passe, suivant les légendes
et la chronique, pour avoir été, avec saint Vozy, l'architecte de la cathédrale du Puy. Aussi les maçons de notre ville l'ont-ils adopté pour
patron, et son image figure-t-elle encore sur leur bannière. Cette corporation a choisi pour la célébration de sa fête patronale le jour de la
Dédicace, parce que, sans doute, le nom de saint Scutaire ne figure
plus au calendrier. »

L'un des secrétaires,
Eugène RIBOUD.

SÉANCE DU 5 MARS 1891.

La séance est présidée tour à tour par M. le docteur Coiffier, vice-
président, et par M. le docteur Morel, président.

Présents : MM. Breschet, Champanhac, Dr Coiffier, Enjolras, Fal-
con (Régis), Garde (Louis), Gatillon, Gazanion (Édouard), Gazanion
(Louis), Giraud (Henri), Gueyffier (Louis), Habrial, Jacolin, Lascombe,
Martin, Menand, Dr Morel, Paul (Louis), Riboud, Rogues-Vallery,
Tuja, Vallery-Michel et Vérot.

Le procès-verbal de la dernière séance est adopté.

La correspondance comprend : 1° une lettre de M. le maire de Langeac, contenant copie du rapport sur le concours agricole tenu dans cette ville, le 2 octobre 1890, et exprimant ses remerciements et ceux du conseil municipal à la Société agricole et scientifique de la Haute-Loire, pour la participation de cette dernière au succès de ce concours, par le don qu'elle a fait de médailles d'argent et de bronze ;

2° Une lettre de M. le Préfet de la Haute-Loire, relative au concours régional agricole qui sera tenu à Aurillac, du samedi 30 mai au dimanche 7 juin 1891 ;

3° Une circulaire de M. le Ministre de l'Instruction publique et des Beaux-Arts fixant au mardi 19 mai prochain, l'ouverture de la 15e session des sociétés des beaux-arts des départements.

Au nom de M. Henry Mosnier, M. Lascombe lit un mémoire sur les *Boursiers du diocèse du Puy au collège d'Autun, à Paris.*

L'impression de ce mémoire est votée par la Société.

M. le docteur Coiffier s'est livré à une étude de la natalité et de la mortalité au Puy, durant une période de vingt ans. Il ressort de ses observations, basées sur des documents officiels, que les naissances ont été toujours en nombre inférieur à celui des décès. En 1870, dit M. Coiffier, « il naissait au Puy 471 enfants. En 1890, il n'en naissait plus que 373. — Différence 98. — Le nombre des décès, au contraire, demeure à peu près stationnaire avec quelque légères oscillations : il varie entre 550 et 620... Si l'on additionne, d'une part, tous les décès depuis vingt ans, et, d'autre part, toutes les naissances depuis la même époque, on trouve pour les naissances 9,187 et pour les décès 13,367, soit un excédant de décès sur les naissances de 4,180 ce qui revient à dire que le Puy a perdu depuis vingt ans, 4,180 personnes, soit une perte annuelle de 195 sujets. Si le chiffre de la population du Puy demeure stationnaire, variant entre dix-neuf et vingt mille, cela ne s'explique que par l'arrivée d'étrangers venant combler le déficit. Le Puy, réduit à ses seules naissances, ne se soutiendrait pas long-temps. On peut même calculer qu'avec sa perte annuelle de 195 sujets, il ne serait plus, dans 98 ans, qu'un simple village de quelques centaines d'habitants et que dans 101 ans il aurait complètement cessé d'exister.

« Pour parer à la décadence de notre ville, ne pouvant guère augmenter le nombre des naissances, il faudrait favoriser par l'industrie, le commerce, l'arrivée des étrangers dans nos murs et diminuer par l'hygiène le nombre des décès. »

Quand les fourmis ont envahi une habitation, il n'est pas facile de les en déloger.

Les Annales de la Société d'agriculture de la Loire (1), dit M. Louis Guéyffier, indiquent un procédé pour se débarrasser de ces hyménoptères. Il est simple et voici en quoi il consiste : « Enduire des baguettes ou une ficelle avec de la glu, puis placer les baguettes ou tendre la ficelle dans les endroits fréquentés par les fourmis; cela suffit pour les faire déguerpir, assure l'auteur de cette découverte, M. Henri de Parville. »

En s'en tenant à cette citation, on pourrait croire que c'est comme piège que la glu a agi, que c'est en voyant quelques-unes de leurs camarades empêtrées dans la substance visqueuse que les autres fourmis se sont sauvées. Il n'en est rien.

« La fourmilière d'un voisin, écrit M. de Parville, m'envoyait à 100 mètres de distance ses légions serrées, qui venaient s'engouffrer dans ma cave... J'avais essayé de tous les moyens recommandés en la circonstance; je noyais, j'échaudais à l'eau bouillante, je brûlais au pétrole et toujours des bataillons se suivaient en rangs serrés... Un matin j'eus l'idée de placer, près de mon soupirail et le long de l'allée un peu de glu. Enfin, toutes les fourmis reculèrent et pas une ne pénétra dans la cave. Et cependant pas une ne s'était hasardée à monter sur la glu ; à distance elles eurent comme le sentiment du danger, et, sans hésitation, elles s'en retournèrent d'où elles étaient venues. Ainsi, pas de doute : c'est bien la glu qui a éloigné les fourmis. »

M. Jacolin annonce que le Comice agricole du Puy tiendra son concours annuel d'animaux gras le mardi 17 mars prochain. Le montant des prix à distribuer s'élève à la somme de 2,000 francs.

Les champignons entrent pour une bonne part dans l'alimentation, constituent un aliment sain, substantiel, nutritif et une nourriture abondante et peu coûteuse. C'est ce que démontre M. Louis Gueyffier par l'analyse d'une brochure due à M. de Mortillet, de Meylan (Isère) et qui a pour titre *Le Vade mecum du Mycophage;* avec cette épigraphe : *Les champignons sont la manne du pauvre.*

M. de Mortillet observe « que les Tartares, les Russes, les Polonais, les Allemands, les Suisses, font, durant l'automne, de larges provisions de champignons qui sont leur principale ressource et leur tiennent lieu de viande en hiver; tandis que le campagnard français ignore ou néglige la pratique de ces conserves pour la mauvaise saison, et ne consomme même pas, pendant les beaux jours, les espèces saines qui croissent souvent devant la porte de sa demeure ».

Mais pour tirer parti des champignons il faut les connaître : or,

____

(1) Tome X. Année 1890 ; 2ᵉ livraison, avril, mai, juin, page 121.

il n'est pas plus difficile pour le vulgaire, dit l'éminent mycologue,
« d'apprendre à connaître une douzaine de bonnes espèces que de
savoir distinguer le froment du seigle ou de l'avoine ».

Le champignon est un aliment sain. Wildenow, botaniste allemand
du siècle dernier, a vécu des semaines entières avec des champignons et du pain noir.

Schwægrichen, professeur de botanique à Leipsick, dans un voyage
en Allemagne et en Autriche, observa aux environs de Nuremberg,
que les paysans « mangeaient avec leur pain noir, assaisonné d'anis
et de carvi, des champignons crus ». Faisant sur lui-même l'expérience de cette nourriture, il mangea, durant plusieurs semaines,
des champignons avec du pain, ne buvant que de l'eau pure sans
éprouver la moindre incommodité.

La valeur des aliments se mesure à la quantité d'azote qu'ils renferment. Or, les champignons en contiennent une dose considérable,
supérieure comme puissance nutritive à celle des légumes, du pain
et même de la viande, d'après certains mycologues.

Les champignons fournissent une nourriture peu coûteuse et
abondante. Rien n'empêche l'ouvrier et le paysan, dans leurs
moments de loisir, de se livrer à la cueillette de ces cryptogames,
d'en faire provision pour la mauvaise saison et de constituer des
chapelets qui, une fois désséchés, seront mis à couvert de la pluie et
de l'humidité. C'est bien là ce qu'on peut qualifier de nourriture à
bon marché puisqu'il ne suffit pour se les procurer que de faire quelques promenades à la campagne.

Un rapport fait à l'Académie de médecine et inséré dans le journal *Le Rappel,* du 17 février 1891, est, de la part du même membre,
l'objet de la communication suivante :

« M. Cardin, pharmacien à Confolent (Charente), analysant un
échantillon d'un vin trouble et d'une saveur insupportable, n'y trouva
d'abord rien d'anormal. Le vin était naturel, non plâtré et, en dehors
de son mauvais goût, on ne pouvait lui reprocher que d'être un peu
plat et de manquer de verdeur, défauts causés sans doute par une
insuffisante maturité du raisin. Le microscope ne montra rien de plus
que le ferment naturel du vin, le *Mycoderma vini,* vulgairement
fleur de vin.

« M. Cardin ne savait que penser, quand il fut amené à rechercher
et à constater la présence du gaz acide sulfhydrique, dont il croit
trouver l'origine dans la *bouillie bordelaise* employée partout contre
les parasites cryptogames de la vigne et qui se compose d'un lait de
chaux étendu, mélangé à une solution de sulfate de cuivre.

« Supposons, dit M. Cardin, qu'après le dernier traitement de la vigne, fait généralement un mois avant la vendange, il n'y ait aucune pluie jusqu'à ce moment, il se peut très bien que la pellicule du raisin soit encore recouverte çà et là d'une couche très mince de bouillie. Lors de la fermentation, le sulfate de chaux introduit en assez grande quantité dans le moût pourra se voir partiellement transformé en sulfure qui, à peine formé, sera décomposé par les acides libres ou la crème de tartre du vin, et laissera se dégager dans la masse liquide des proportions de gaz sulfhydrique suffisantes pour rendre le vin inbuvable. »

M. Cardin ajoute que nombre de personnes du département lui ont affirmé avoir eu les mêmes sujets de plainte, bien qu'elles eussent reçu la vendange en nature et fabriqué elles-mêmes leur vin.

Il conseille de remplacer la bouillie « par un autre produit tel que l'ammoniure de cuivre ou encore, si on emploie la *bouillie bordelaise* ou la fleur de soufre, de traiter les vignes assez longtemps avant la récolte ».

L'ordre du jour appelle la discussion sur le renouvellement du privilège de la Banque de France. La parole est donnée à M. Vérot qui continue de développer sa proposition en ces termes :

« Il faut profiter du renouvellement du privilège de la Banque de « France pour établir le crédit agricole si prôné et toujours relégué « à l'arrière plan. Pour atteindre ce but, il y a lieu de favoriser l'éclo-« sion des banques agricoles et de répandre, au moyen de ces ban-« ques, l'argent dans les campagnes.

« Jusqu'à présent, la Banque de France n'a donné que des facilités « au commerce, sans prendre aucune mesure profitable à l'agricul-« ture.

« Les échéances des agriculteurs doivent être plus longues que « celles du commerçant. Depuis les emblavures d'automne jusqu'au « mois d'août, date ordinaire de la récolte, il s'écoule dix à onze mois « pendant lesquels le cultivateur n'a aucun moyen de faire de l'argent. « De plus, les ventes et achats de bestiaux se font en foire et toujours « au comptant. Le crédit est l'exception.

« Le remède serait de faciliter l'escompte des valeurs agricoles, et « de réduire d'un degré les exigences de la Banque.

« L'escompte du papier des agriculteurs doit se faire à *deux signa-« tures* et à une *échéance de six mois*. Le commerçant, escomptant « son papier à deux signatures, à cinq et six mois d'échéance dans les « banques ordinaires du commerce, pourquoi la Banque de France ne « le ferait-elle pas pour les banques agricoles, avec d'autant plus de « raison que la signature d'un agriculteur possédant grains, bestiaux, « fourrages et des valeurs immobilières en terres, prés, bâtiments,

« etc., présente une garantie supérieure au commerçant qui ne pos-
« sède que des marchandises et peut avantageusement remplacer la
« troisième signature?

« Le crédit agricole est tout entier dans cette simple réforme : une
« *signature de moins et trois mois de plus.*

« Cette réforme répandrait l'argent dans les campagnes, comme il
« l'est actuellement dans le monde commercial, et l'industrie agricole
« progresserait dès qu'elle aurait de l'argent à sa disposition. Toute
« la question est de décider l'État à entrer dans cette voie, et le rôle
« de notre société est de le pousser vers ce but. »

M. Enjolras demande le renvoi de la discussion à la prochaine
séance pour répondre aux arguments de M. Vérot et édifier ses collègues sur cette question, qui exige une compétence toute spéciale.

Sur ce, des membres présents font observer à M. Vérot qu'il n'était
pas autorisé à communiquer, de son chef, à M. le président de la
commission du renouvellement du privilège de la Banque de France,
un travail qui n'était ni suffisamment étudié, ni sanctionné par
la Société.

L'un des secrétaires,
A. LASCOMBE.

SÉANCE DU 2 AVRIL 1891.

PRÉSIDENCE DE M. LE Dr MOREL.

Présents : MM. Arssac, Boyer, Carle-Béraud, Champanhac, Chaudier, Dumas, Enjolras, Falcon, Garde (Louis), Gatillon, Gazanion
(Édouard), Gazanion (Louis), Girard-Gory, Habriat, Jacotin, Lascombe,
Mauras (Auguste), Martin, Menand, Dr Morel, Paul (Louis), Tuja, Vallery-Michel, Vérot et Riboud.

Lecture est donnée, par M. le secrétaire, du procès-verbal de la dernière séance qui est adopté, sous réserve toutefois des observations présentées par M. Jacotin, concernant le vote unanime de blâme à l'adresse de M. Vérot, émis à la dernière séance, après les explications échangées au sujet du renouvellement du privilège de la Banque de France, dont il n'est pas fait mention au procès-verbal.

M. Eujolras demande à ce sujet le renvoi de la discussion après la lecture de son rapport sur cette question qui figure pour la troisième fois à l'ordre du jour de nos séances.

Deux avis nous parviennent du ministère, indiquant : l'un que l'ouverture du Congrès des sociétés savantes aura lieu à la Sorbonne le 19 mai prochain ; l'autre du ministère de l'agriculture rappelant que deux grands concours régionaux agricoles doivent être tenus cette année, l'un à Aurillac, l'autre à Bourg.

Présentation est faite par MM. Léon Marchessou et Antoine Jacotin, comme nouveau membre, de M. Édouard Néron, propriétaire à Monistrol. Il sera statué sur cette candidature à la prochaine séance.

Au nom de notre confrère, M. Louis Pascal, M. Lascombe lit un mémoire sur des deniers mérovingiens frappés au Puy et à Brioude aux VIIe et VIIIe siècles, provenant de la trouvaille de Cimiez, près Nice, et récemment légués au cabinet des médailles de France par M. A. Morel-Fatio, inspecteur des musées et antiquités monumentales de la Suisse.

Au sujet du concours d'animaux gras tenu au Puy le 17 mars dernier et dont le compte rendu a été publié dans le journal *La Haute-Loire*, M. Jacotin indique que, cette année, les primes décernées ont été moins fortes que les années précédentes, quoique le concours ne fût pas inférieur à ses devanciers, le ministère ayant, au dernier moment, réduit de 1,000 à 600 francs sa subvention ordinaire.

M. Martin, de Brives, dit, d'après la *Revue des sciences naturelles appliquées*, que le crapaud *(Bufo)* ne serait pas un ennemi que l'agriculture doive dédaigner. Il ferait la chasse aux abeilles ainsi qu'aux autres insectes.

M. Guetier, de la Société impériale russe d'acclimatation des animaux et des plantes, a observé un soir un crapaud qui, monté sur la planche conduisant à l'ouverture de la ruche, guettait les abeilles et les avalait au fur et à mesure de leur arrivée ; l'animal était si absorbé dans sa chasse qu'il laissa l'observateur s'approcher sans discontinuer son travail de destruction et cela pendant une heure et demie. Il eut, depuis l'occasion de faire souvent la même observation. Il est donc prudent d'éviter une communication directe et facile du sol à la porte de la ruche.

M. l'abbé Payrard, curé de Cayres, a signalé dans les *Tablettes his-*

toriques du Velay (numéro du 1er septembre 1875) une borne milliaire située à un kilomètre environ de Saint-Jean-d'Aubrigoux, dont l'inscription, en partie effacée, ne laissait apercevoir que quelques lettres.

.Copie de cette inscription ayant été récemment transmise par M. Lascombe à M. Allmer, le savant épigraphiste de Lyon en a restitué le sens de la manière suivante :

```
IMPERATORI  CŒSARI  MARCO       .
AVRELIO  SEVERO  ALEXANDRO
PIO  FELICI  AVGVSTO  DIVI  ANTONINI
MAGNI  FILIO,  DIVI  SEVERI  NEPOTI,
CIVITAS  VELLAVORVM
MILLIA  PASSVVM  XIIIi (?)
```

Cette borne milliaire, vénérable et précieux souvenir de la domination romaine dans notre contrée, plantée au bord du chemin tendant du village de Trévis au chef-lieu de la commune de Saint-Jean-d'Aubrigoux, est l'objet de mutilations quotidiennes, et tout fait présumer que l'inscription aura bientôt disparu.

Notre Société ne pourrait-elle pas, dit M. Lascombe, prendre des mesures de sauvegarde à l'égard de ce petit monument, en intéressant à sa conservation soit l'État, soit l'administration municipale de Saint-Jean-d'Aubrigoux ?

S'associant à ce désir, l'assemblée charge M. Lascombe de prendre des renseignements à cet égard, et de lui rendre compte du résultat de ses recherches.

La question du renouvellement du privilège de la Banque de France est enfin remise sur le tapis.

M. Fr. Enjolras, administrateur de la Banque de France, vient, par un rapport assez étendu, très clair et très précis, expliquer le mécanisme du fonctionnement de la Banque de France.

Ce rapport trop long pour trouver place dans le présent procès-verbal, a été publié en entier dans *La Haute-Loire*, numéro du 4 avril 1891. Nous nous bornerons à en citer les conclusions :

. . . .

« L'État s'est fréquemment servi de la Banque de France pour se procurer des fonds nécessaires à son service de trésorerie. Pour cela il escompte des bons du Trésor à 90 jours, c'est ce qu'on appelle la dette flottante. Mais ce n'est pas cette opération que vise M. Vérot; il demande que la Banque de France donne à l'État une somme de 1 milliard 250 millions contre un dépôt de rentes amortissables en vingt-cinq ans. Où la Banque prendra-t-elle cette somme? Dans son émission qui se trouvera portée de 3 milliards 500 millions, chiffre actuel, à 4 milliards 750 millions. J'admets, ce qui est discutable, que la Banque puisse atteindre ce chiffre d'émission. Qu'arrivera-t-il? C'est que la Banque aura un chiffre de 1 milliard 250 millions de billets qu'elle ne pourra pas rembourser à présentation. Ce milliard et ces 250 millions seront des billets d'État puisqu'ils seront garantis par des rentes et cela sans remboursement. Ce seront des assignats!

« Je m'arrête, Messieurs, sur ce sujet; vous voyez suffisamment que la conception de M. Vérot n'est pas réalisable. Si elle l'eût été, il est probable que des économistes l'auraient déjà indiquée : elle est si simple!

« Mais je frémis à la pensée du jugement qu'ont dû porter sur nous et sur notre Société les membres de la commission de la Chambre des députés qui ont lu les idées que M. Vérot leur a adressées en notre nom et à notre insu.

« Je vous laisse juges, Messieurs, du blâme à voter à M. Vérot pour avoir envoyé en votre nom un rapport que nous n'avions pas, que nous ne pouvions pas approuver.

« Je prie cependant M. le Président de vouloir bien écrire, en notre nom, à la commission du Parlement pour l'informer que le rapport de M. Vérot a été envoyé à notre insu et que nous en répudions les propositions. »

M. Vérot, présent, se déclare satisfait de ces explications.

Les conclusions de ce rapport sont mises aux voix et adoptées par vingt-une voix sur vingt-trois membres présents.

L'un des secrétaires,
Eugène RIBOUD.

SÉANCE DU 14 MAI 1891.

PRÉSIDENCE DE M. LE Dʳ MOREL.

Présents : MM. Chaduc, Chaudier, Chauvin, Dʳ Coiffier, Garde (Louis), Habriat, Hedde, Lascombe, Dʳ Morel, Moulin, O'Farrell, Vallery-Michel.

Le procès-verbal de la dernière séance est lu et adopté.

M. le Président communique :

1º Une lettre de M. le ministre de l'instruction publique renvoyant au vendredi 22 mai courant, la séance d'ouverture du 29ᵉ Congrès des sociétés savantes à la Sorbonne, fixée primitivement au 19 du même mois;

2º Une circulaire de l'administration municipale de Saint-Etienne, annonçant qu'un concours d'agriculture, d'horticulture et d'animaux aura lieu dans cette ville, du 3 au 7 septembre prochain;

3º Une lettre de notre confrère, M. Vérot, présentant quelques observations et rectifications relatives au procès-verbal de la dernière séance.

La Société donnant acte à son honorable membre de cette communication, estime inutile de prolonger un débat qui n'a déjà que trop duré et passe à son ordre du jour.

M. le docteur Coiffier, parlant des assurances contre la grêle, qui pourraient rendre de grands services à notre agriculture locale, si souvent éprouvée par ce fléau, propose d'étudier le projet présenté à ce sujet au Conseil général de la Haute-Loire, par notre confrère M. Claude Bernard.

Ce projet bien conçu, très rationnel, facile à appliquer, mérite à tous égards de fixer l'attention de la Société. D'ailleurs celle-ci n'aurait aucune raison de se dérober à une question de ce genre qui entre naturellement dans le cadre ordinaire de ses études, et touche de si près aux intérêts vitaux de notre pays.

M. Coiffier demande en conséquence la nomination d'une commission chargée d'étudier le projet de M. Claude Bernard.

M. Habriat signale dans quelques départements l'existence de sociétés d'assurances contre la mortalité du bétail. D'après les renseignements fournis par notre confrère, le taux de ces assurances n'excéderait pas cinquante centimes par tête de bétail. Il y aurait donc profit pour nos cultivateurs à sauvegarder leurs animaux par le payement annuel d'une si faible prime.

La Société donnant son approbation aux vœux émis par MM. Coiffier et Habriat, nomme, pour étudier cette double question, une commission composée de MM. les docteurs Morel et Coiffier, Philippe Hedde, Habriat, Chaudier, Hérisson, Jacotin.

M. Lascombe met sous les yeux de la Société une statuette gallo-romaine, en bronze, trouvée aux environs de Vals-près-le-Puy et un vase d'un beau galbe, de l'époque du moyen âge, découvert au fond d'une cave de la rue Saint-François-Régis, par suite des travaux de réfection du pavé de cette rue. Ce vase en terre rougeâtre reposait au milieu d'ossements de divers animaux domestiques.

Le même membre signale : 1° dans le *Bulletin de la Société géologique de France* (T. 17, 3° série, page 270), un travail de M. Marcellin Boule sur la constitution géologique des environs du Puy ;

2° Une notice biographique publiée par le général Thoumas dans le journal *Le Temps* et reproduite par *La Haute-Loire* dans son numéro du 22 avril dernier. Elle concerne notre compatriote André-Bruno Frévol de La Coste, général du génie, né à Pradelles, le 14 juin 1775, tué à Saragosse le 1er mai 1809 ;

3° Un article de l'*Écho du Velay* du 16 avril 1891, relatif à la découverte, sur le communal de La Chaud, près du château de Lardeyrol, de squelettes inhumés à 40 ou 50 centimètres de profondeur, au milieu de la terre glaise et recouverts de lauzes.

Par la voie du même journal et dans le numéro du 25 avril, M. l'abbé Payrard, curé de Cayres, rappelant les commentaires suscités par cette funèbre trouvaille, explique, au moyen de documents historiques, la présence de ces ossements humains :

« Dès la plus haute antiquité, dit-il, Lardeyrol — qu'il ne faut pas confondre avec Saint-Etienne-Lardeyrol — possédait une église dont font mention les bulles du pape Alexandre III, en 1164, et de Clément IV, en 1267. Cette église était desservie par un prêtre ou chapelain qui payait une redevance annuelle à l'hostiaire de Saint-Pierre-le-Monastier du Puy pour fourniture des pains azymes nécessaires au saint sacrifice. Il paraît que cette chapelle était simplement vicariale dès le principe, puisqu'un titre de l'an 1513 affirme que le village de Lardeyrol faisait pour lors partie de la paroisse de Saint-Pierre-Eynac.

« Il en était autrement huit ans après, en 1521, car M. Gibon, notaire de Lardeyrol, enregistre ces clauses du testament de Gabrielle Chabrier... « Je donne et lègue au curé ou vicaire de l'église de Saint-André de Lardeyrol, 50 sols tournois »... Un document d'une authenticité plus grande encore et d'une autorité absolue nous fait voir Lardeyrol chef-lieu de paroisse, en 1618, sous le vocable de Saint-André. C'est le rôle officiel des impositions ecclésiastiques du diocèse du Puy pour la susdite année. Nous y lisons : « Le curé de Saint-André de Lardeyrol paie impositions ordinaires : 3 livres.... ». Pour que le lecteur ne soit pas tenté de confondre Saint-André avec Saint-Etienne de Lardeyrol, ou ne nous impute pas cette confusion, nous avons hâte d'ajouter que le curé de Saint-Etienne-de-Lardeyrol a son compte distinct dans ce rôle, et que la somme des impositions à payer par le curé de Saint-André est de 3 livres 14 sols 3 deniers, tandis que la dette du curé de Saint-Etienne s'élève à 9 livres 18 sols et 9 deniers. Il y avait donc bien deux paroisses.

« Concluons. A Lardeyrol était une église paroissiale et près de cette église s'étendait sûrement un cimetière, car on ne comprend pas une paroisse sans le champ de sépulture des paroissiens. N'est-ce pas à ce vieux cimetière de Saint-André de Lardeyrol qu'on a ravi les ossements humains récemment exhumés?

« En répondant affirmativement, nous croyons être dans le vrai. »

M. Moulin, professeur de philosophie au lycée, fait une communication assez étendue sur quelques faits ordinairement rapportés à l'hallucination ou à l'illusion psycho-physiologique.

Il n'est pas toujours facile, dans la pratique, de distinguer l'hallucination de l'illusion, quoique la distinction de ces deux ordres de faits soit aisée en théorie. Le sens commun, qui n'aime guère les nuances et les analyses subtiles, les confond volontiers avec l'aliénation mentale, au moins commençante. Des psychologues pénétrants, MM. Taine, A. Bain, J. Sully, ont, au contraire, soutenu de nos jours, que l'illusion, sinon l'hallucination proprement dite, doit être regardée comme l'état naturel et normal des êtres pensants, animaux et hommes.

M. Moulin se contente d'esquisser, sauf à la compléter plus tard, cette théorie, fort en faveur dans le monde philosophique. Il croit, quant à lui, que l'on pourrait, sans recourir à cette hypothèse étrange et extrême, expliquer bon nombre de faits, dont il décrit minutieusement quelques-uns, en les interprétant d'une façon qui lui est personnelle.

C'est ainsi que le voyageur, sommeillant en wagon, sans dormir tout à fait, se surprend maintes fois à écouter des mélodies monotones, des airs à lui connus, et que le train lui chante, en quelque sorte, sur un rythme toujours pareil à lui-même. Pure illusion, dira-t-on. Pourtant le fait est vrai; plusieurs personnes, ici même, affirmeraient au besoin l'avoir constaté à diverses reprises. C'est l'explication qui seule peut donner lieu à quelques divergences. En tout cas, il semble vrai d'admettre, avec M. Moulin, que la somme de tous les bruits simultanément produits par la locomotive, le roulement des wagons, le grincement et le cliquetis des chaînes, etc., constitue à chaque instant une vaste « symphonie », où se mêlent indistinctement tous les sons possibles, musicaux ou autres, perceptibles à l'oreille.

S'il en est ainsi, on est fondé à dire que l'on *entend* réellement, et non pas seulement que l'on *s'imagine entendre,* au milieu de cette *pamphonie* (nous laissons à M. Moulin la responsabilité de ce néologisme, d'ailleurs facile à comprendre), la mélopée plus ou moins obsédante que paraît nous chanter, sans hâte et sans répit, le bourdonnement du chemin de fer.

Dans l'esprit du voyageur qui, involontairement l'écoute, et se surprend à la chanter à l'unisson, il se passe un double phénomène ; un travail apagogique, une *élimination* de tous les sons qui dans « la pamphonie » dont on parlait plus haut, ne répondent pas à la préoccupation musicale antérieure du sujet ; et simultanément, un travail épagogique, un choix effectif, une sélection, une *abstraction* des seules notes qui correspondent à cette mélodie subjective, conservée par la mémoire, au sein de cette multiplicité si touffue de sons réels, effectivement produits hors de lui.

Bref, dans ce cas, et peut-être dans une foule de cas analogues, l'esprit n'inventerait et ne créerait rien, ou peu de chose. On ne nie pas la puissance créatrice et plastique de l'imagination, mais on estime qu'il n'est pas impossible d'en restreindre l'exercice. En particulier, et malgré les brillantes théories dont il était question plus haut, l'illusion et l'hallucination gagneraient à être reléguées au nombre des faits exceptionnels et anormaux, dont il est dangereux de faire la base d'une explication générale de l'intelligence.

M. Lascombe rappelle qu'en 1888, notre confrère, M. Jules Gire, a présenté à la Société un mémoire sur la construction et l'aménagement des bâtiments agricoles. Ce travail, envoyé à l'Exposition internationale de 1889, à Paris, a valu une médaille à son auteur. Les deux planches dont il est accompagné, insérées dans un ouvrage de M. Emile Cacheux, publié sous le titre de : *L'État des habitations ouvrières à la fin du XIX° siècle*, ont été tirées à part en vue de figurer dans le prochain volume de nos Annales, à la suite du mémoire de M. Gire. Dans ces circonstances, M. le Président pense que la Société doit prendre à sa charge le prix de ce tirage à part, ce qui est adopté par l'assemblée.

M. Lascombe fait remarquer que les documents appréciés par le jury de la section d'économie sociale dont M. Cacheux était l'organisateur, les seuls mentionnés dans l'ouvrage de ce dernier, sont ceux fournis par MM. Jules Gire et John Fay, de Christiania (Norvège).

M. Édouard Néron, propriétaire à Monistrol-sur-Loire, présenté à la dernière réunion est, à l'unanimité, nommé membre titulaire de la Société.

L'un des secrétaires,
A. LASCOMBE.

SÉANCE DU 4 JUIN 1891.

Présidence de M. le Dr Coiffier.

Présents : MM. Chaduc, Dr Coiffier, Gatillon, Hedde, Lascombe, Mazat, Vallery-Michel et Riboud.

Lecture est donnée du procès-verbal de la dernière séance qui est adopté.

M. le Président dit que les dernières publications auxquelles nous sommes abonnés semblent être un peu délaissées par les membres de la Société. Il serait utile que les pages en soient parcourues préalablement et que les choses qui peuvent intéresser la Société y soient relevées et signalées en séance.

M. Lascombe déclare qu'il se chargera de ce soin.

M. Berbigier, quoique absent, signale à l'attention de la Société une recette à la portée de tous les cultivateurs, qu'il a trouvée dans un journal spécial : le chiendent serait un excellent aliment pour les chevaux. Après le labour, le chiendent ramassé doit être lavé et mêlé au foin qu'on donne aux chevaux. En quinze jours, on s'aperçoit de l'économie de l'alimentation.

M. Mazat, instituteur à Coubon, déclare que dans le canton de Montfaucon le chiendent mélangé à d'autres aliments est donné en nourriture aux animaux domestiques, notamment aux porcs.

Il resulte d'une communication faite récemment à l'Académie de médecine, par M. Leblanc, savant vétérinaire, que la feuille d'artichaut contient un principe vénéneux, la cinarine, qui n'est autre chose qu'un alcaloïde.

Il y a un danger réel, surtout pour les enfants, à faire usage du lait provenant de vaches nourries avec les feuilles d'artichaut. La cinarine, qui est le principe actif de ces feuilles, donne aux enfants de la diarrhée et des vomissements.

En présence des propriétés dangereuses de ces feuilles, qui ne constituent du reste qu'un fourrage médiocre, il est nécessaire de signaler ce danger à l'attention des agriculteurs.

M. Lascombe donne communication d'un rapport sur un puits funéraire de l'époque gallo-romaine, découvert à Rosières, le 22 décembre 1890, dans la propriété de M. Louis-François-André Giraud, marchand de fer.

Vu le grand intérêt que présente cette découverte, la Société décide que le dessin du puits, représenté par des sections, relevé par M. Gire, sera reproduit dans nos Annales, ainsi que les divers vases qui y ont été découverts et qui sont devenus la propriété de M. Lascombe. L'intéressante communication de ce dernier se trouvera donc ainsi complétée et vulgarisée.

M. le docteur Coiffier fournit sur l'épidémie de variole qui a sévi récemment au Puy, les renseignements suivants :

La variole est importée au Puy, vers le milieu d'avril 1890, par un étranger qui vient s'établir rue Sainte-Agathe, près la place Cadelade.

En avril et mai, la maladie reste localisée à cette rue ; en juin et juillet, elle se propage à tout le quartier du Pouzarot ; en août, elle envahit brusquement toute la ville.

Elle augmente en septembre, où elle acquiert son maximum d'intensité (quatorze décès), mais diminue considérablement en octobre, au moment des revaccinations en masse (affiche officielle du 2 octobre).

Elle reprend en décembre et les mois suivants, mais ne s'attaque plus qu'aux personnes qui ont refusé de se soumettre à l'inoculation : aucun des revaccinés ne tombe malade.

L'épidémie dure une année entière — de mai 1890 à mai 1891 — et s'accuse encore aujourd'hui par quelques cas rares disséminés.

Une statistique, portant sur 3,799 sujets, donne 105 malades seulement, soit pour tout le Puy, environ 550 varioleux.

On enregistre 72 décès, ce qui, pour 20,000 âmes, donne une mortalité de 3 1/2 par 1,000.

Les enfants au-dessous de six ans, paient un lourd tribut à la maladie, soit comme morbidité (16 pour 100), soit comme mortalité (51 pour 100) ; les vieillards au-dessus de 65 ans, sont épargnés.

Pour la morbidité, les femmes sont en majorité à tous les âges ; pour la mortalité, il y a à peu près égalité entre les deux sexes.

La plupart des varioleux sont des indigents, des ouvriers, des domestiques, dans le rapport de 83 pour 100 ; la classe aisée est relativement épargnée.

Les deux quartiers du Puy les plus éprouvés, sont le Pouzarot et le Consulat, qui, à eux seuls, fournissent 40 décès, soit un rapport de 57 pour 100.

Le manque d'hygiène et le défaut de vaccination, sont les deux

facteurs qui ont causé, cette année, à notre ville une perte nette de
72 sujets vigoureux et robustes.

M. Ph. Hedde fait part à la Société d'un article du *Journal d'agriculture* du 20 mai, relatif aux causes de diminution de l'élevage de la
race ovine dans le département de l'Eure, ce nombre ayant diminué
de moitié de 1852 à 1890. Ces causes sont :

1° Les modifications apportées aux cultures et l'extension donnée
à la race bovine, ainsi que le morcellement du sol qui crée des difficultés aux déplacements des troupeaux ;

2° La création des chemins de fer qui a conduit à la vente en nature
du lait et a donné de l'extension à l'engraissement du bétail;

3° L'importation des moutons allemands qui n'est pas assez com-
battue par les droits de douane, surtout à l'état de viandes abat-
tues ;

4° L'admission en franchise des laines étrangères ;

5° La tendance à l'amélioration des animaux qui en fait diminuer
le nombre, puisqu'on les conserve moins longtemps avant la vente.

Il résulte de ces diverses considérations applicables également à
notre département, que le mouton élevé à bon marché a fait son
temps, qu'il faut le faire vite et bien ; on y arrive par la bonne alimentation, le bon choix des reproducteurs et par l'hygiène.

Examinant ensuite les divers tarifs relatifs à l'agriculture, discutés
en ce moment aux Chambres, M. Hedde voit avec satisfaction l'établissement d'un droit d'entrée de 15 fr. 50 par 100 kilog., soit environ
6 fr. par tête de mouton. Il constate que la prohibition des porcs
d'Amérique n'ayant pas amené de renchérissement sur le prix de
cette viande, il en sera probablement de même pour le mouton : car
l'augmentation dans nos troupeaux tendant à diminuer le prix de la
viande, il faut toujours tendre à ce que la France puisse se suffire au
point de vue agricole.

Passant à un autre ordre d'idées, M. Hedde signale à l'attention
des sociétaires plusieurs faits relatifs aux auxiliaires de l'agriculture
qui se rencontrent non seulement parmi les oiseaux insectivores,
tels que les fauvettes, les mésanges, les hirondelles, mais encore
parmi des granivores et surtout parmi les oiseaux nocturnes, tels
que la hulotte, les chouettes, le grand-duc, tous grands destructeurs
des animaux rongeurs. Il remarque, cependant, que certains insectivores s'attaquent, non aux chenilles, mais aux larves parasites de ces
chenilles; ils détruisent donc des auxiliaires de l'agriculture. Aussi
croit-il nécessaire d'appeler l'attention des naturalistes sur l'étude approfondie de ces éléments divers par lesquels la nature oppose souvent aux fléaux que nous redoutons, des moyens que nous croirions à

première vue utile d'écarter. C'est ainsi qu'il cite comme éminemment utile la classe trop méprisée des crapauds, que l'Angleterre, mieux éclairée, vient acheter sur nos marchés. On ne peut comprendre parmi ces auxiliaires la buse qui détruit, il est vrai, quelques rongeurs, mais s'attaque surtout au gibier et même à nos basses-cours, d'où son nom populaire en Allemagne de Hennevogel. Enfin, il convient de citer parmi nos meilleurs auxiliaires nos poules et nos canards qui, en outre de leurs usages domestiques, peuvent être dressés à la poursuite des rats, en ayant soin toutefois de leur en donner le goût.

Ces communications donnent lieu à de nombreuses et intéressantes observations de la part de divers sociétaires.

M. Hedde donne ensuite lecture de son rapport au sujet du projet de création d'une caisse de secours contre la grêle, présenté à notre dernière réunion. Le rôle de la commission n'est pas d'apporter des conclusions définitives, mais simplement de chercher à jeter quelque lumière sur cette importante et difficile question. Après une analyse succincte du projet, bien conçu dans son ensemble, le rapport signale le rôle omnipotent du conseil, composé du Préfet, des membres du Conseil général, d'un délégué de chaque conseil d'arrondissement et de six propriétaires ou fermiers désignés par le Préfet; ce conseil sera difficile à réunir et il est chargé d'une mission fort délicate, puisqu'il a à trancher toutes les questions d'indemnités.

D'un autre côté, les assurés sont tous sur le même pied, quelle que soit la nature des biens assurés et quelle que soit la commune. Or nous savons tous que la configuration de notre département expose certaines zones à des visites plus fréquentes que d'autres de la part du fléau. — Dans ces conditions, le rapport ne croit pas à la possibilité de recueillir des cotisations de quelque importance, de sorte que la caisse disparaîtra à la première secousse, car il faudrait avoir de fortes réserves pour faire face à des ravages qui peuvent monter à 1 million (1821).

L'auteur du projet a cité deux départements sur quatre où l'expérience a réussi : ce sont la Marne et Seine-et-Marne. Mais ces départements sont, d'une part, plus riches que le nôtre et d'autre part beaucoup moins exposés à la grêle. Il résulte, en effet, de la comparaison tirée d'une statistique éditée par la Société mutuelle de Toulouse, excellente société qui a soixante-quatre ans d'existence, que, pour ces deux départements, les risques sont de 9 et de 7 pour mille, alors que la moyenne relative à soixante-sept départements est de 11, tandis que, pour la Haute-Loire, le chiffre correspondant est 36. La même statistique montre également que, sur 100,100 fr. de primes versés à ce jour par notre département, le chiffre des indemnités remboursées a été de 206,700 fr. Dans de pareilles conditions l'expérience d'une caisse locale serait désastreuse.

En fait, le seul remède pratique doit se baser sur une extension aussi grande que possible du champ d'action de l'assurance : il faut donc recourir à une grande compagnie embrassant toute la France, présentant toutes garanties par le développement de ses affaires et l'ancienneté de sa fondation, et fonctionnant d'après le principe de la mutualité qui laisse aux associés l'intégralité du bénéfice. C'est dans l'extension de ces assurances, dans une propagande active faite dans nos campagnes en faveur de ces sociétés de prévoyance agricole; c'est là qu'est le vrai remède à la déplorable situation actuelle. Les primes sont lourdes, il est vrai, et surtout dans notre département, car il est bien naturel que les primes soient plus élevées quand les risques sont plus grands; mais néanmoins le pays en s'assurant bénéficie des primes payées par les régions où le fléau est peu redoutable, mais qui s'assurent néanmoins par mesure de prévoyance; de sorte que notre région qui est une des plus exposées de la France, est celle qui a le plus à gagner à s'assurer. Certains cantons des plus exposés tels que Loudes et Allègre, ont d'ailleurs commencé à s'assurer et en ont tiré profit, pourquoi d'autres points moins exposés, mais qui sont loin d'être à l'abri du fléau, ne suivraient-ils pas le même exemple, puisqu'ils paieraient moins cher? C'est aux institutions qui sont le plus en contact avec le cultivateur, telles que le Comice agricole et surtout le Syndicat agricole, qu'il appartient de guider le cultivateur dans le choix qu'il aura à faire, et à lui servir d'intermédiaire, ainsi que cela a déjà lieu dans diverses branches des opérations agricoles. Nul doute qu'en présence de ce concours, la société qui serait ainsi patronnée ne se décidât à faire des sacrifices, non seulement en faveur des sociétaires du Syndicat, mais à consentir même un abaissement général de ses tarifs pour tout le département.

Les mêmes considérations s'appliquent également à ce qui concerne la mortalité du bétail, à condition toutefois que l'on puisse trouver une société mutuelle présentant d'aussi bonnes conditions.

L'assemblée donne son approbation à ce rapport, mais remet à une séance ultérieure pour décider des suites qu'il y aura lieu de lui donner.

L'un des secrétaires,
RIBOUD.

SÉANCE DU 2 JUILLET 1891.

PRÉSIDENCE DE M. LE Dr MOREL.

Présents : MM. Champanhac, Dr Coiffier, Experton, Louis Gueyffier, Hedde, Hérisson, Lascombe, Martin, Menand, Dr Morel, Louis Paul et Vallery-Michel.

Le procès-verbal de la dernière séance est lu et adopté.

La correspondance comprend :

1º Une lettre de M. Chaudier, directeur de la Ferme-École de Nolhac, qui s'excuse de ne pouvoir assister à la séance. Il joint à cette lettre un rapport sur le concours régional agricole d'Aurillac, auquel il a pris part en qualité de membre du jury ;

2º Une circulaire de l'Association française pour l'avancement des sciences, énumérant les principales questions à traiter au congrès de Marseille en 1891.

M. le docteur Coiffier lit une communication relative à l'influence de la vaccine sur la variole.

Faisant table rase de tout ce qui a été écrit à ce sujet et se basant exclusivement sur les observations qu'il a faites pendant la dernière épidémie, M. Coiffier arrive aux conclusions suivantes :

1º *Une première vaccination, datant de plusieurs années, n'empêche ni de contracter la maladie, ni d'en mourir :*

Sur soixante-douze varioleux, cinquante-sept avaient été vaccinés avec succès dans leur enfance et ont fourni sept décès, soit une mortalité de 12 pour 100 ;

2º *Une seconde revaccination ancienne ne met pas complètement non plus à l'abri du mal :*

Trois sujets revaccinés avec succès, pour la seconde ou la troisième fois, ont contracté la variole et l'un d'eux en est mort ;

3º *Les non-revaccinés ont cependant six fois plus de chances que les vaccinés de contracter la variole et treize fois plus de chances d'en mourir ;*

. Ceci ressort des données de la statistique qui indique qu'on trouve au Puy, au point de vue de la vaccination :

	Vaccinés.	Non vaccinés.
Sur 100 sujets sains....................	94	6
Sur 100 malades de la variole..........	64	36
Sur 100 décédés de la variole.........	29	79

4° *Pour qu'une vaccination ou une revaccination mette, d'une façon sûre, à l'abri de la variole, il faut, condition essentielle, qu'elle soit récente, mais une inoculation récente rend les sujets réfractaires absolument comme s'ils venaient de subir la variole elle-même.*

Mille quatre cent douze élèves des écoles et les mille deux cents hommes environ composant la garnison du Puy, inoculés dès le début de l'épidémie, ont été absolument préservés : l'on n'a pas eu à constater un seul cas de contagion ;

5° *Enfin, contrairement à ce qu'on a dit jusqu'ici, la durée de l'immunité produite par la vaccine, peut ne pas être de plus de dix-sept mois :*

M. Coiffier cite l'observation de quelques enfants varioleux, chez qui la vaccination ne datait pas de plus de dix-sept mois, de deux ans ou de trois ans.

M. le docteur Morel, appuyant les observations de M. Coiffier, dit avoir soigné, de son côté, dans la dernière épidémie, plusieurs enfants de cinq à sept ans, qui avaient été vaccinés, avec succès, vers l'âge de deux ou trois ans. Il croit devoir attribuer ce fait à une énergie moins grande, à une sorte de dégénérescence du vaccin actuel vis-à-vis du vaccin d'autrefois.

M. Hérisson entretient la Société du criquet voyageur *(Acridium migratorium)* de la famille des acridides.

On confond, dit-il, la *sauterelle* avec le *criquet*. Les pluies de sauterelles des anciens étaient très probablement des invasions de criquets.

En Algérie, on donne encore le nom de sauterelle à l'insecte ailé réservant le nom de criquet pour la nymphe.

La larve qui sort de l'œuf est de la grosseur d'une fourmi ordinaire. Au bout de vingt-cinq jours et après des mues successives, elle devient nymphe (criquet des Algériens). La nymphe n'a que des rudiments d'ailes. Quelque temps après elle prend des ailes et le nom de sauterelle.

Les troupes d'acridiens se montrent au printemps. Elles s'abattent sur le sol et l'accouplement a lieu. Les femelles pondent dans la terre, à 6 ou 8 centimètres de profondeur, de quatre vingt-dix à cent œufs de la grosseur d'un grain de seigle. Au bout d'un mois, l'éclosion a lieu ; les larves commencent à manger en se traînant. Les nymphes montent sur les chaumes, sur les arbustes, pour se transformer en insectes parfaits, puis prennent leur vol et disparaissent.

Au début de l'invasion, le mal est peu important; mais il n'en est pas de même lorsque apparaissent les larves, les nymphes et les adultes. L'invasion de 1866 a coûté 50 millions à l'Algérie et causé la famine de l'année suivante pendant laquelle deux cents mille indigènes sont morts de misère. Toutes les cultures sont attaquées, ainsi que les vignes, les oliviers, les orangers, les dattiers.

Le criquet a été rencontré en France. En 1824, on en recueillit 64,861 kilogrammes dans la Camargue et 6,600 kilogrammes à Arles.

Il y a quelques années, le gouvernement espagnol dépensa plus de 600,000 francs pour faire la chasse aux criquets, sans grand succès d'ailleurs.

A l'appui de sa communication, M. Hérisson met sous les yeux de l'assemblée des œufs, des nymphes et des insectes parfaits, qu'il doit à l'extrême obligeance de M. Coudeyrette aîné, fabricant de dentelles au Puy.

C'est au Puy que se tiendra, cette année, le concours départemental. La Société décide qu'il aura lieu simultanément avec celui de la race bovine pure du Mezenc, vers la fin du mois de septembre. La date précise en sera ultérieurement fixée.

Au nom de M. Chaudier, M. Lascombe donne lecture d'un rapport sur le dernier concours d'Aurillac.

On sait la difficulté de se procurer du bon vinaigre provenant du vin pur. Celui du commerce contient généralement des acides qui attaquent les dents et l'estomac.

M. Martin indique un moyen facile et économique pour obtenir du bon vinaigre. Il suffit de mettre dans un petit tonneau un fragment de *mère de vinaigre de vin*, de faire fondre dans de l'eau chaude une certaine quantité de miel, dans la proportion d'environ un kilogramme pour 8 ou 10 litres d'eau, de laisser refroidir le mélange et de le verser ensuite dans le récipient. Au bout d'un mois, en été, le vinaigre est fait.

Employé dans la salade ce vinaigre ne fatigue pas l'estomac. Son prix de revient est très minime et sa fabrication d'une simplicité exemplaire.

A propos du rapport présenté par M. Philippe Hedde, sur le projet de création d'une caisse de secours contre la grêle, émanant de notre honorable confrère, M. Claude Bernard, conseiller général de la Haute-Loire, la Société décide qu'une copie de ce rapport sera transmise à MM. les présidents du Comice agricole et du Syndicat départemental pour y donner la suite qu'ils jugeront convenable.

L'un des secrétaires,
A. LASCOMBE.

SÉANCE DU 6 AOUT 1891.

PRÉSIDENCE DE M. LE Dr MOREL.

Présents : MM. Breschet, Dr Coiffier, Gazanion (Édouard), Hérisson, Jacotin, Lascombe, Martin, Dr Morel, O'Farrell, Vallery-Michel et Riboud.

Lecture est donnée par M. O'Farrell du procès-verbal de la dernière séance qui est adopté sans observations.

M. le Président donne communication d'une lettre de M. le Préfet demandant à la Société quelle serait la date la plus favorable pour l'ouverture de la chasse. La Société est d'avis que, dans l'intérêt général, cette ouverture doit avoir lieu cette année le plus tard possible, la végétation ayant été beaucoup retardée par les rigueurs du dernier hiver, surtout dans les régions montagneuses. Quelle que soit cette date, il est important, tout au moins pour une grande partie de l'arrondissement d'Yssingeaux, qu'elle ne soit pas antérieure à celle de l'ouverture dans la Loire.

M. A. Mazon, homme de lettres, originaire de Largentière (Ardèche) a fait don à la Société d'un grand nombre d'ouvrages sortis de sa plume et qui intéressent le Vivarais et le Velay. Plusieurs de ces ouvrages ont été édités sous le pseudonyme de « *Docteur Francus* ». Des remerciements ont été adressés au donateur, au nom de la Société, par M. Lascombe.

Signalant les découvertes archéologiques faites cette année dans la Haute-Loire, M. Lascombe s'exprime en ces termes :

« Au mois de janvier 1891, en creusant un puits dans le champ de
« *Grand-pré*, près du village du Buisson, commune de Cerzat, canton
« de Paulhaguet, M. Jean Fouvet, propriétaire audit lieu du Buisson,
« a mis au jour, à deux mètres de profondeur, des débris de vases
« de couleur grisâtre et une pièce d'or mêlée à des cendres et à du
« charbon.

« Cette monnaie mérovingienne, frappée à Banassac, en Gévau-
« dan, vers le milieu du VIIe siècle, est décrite de la manière
« suivante dans l'ouvrage publié par MM. de Ponton d'Amécourt et
« de Moré de Préviala, sous le titre de *Monnaies mérovingiennes du*
« *Gévaudan* : .

« Tête nue à droite. Les cheveux sont indiqués par de doubles
« boucles qui ressemblent à des S ou aux *lituus* figurés sur certaines
« monnaies gauloises. Bouton occipital en arrière de la tête ; tranche
« du cou perlée ; sous le cou, un globule ; devant le profil, une palme
« à cinq branches. »

Au revers :

« GAVALETANO F. ; à l'exergue : BAN. Calice à deux anses sur
« un degré représenté par un trait horizontal rivé, c'est-à-dire élargi
« et aplati à ses extrémités. »

« J'ai fait l'acquisition de cette pièce. »

Il y a un mois environ, M. Boyer a trouvé, en creusant un puits
dans un champ situé à Saint-Paulien, une plaque en bronze de forme
rectangulaire recouverte d'une belle patine et munie à chaque
extrémité d'une queue d'aronde destinée à la fixer sur un socle.

Cette plaque, qui n'a point passé sous nos yeux, porte une inscription dédicatoire en langue latine et a dû sans doute appartenir à une
statue érigée à l'époque romaine à Saint-Paulien. Il est à souhaiter
que, dans l'ntérêt de notre histoire locale, le possesseur de cet objet
publie une notice sur ce curieux document.

Le journal le *Lyon républicain* contenait dans son numéro
du 17 juillet dernier la note suivante :

« Haute-Loire. — Bac *(sic)*, 16 juillet. — Découvertes d'ossements.
« — Des fouilles pratiquées dans un immeuble nouvellement acquis
« par M. Sarron, boucher à *Bac*, ont amené la découverte de nom-
« breux cadavres séparés par des cloisons en pierres et recouvertes
« de maçonnerie ; on a trouvé à côté d'eux divers objets, tels que
« haches, etc, etc. »

Bac, indiqué dans la note du journal précité, n'est autre que Bas-
en-Basset. Notre confrère, M. Collard, maire de cette ville, m'écrit
qu'une petite hache en fer gisait au milieu de ces ossements, et qu'en
construisant, il y a quelques années, les maisons Chapelon et Thio-

leyre, on avait aussi trouvé des squelettes. On ne sait si en cet endroit existait jadis un cimetière.

En souvenir de M. Antoine Charreyre, décédé le 7 octobre 1888, docteur en médecine à Yssingeaux, Mᵐᵉ Charreyre, sa mère, a bien voulu offrir au musée de notre ville, diverses pièces anatomiques faisant partie du cabinet de son fils. Elle a aussi désiré que ce don parvînt à sa destination par l'intermédiaire de la Société agricole et scientifique de la Haute-Loire, dont faisait partie notre regretté confrère, M. le docteur Charreyre.

Grâce à l'obligeance et aux soins de M. Malègue, ces pièces ont été transférées d'Yssingeaux au Musée du Puy et constituent, dans cet établissement, les bases premières d'une collection anatomique.

Voici la nomenclature de ces objets :

Une pièce anatomique complète, femme de trente-cinq ans environ ;

Un squelette complet d'un rachitique de trente ans ;

Un crâne d'enfant de deux mois ;

     id.   *id.*

Un crâne d'homme de cinquante ans au moins ;

Un bassin de femme ;

Un cœur d'adulte avec les gros vaisseaux :

Un squelette d'enfant hydrocéphale, de trois à quatre mois ;

Un squelette d'enfant nouveau-né.

Un fœtus d'enfant masculin de six à sept mois ;

Un squelette de fœtus ;

    id.   *id.*

Un squelette d'enfant d'un mois et demi ;

Un squelette d'un nouveau-né ;

Un squelette d'enfant hydrocéphale de cinq ou six mois.

La Société vote à Mᵐᵉ Charreyre des remerciements que M. Lascombe se charge de transmettre.

M. le docteur Coiffier rappelle que l'article 21 de nos statuts permet d'accorder des récompenses, chaque année, aux meilleurs mémoires ou communications faites à la Société. Il demande qu'application en soit faite afin d'encourager ces productions. M. le Président, tout en reconnaissant le bien fondé de cette proposition, croit que d'une manière générale, les statuts ont besoin d'être revisés dans quelques parties, puis réimprimés, et un exemplaire remis à chaque sociétaire. Cette proposition est accueillie ; la commission compétente sera donc appelée à étudier cette question et devra soumettre son avis à une prochaine séance.

Les grandes lignes du programme du concours départemental,

élaboré par M. Hérisson, sont exposées par lui, discutées et acceptées par la Société.

Le concours se tiendra au Puy, le samedi 26 septembre prochain.

Il est ensuite procédé à la désignation des membres du jury, qui seront divisés en six commissions, qui auront à distribuer les nombreuses récompenses en primes, espèces et médailles, aux diverses sections qui comprennent comme précédemment :

Animaux des espèces bovine, ovine, porcine et de basse-cour.

Ceux de la race bovine pure du Mezenc.

Instruments et produits agricoles et horticoles.

Exposition de plans de constructions rurales.

Exposition scolaire.

L'action du fluide électrique, dit M. Martin, a une grande influence sur la végétation.

Cette communication est empruntée aux études d'un savant russe, M. Spechnew, qui cherche à découvrir une méthode efficace d'application de l'électricité à la culture.

La germination est deux fois plus active lorsque les graines sont électrisées préalablement à leur plantation. Le résultat ne serait, paraît-il, pas moins surprenant par l'électrisation directe d'un terrain complanté de céréales ou de légumes qui y gagneraient en volume et en qualité.

Le courant électrique communiqué artificiellement au sol aurait pour effet d'activer l'absorption des principes nutritifs et des fumures.

M. Lascombe, au nom de notre confrère, M. Louis Pascal, lit une notice nécrologique sur M. Édouard Flouest, né au Puy et décédé le 4 juin 1891.

Présentation est ensuite faite d'un nouveau membre, M. Eugène Bounefoux, propriétaire à Bourboulioux près Saint-Paulien, conseiller général, chevalier du Mérite agricole, présenté par MM. Chaudier et Vallery-Michel.

L'un des secrétaires,
Eugène RIBOUD.

SÉANCE DU 5 NOVEMBRE 1891.

PRÉSIDENCE DE M. LE Dr MOREL.

Présents : MM. Champanhac, Dr Coiffier, Gazanion (Edouard), Gazanion (Louis), Hérisson, Lascombe, Martin, Ménand, Dr Morel, Paul (Louis) et Vallery-Michel.

Le procès-verbal de la dernière séance est lu et adopté après une courte observation de M. Hérisson.

M. le président communique une lettre de M. le ministre de l'Instruction publique, contenant le programme des questions soumises à MM. les délégués des sociétés savantes, en vue du Congrès de 1892.

Le ministre de l'Agriculture a, comme les années précédentes, alloué à la Société agricole et scientifique de la Haute-Loire une somme de 1,000 francs pour achats de reproducteurs.

M. Chaudier, directeur de la Ferme-École de Nolhac, empêché par une indisposition d'assister à la séance de ce jour, en a exprimé le regret dans une lettre adressée à M. le président. Il a également manifesté le désir de voir la Société consacrer, comme en 1890, l'allocation ministérielle à l'acquisition de reproducteurs limousins et tarentais.

L'assemblée, entrant dans les vues de M. Chaudier, lui donne plein pouvoir pour procéder à l'achat dont s'agit.

Il est donné lecture par M. Lascombe de la note suivante, relative au milliaire de Saint-Jean-d'Aubrigoux.

Cette note, due à M. Allmer, membre correspondant de l'Institut, conservateur honoraire du musée épigraphique de la ville de Lyon, est extraite de la *Revue épigraphique du midi de la France* (n° 63 de 1891) :

Milliaire de l'empereur Sévère Alexandre, sur la route de Saint-Paulien à Feurs.

Copie de MM. l'abbé PAYRARD et A. MAZON.

Saint-Jean d'Aubrigoux, dans le canton de Craponne, département

de la Haute-Loire. — Colonne milliaire en granit, « plantée au bord
« d'un chemin vicinal qui monte du bourg de Saint-Jean-d'Aubrigoux
« sur le plateau, à 7 ou 800 mètres du bourg », c'est-à-dire à environ
5 kilomètres au nord-ouest de Craponne. « Elle est juste au sommet
« de la montée, à l'endroit où passait autrefois la route de Craponne
« à Arlanc, qu'on a depuis fait passer un peu plus bas au milieu de
« Saint-Jean-d'Aubrigoux. Une forte rainure que la colonne porte vers
« le milieu de son fût et qui a supprimé une ligne de l'inscription,
« montre qu'on a tenté de la diviser. Son sommet est creusé et pré-
« sente un bassin assez rond dont la surface mesure 15 centimètres
« de diamètre sur une profondeur de 7 ou 8 centimètres.

```
     I M P . . . . . . . . . . . . . . . . . . . . . . . .
     A V R E L . . . . . . . . . . . . . . . . . . . . . .
     P F A V G . . . . . . . . . . . . . . . . . . . . . .
     . . . . . . . . . . . . . . . . . . . . . . . . . . .
   5 A S . . S T . . . . . . . . . . . . . . . . . . . . .
     M P  X I I . . . . . . . . . . . . . . . . . . . . .
```

Abbé Payrard, *Excursion archéologique à Saint-Jean-d'Aubrigoux*. (Extrait des *Tablettes historiques du Velay*, du 1ᵉʳ septembre
1875, nᵒ 1.) — Revision faite sur les lieux, le 23 juin 1891, par M. A.
Mazon en compagnie de M. l'abbé Payrard : « Il y a à la deuxième
« ligne très évidemment AVREL ; à la troisième, P F (non P I) ; après
« la troisième, absence d'une ligne seulement ; à la cinquième, les
« lettres A S et S T sont moins visibles que celles d'en haut, et je
« n'oserais affirmer les avoir bien reconnues . »

*Imperatori [Caesari domino nostro M] Aurel[io Severo Alexan-
dro] pio felici Aug[usto divi Antonini magni filio, divi Severi
nepoti, civit] as [V]el[lavorum]. — Millia passuum XII [ii?].*

« A l'empereur César notre maître Marcus Aurelius Sévère Alexan-
« dre, pieux, heureux, Auguste, fils du dieu Antonin le Grand, petit-
« fils du dieu Sévère, la cité des Vellaves. —. XIIII milles. »

Saint-Jean-d'Aubrigoux est, en ligne directe, à 25 kilomètres de
Saint-Paulien ; les XII (*ii?*) milles de la borne ne font que 20 kilomètres 1/2 et ne peuvent se rapporter à aucun autre point de départ que
Ruessium. Elle faisait donc suite, sur cette route de Ruessium à Forum
Segusiavorum, c'est-à-dire de Saint-Paulien à Feurs, à une autre borne
au nom du même empereur, marquée à XII milles, soit 18 kilomètres,
trouvée au village de Montdouilloux sur la commune de Beaune et
dont le texte, mieux conservé, nous a fourni la restitution de l'inscription de celle-ci, qui devait être assez près de la limite entre le territoire des Vellaves et celui des Ségusiaves, autrement dit la limite du
Velay et du Forez.

Le fait que cette borne se trouve être aujourd'hui à Saint-Jean-d'Aubrigoux, à 5 kilomètres environ de la grande route romaine de Saint-Paulien à Feurs, la seule qui fût pourvue de milliaires sur le territoire vellave, et à une dizaine de kilomètres de sa place présumée sur cette même grande route, ne peut s'expliquer que par un transfert, ce qui est, du reste, le cas de la plupart des milliaires venus jusqu'à nous. Ces bornes ont été le plus souvent anciennement portées plus ou moins loin, quelquefois même très loin, de leur premier emplacement pour divers usages : servir par exemple de piédestal à une croix, de marque de délimitation entre des territoires, de signal en temps de neige, de pilier de soutien de quelque partie essentielle d'une chapelle rurale, etc. Le creusement de la face supérieure de celle-ci en une vasque et la tentative de scier transversalement le fût par le milieu semblent indiquer l'intention qu'on aurait eue d'en faire un bénitier.

La route de Craponne à Arlanc peut bien être ancienne; mais qu'elle soit romaine et qu'elle ait été pourvue de bornes milliaires comme grande voie stratégique, il faudrait pour cela pouvoir établir d'une manière bien certaine que la colonne d'Aubrigoux est à sa place primitive.

L'ordre du jour appelle la question relative à l'époque de la floraison des plantes considérée dans ses rapports avec la température ambiante.

M. Hérisson fait l'analyse d'un mémoire traitant de ce sujet.

Depuis plusieurs années, dit-il, les agronomes et les physiologistes cherchent à établir les rapports existant entre la température et la marche de la végétation. De nombreuses observations faites en divers lieux, démontrent péremptoirement l'influence de la chaleur. Il s'agit maintenant de faire la part qui revient aux forces thermiques naturelles. M. Hérisson a relevé, pendant trois ans, dans le champ d'expériences du Puy, des résultats tendant à faciliter la solution de ce problème. Il a adopté une méthode pour l'évaluation des températures, plus précise que celle généralement suivie. Presque toujours, on se contente de prendre la moyenne des températures extrêmes du jour, sans faire intervenir le temps pendant lequel ces températures ont régné. M. Hérisson s'est servi du thermomètre enregistreur de Richard qui permet de tenir compte du temps, aussi bien que de l'intensité de la chaleur. Il est parvenu de cette façon à établir assez exactement les quantités de chaleur nécessaires pour déterminer la floraison et la maturation d'un grand nombre de végétaux.

Ainsi, par exemple, dans la famille des graminées, la *Floure odo-*

rante exige 474 degrés de chaleur, le *Dactyle pelotonné* 751 et la *cauche flexieuse* 1176, du 15 mars au moment de la floraison.

Parmi les céréales on constate des écarts un peu moins considérables. Cependant, tandis que l'avoine, dite *Abondance*, n'exige que 1561 degrés et parcourt toutes les phases de son existence en 135 jours, l'avoine *Jaune de Flandre* demande 1747 degrés et 151 jours de végétation.

Des observations analogues ont été faites sur la pomme de terre, sur les céréales d'hiver, etc., etc. Par les chiffres produits, et qui seront publiés, on peut *a priori* savoir si telle ou telle espèce observée dans le champ d'expériences est susceptible d'être cultivée en pays de montagne où la température est plus basse qu'au Puy. On peut aussi juger par là de l'intérêt pratique et scientifique qu'offre le travail de notre collègue.

Plusieurs membres fournissent sur le concours départemental, tenu au Puy le 26 septembre dernier, des renseignements qui concordent avec ceux du rapport publié sur ce concours par le journal *La Haute-Loire,* à la date du 28 du même mois.

M. le D\ Coiffier propose de fonder, dans la Société, a côté des sections agricole et scientifique qui existent déjà, une nouvelle section, dite *industrielle et commerciale*, indépendante, ayant son bureau spécial et qui pourrait se réunir et délibérer séparément sous forme de commission distincte.

M. Coiffier croit que le commerce de notre ville aurait tout à gagner à ce que messieurs les négociants et industriels eussent un centre de réunion ainsi qu'un local approprié pour leurs délibérations et le dépôt de leurs archives. De plus, la Société pourrait, comme pour les autres sections, voter les subventions nécessaires et se charger des impressions.

M. Louis Paul appuie fortement le projet de M. Coiffier et pense qu'une section commerciale, ayant à sa tête un directeur placé sous la dépendance du bureau, pourrait rendre de grands services au commerce et à l'industrie de la région.

La Société décide qu'elle fera appel à ceux de ses membres qui s'occupent d'industrie et de commerce et qu'à la prochaine séance il sera nommé une commission dite d'initiative, chargée de s'occuper de l'organisation de la nouvelle section.

M. Eugène Bonnefoux, conseiller général du canton de Saint-Paulien, est élu, à l'unanimité des suffrages, membre titulaire de la Société agricole et scientifique de la Haute-Loire.

Il sera statué à la prochaine séance sur l'admission, au titre de

membre titulaire, de M. Baptiste Boyer, secrétaire de la mairie de
Loudes, présenté par MM. Morel et Lascombe.

L'un des secrétaires,
A. LASCOMBE.

SÉANCE DU 3 DÉCEMBRE 1891.

PRÉSIDENCE DE M. LE Dr MOREL.

Présents : MM. Champanhac, Dr Coiffier, Gazanion, Habrial, Hérisson, Hedde (Philippe), Menand, Dr Morel, Paul (Louis) et Vallery-
Michel. MM. Chaudier, Lascombe et Riboud se sont fait excuser de ne
pouvoir assister à la séance.

Le procès-verbal de la dernière séance est lu et adopté.

M. le Président communique une circulaire de M. le ministre du
Commerce demandant à la Société des renseignements concernant
« l'office du travail ».

Puis successivement :

Un projet de pétition envoyé par la Société d'agriculture de la
Haute-Marne pour l'adoption de mesures protectrices des petits
oiseaux.

L'assemblée, consultée, déclare donner son adhésion à la pétition
proposée.

L'annonce d'un concours général agricole qui doit avoir lieu à Paris,
en 1892, du lundi 15 au mercredi 24 février.

La circulaire de l'Association nationale de la meunerie française
demandant l'avis de notre Société en vue d'élever les droits de douane
sur la farine, droits qui ne sont pas en rapport avec ceux adoptés
pour le blé ; de cette inégalité découle un encouragement pour l'introduction en France de la farine, au grand préjudice de l'importante
industrie de la meunerie et de l'agriculture françaises.

M. Louis Paul dépose sur le bureau, au nom de la commission de météorologie, une brochure renfermant les observations faites à Bordeaux par la commission de météorologie de cette ville.

Conformément à la proposition faite par M. le Dr Coiffier à la dernière séance, il est procédé à la nomination d'un comité d'initiative pour l'organisation d'une section industrielle et commerciale. Sont désignés : MM. le Dr Coiffier, Louis Paul, Enjolras, Hippolyte Achard, Philippe Hedde.

M. Ménand donne lecture de deux extraits du *Petit Patriote de l'Ouest*; le premier de ces articles traite de *l'Actinomycosis*, nouvelle maladie du bétail qui vient de faire son apparition sur notre continent, après avoir apparu, il y a quelques années, dans l'Illinois. Cette maladie se manifeste sur les bœufs par de grosses tumeurs aux mâchoires. L'étude au microscope montra que l'affection provenait d'un champignon qui se trouvait dans les organes de la mastication et de la digestion.

Cette maladie très contagieuse s'attaque même à l'homme, soit directement, soit par l'ingestion des chairs de l'animal contaminé : plusieurs cas mortels ont été signalés.

M. Habriat donne quelques explications sur cette maladie qui s'est manifestée dans le Nord-Est de la France, où elle porte le nom de *Langue de bois*.

Plusieurs membres comparent cette maladie à l'affection déjà connue qui porte le nom d'*actinomycose*.

Le second article traite de la suppression des cornes chez les bêtes bovines.

Les avantages obtenus par cette suppression seraient non seulement d'éviter de nombreux accidents, mais encore de favoriser l'engraissement du bétail.

La méthode employée dans ce but par les grands éleveurs des États-Unis consiste à appliquer la potasse caustique, lors de l'apparition des cornes, sur la tête des jeunes veaux. Une seule application est suffisante, en ayant soin d'humecter le bâton de potasse caustique et d'éviter le contact direct avec les doigts de l'opérateur.

Ces communications donnent lieu à un échange de vues entre divers membres. M. Hérisson parle à ce propos d'une race normande sans cornes qui n'a pas été propagée.

M. le Président annonce à l'assemblée que la Société pourra prochainement disposer de deux taureaux reproducteurs, dont un de race limousine et l'autre de race tarentaise, ainsi que d'une génisse limousine.

L'assemblée décide qu'on s'occupera de placer ces animaux aussitôt leur arrivée et engage MM. les éleveurs qui désireraient se charger de ces animaux à adresser leur demande à M. Hérisson.

Le conseil d'administration propose de modifier certains articles des statuts dont M. le Dr Coiffier donne lecture; ces modifications, motivées par l'usage constant des dernières années et par la nécessité de supprimer des articles tombés en désuétude, sont approuvées, et l'assemblée décide que les nouveaux statuts seront annexés au prochain volume des Annales de la Société.

A ce sujet, M. Louis Paul propose de limiter le nombre des membres de la Société, de façon à ne pas dépasser le chiffre de deux cents membres titulaires.

Cette question sera mise à l'ordre du jour de la prochaine séance.

M. Baptiste Boyer, secrétaire de la mairie de Loudes, est élu, à l'unanimité des suffrages, membre titulaire de la Société agricole et scientifique de la Haute-Loire.

Il sera statué à la prochaine séance sur l'admission, à titre de membre titulaire, de M. Vialet, maire d'Aiguilhe, présenté par MM. Morel et O'Farrell.

Le secrétaire suppléant,
P^h. HEDDE.

SÉANCE DU 14 JANVIER 1892.

Présidence de M. le Dʳ Morel.

Présents: MM. Dʳ Abrial, Gazanion, Habriat, Hedde, Jacolin, Dʳ Morel, Gueyffier, Vallery-Michel.

MM. Lascombe et Riboud se sont fait excuser de ne pouvoir assister à la séance. M. Boyer écrit pour remercier la société de son élection.

Le procès-verbal de la dernière séance est lu et adopté.

M. le président lit successivement :

Une lettre de M. le Préfet de la Haute-Loire, invitant à prendre sans délai les mesures nécessaires pour pratiquer des inoculations contre le charbon symptomatique qui s'est manifesté dans la commune de Saint-Front.

Une lettre de M. Chaudier faisant part de l'arrivée de deux animaux reproducteurs de race limousine et de leur placement immédiat :

Une circulaire du ministère du Commerce demandant l'envoi de renseignements à la direction de l'office du travail, sur tout ce qui concerne l'état et le développement de la production, l'organisation et la rémunération du travail, ses rapports avec le capital, la condition des ouvriers et la situation comparée du travail en France et à l'étranger ;

Une circulaire du ministère de l'Instruction publique et des Beaux-Arts, relative à la 16ᵉ session des sociétés départementales des Beaux-Arts qui coïncidera, en 1892, avec la réunion des sociétés savantes ;

Divers documents relatifs au quatrième centenaire de la découverte de l'Amérique et aux solennités que prépare l'Espagne en 1892, à cette occasion.

M. Hedde présente, au nom du Conseil d'administration, le relevé des comptes pour 1891. Il résulte de cet exposé que la situation financière est excellente, bien que les dépenses aient été légèrement supérieures aux recettes par suite de dépenses accidentelles, mais l'actif de la société est encore supérieur à onze mille francs, dont la majeure partie se trouve déposée à la Trésorerie générale.

Il présente également le projet de budget pour l'exercice 1892, s'équilibrant en recettes et en dépenses.

L'assemblée approuve les comptes, ainsi que le projet de budget.

M. Habriat, délégué par M. le président, dans le courant de décembre, pour pratiquer des inoculations de charbon symptomatique dans la commune de Saint-Front, rend compte du résultat de sa mission.

La commune venait d'être éprouvée par le passage de cette affection; aussi était-ce dans d'assez mauvaises conditions que ces vaccinations eurent lieu; le dernier cas de mortalité remontait seulement à huit jours. Néanmoins les opérations ont très bien réussi.

Du 10 au 12 décembre, M. Habriat inocula 108 animaux chez 7 propriétaires de différents villages, ce qui épuisa son premier vaccin, autrement dit vaccin atténué, préparatoire, d'après la méthode de M. Cornevin. La deuxième inoculation devait avoir lieu 10 à 12 jours après. M. Habriat, voulant donner satisfaction à de nouvelles demandes qui s'étaient produites, résolut de profiter de ce second voyage pour employer le procédé de M. Thomas vétérinaire à Verdun, dite vaccination par le fil virulent, qui permet d'opérer la vaccination par une seule opération : c'est ce qu'il fit sur 35 sujets, avec l'autorisation de M. le président de la Société d'agriculture. L'avenir décidera sur les avantages relatifs de ces deux procédés au point de vue de la préservation du bétail. On peut dire que le procédé Thomas est moins coûteux, facile et rapide, peut s'employer en toute saison, même par les froids les plus rigoureux, sans que le vaccin se glace, ainsi que cela arrive quelquefois avec le procédé Cornevin.

Les propriétaires de la contrée, déjà édifiés par les bons résultats des vaccinations faites précédemment par les soins de la Société agricole, ne tarissaient pas en éloges sur la facilité et l'efficacité de cette mesure prophylactique; il est à souhaiter que tous les éleveurs, comprenant les bienfaits de la vaccination, prennent d'eux-mêmes l'initiative de cette mesure avant l'apparition du fléau.

M. Habriat ajoute quelques explications sur l'emploi de ce procédé nouveau qui a obtenu une médaille à l'exposition de 1889. Il a été employé dans la Haute-Marne et les Vosges sur plus de 5,000 sujets sans aucun accident ; cela tient à ce que le fil employé a toujours la même force, il contient le virus à dose infinitésimale. On l'introduit à quelques centimètres du bout de la queue au moyen d'une aiguille à suture de grosseur convenable. L'aiguille traversant vivement, le fil se trouve arrêté dans la plaie par un nœud. Le sujet ne souffre pas de cette opération ; on constate simplement un léger état fébrile. La vaccination doit se faire de préférence sur les jeunes animaux, car le « charbon symptomatique », qu'il ne faut pas confondre avec « la fièvre charbonneuse » ou « sang de rate », attaque exclusivement les animaux depuis l'âge de 5 à 6 mois jusqu'à 4 ans.

M. Vialet, maire d'Aiguilhe, présenté à la dernière séance, est élu, membre titulaire de la Société.

Il sera statué à la prochaine séance sur l'admission, à titre de membres titulaires, de M. Gabriel Demourgues, substitut du procureur de la République à Montluçon, présenté par MM. Marchessou et Jacolin, et de M. Viala, vétérinaire au Puy, présenté par MM. Chaudier et Riboud.

Le secrétaire suppléant,
Ph. HEDDE.

SÉANCE DU 4 FÉVRIER 1892.

Présidence de M. Hérisson et de M. le Dr Morel.

Présents : MM. Dr Abrial, Louis Garde, Édouard Gazanion, Ph. Hedde, Hérisson, Lascombe, Liogier de Sereys, Dr Morel, O'Farrell, Pagès, Louis Paul, Vallery-Michel et Riboud.

Le procès-verbal de la séance de janvier, lu par M. Hedde, est adopté.

Un arrêté ministériel a fixé au 7 juin prochain l'ouverture de la 16ᵉ session des Sociétés des Beaux-Arts des départements, à laquelle notre association est invitée.

M. le Président expose qu'un comité s'est constitué dans la pensée d'offrir un témoignage de reconnaissance à M. Jules Méline, président de la commission des douanes à la Chambre des députés, qui a déployé tant d'ardeur, d'énergie et de talent pour la défense et le triomphe de la cause des intérêts agricoles français par la réforme douanière attendue avec une si vive impatience par l'agriculture nationale.

Une souscription est ouverte aujourd'hui entre les agriculteurs de toutes les régions de la France, dans le but d'offrir à M. Méline un objet d'art et de frapper une médaille commémorative qui sera remise aux souscripteurs.

Ce souvenir sera remis à M. Méline dans un banquet qui lui sera offert par les agriculteurs français à l'hôtel Continental à Paris, le 22 février 1892, pendant le concours général agricole du Palais de l'Industrie.

La société, heureuse de s'associer à cette manifestation, s'inscrit pour une somme de vingt-cinq francs.

Parmi les ouvrages reçus, M. Lascombe recommande à l'attention de la Société :

1° Une savante étude sur Théodulfe, évêque d'Orléans, par M. Cuissard, sous-bibliothécaire de cette ville. Ce travail a paru dans le tome XXIV des *Mémoires de la Société archéologique et historique de l'Orléanais*, sous le titre de : *Théodulfe, évêque d'Orléans, sa vie et ses œuvres*. Un chapitre est consacré aux bibles de Théodulfe et notamment à celle que renferme le trésor de la cathédrale du Puy ;

2° *La Faune lozérienne*, ouvrage de M. Paparel, publié dans le *Bulletin de la Société d'agriculture de la Lozère* (livraison de septembre-octobre 1891). En regard du nom scientifique de chaque animal, l'auteur a indiqué, le plus souvent, le vocable patois sous lequel il est connu en Gévaudan. Il serait curieux de rechercher si ces dénominations locales sont analogues à celles données aux animaux de la Haute-Loire. M. Édouard Gazanion veut bien se charger de cette mission ;

3° Un compte rendu sommaire fait par la *Revue des travaux scientifiques* (tome XI, n° 7), sur un mémoire de M. Marcellin Boule, inséré au *Bulletin de la Société géologique de France*, sous le titre de : *Succession des éruptions volcaniques dans le Velay*.

Les officiers du Velay au régiment d'Auvergne, en 1747, tel est le titre d'une notice lue par M. Lascombe au nom de M. Henry Mosnier.

M. Lascombe fait la communication suivante :

« Le hasard m'a fait découvrir au Puy, il y a quelques jours, un « tableau de Jean Boucher, né à Bourges, en 1568, mort vers 1633, et « qui eut pour élève Pierre Mignard.

« Sans être un peintre de premier ordre, les œuvres de Jean Bou-« cher ont néanmoins du mérite et figurent au musée de Bourges. « L'une d'elles, dit Larousse, orne l'hôtel de ville de Dijon.

« Le tableau en question, peint sur panneau de chêne, représente

« la vierge assise tenant sur ses genoux l'enfant Jésus endormi. Très
« incompétent en peinture, je me garderai bien d'apprécier cette
« œuvre de Boucher, mais elle m'a semblé posséder des qualités qui
« peuvent lui donner de la valeur.

« A l'angle supérieur de ce panneau, et au côté droit, on lit : *Jean*
« *Boucher invenit et fecit* 1627, et au dos du cadre, *Mme de Chabnal*
« ou *de Chabval*. Ce nom serait-il celui d'un de ses possesseurs?

« Quoi qu'il en soit, ce tableau, 0, 66 sur 0, 84, provient du château
« de Valencay, propriété des Talleyrand-Périgord. »

M. Lyotard, nous a adressé le compte rendu de la dernière excursion des touristes de la *Vellavienne*. Il a découvert aux environs de
la Sauvetat et de Costaros plusieurs plantes intéressantes.

Le *Dianthus sylvaticus*, de Hoppe, que n'indiquent ni nos flores
locales ni celle du centre de la France, de Boreau, est mentionné par
le prodrome de la flore du plateau central comme existant dans la
région du Mezenc. Cette plante, qui n'a rien de particulier, n'est pas
rare aux environs de la Sauvetat, et il est probable qu'elle doit être
encore assez commune dans les régions élevées de la Haute-Loire.

Le genre *Scirpus*, de Linné (*Holeocharis* de Robert Brown), est
représenté à l'étang de Costaros par l'espèce *Acicularis*, nouvelle
pour la Haute-Loire. Seule, la flore de Latourette l'indique, mais sans
mentionner aucune station, ce qui ferait supposer qu'elle est commune. Dans ce cas, il paraît fort étonnant que cette plante n'ait été
signalée que par un seul botaniste, à moins que ce *Scirpus* noté par
Latourette, comme *Scirpus Acicularis*, ne soit la variété *Reptans*
que Boreau indique sur les bords de la Loire.

Le même compte rendu relate sinon la disparition du *Marsilia*
quadrifolia et du *Pillularia globulifera*, trouvés en 1886 à l'étang
de Costaros, du moins que ces mêmes plantes n'ont pu être retrouvées.

M. Lascombe met sous les yeux de l'assemblée une brochure de
huit pages, imprimée à Clermont-Ferrand, chez Antoine Delcros, et
provenant de la collection de M. César Falcon. Elle renferme un discours prononcé à l'occasion de la bénédiction du drapeau de la milice
bourgeoise de la ville de la Chaise-Dieu, dans l'église de l'abbaye, le
2 août 1789, par Dom Barrot, visiteur de la congrégation de Saint-
Maur et prieur de l'abbaye de Saint-Jean-d'Angély, en Saintonge.

En juillet 1789, le bruit courut à la Chaise-Dieu que huit à neuf cents
bandits avides de pillage, marchaient sur cette ville et que leur arrivée était prochaine. A cette nouvelle les citoyens organisèrent une
milice bourgeoise composée d'environ trois cent soixante hommes et
firent faire un *drapeau municipal* sur les plis duquel on lisait l'inscription suivante : *Pro rege — Pro patria — Pro libertate*.

On ne voulut point faire usage de cet étendard sans qu'au préalable il n'eût été béni et, à cet effet, les miliciens adressèrent aux Bénédictins une supplique qu'ils accueillirent favorablement. Une imposante cérémonie eut lieu dans la magnifique église des moines : l'honneur de bénir le drapeau fut dévolu à Dom Barrot qui, après la grand'messe, prononça un discours si applaudi que l'impression en fut votée à l'unanimité.

Le même jour, à l'issue des vêpres où assista toute la milice bourgeoise, on entonna le *Te Deum*, pendant lequel les religieux, accompagnés des curés, vicaires et autres ecclésiastiques des trois églises paroissiales de La Chaise-Dieu, allèrent processionnellement, au milieu des acclamations du peuple, allumer un feu de joie préparé sur la principale place de la ville.

De la même collection Falcon provient la pièce suivante, analysée par M. Lascombe. C'est le testament de Jean-François-Armand Bergonhon, écuyer, seigneur de Rachat, la Roche, Chantilhac et autres lieux, conseiller du roi, lieutenant particulier de la sénéchaussée et siège présidial du Puy, subdélégué de l'intendance du Languedoc au département du Puy-en-Velay.

Son hôtel, situé place de la Plâtrière, est occupé aujourd'hui par les sourdes muettes, établissement dirigé par les religieuses de la Présentation.

La famille Bergonhon (*alias* Bergounhoux), figure parmi les plus anciennes de la bourgeoisie du Puy. En 1552, Nicolas Bergounhoux, notaire et marchand, remplit les fonctions consulaires. En 1553, Jacques Bergounhoux, apothicaire, exerça les mêmes fonctions. C'est sans doute le même mentionné par Médicis, en 1561, sous le nom de sire Jacques Bourgonhon, dit Pascal *aromateur*. En 1604 et 1628, nous trouvons un Bergounhoux, marchand, élevé à la dignité consulaire. Gabriel Bergonhon, juge en la cour royale et commune du Puy, est compris dans le rôle des nobles et autres, possédant fiefs, qui doivent payer la taxe pour le ban et arrière-ban de la sénéchaussée du Puy.

Dès l'année 1746, Armand Bergonhon de Rachat est subdélégué de l'intendance du Languedoc ; marié à dame Marie-Jacqueline Roche, il en eut quinze ou seize enfants, dont plusieurs morts en bas-âge, car son testament n'en mentionne que douze.

Cette famille si nombreuse s'éteignit au commencement de ce siècle. Tous ses membres avaient embrassé la vie religieuse, à l'exception du frère aîné, le chevalier de Varennes qui, engagé dans les liens du mariage, mourut sans postérité.

Le testament de Bergonhon de Rachat, écrit entièrement de sa main, ne porte point de date. Malgré cette lacune, il est antérieur à 1767, comme l'atteste le codicille qui l'accompagne. Cet acte suprême est empreint de ce sentiment religieux si commun autrefois et si rare dans les familles de notre époque.

Après avoir recommandé son âme à Dieu, le testateur exprime le désir d'être inhumé au tombeau de ses ancêtres, dans l'église de Saint-Pierre-le-Monastier. En vue de prières pour le repos de son âme, il fait des legs à l'Hôpital-Général du Puy, aux malades de l'Hôtel-Dieu, aux dames de l'Œuvre du Bouillon, aux prêtres de Saint-Pierre-le-Monastier et de Saint-Pierre-Latour, aux capucins, carmes, cordeliers et dominicains, aux religieuses de Sainte-Claire, aux pauvres du Puy (200 livres) etc., etc.

Passant à la répartition de ses biens entre ses enfants il donne :

1° A Gabriel-Armand et Gabriel-François-Stanislas, jésuites, une pension annuelle et viagère de 300 livres ;

2° A Marie-Thérèse-Paule, religieuse de la Visitation au Puy, 30 livres de pension annuelle et viagère, et pareille somme à Marie-Gabrielle-Thimotée, religieuse de la Visitation de Saint-Etienne ;

3° A Marie-Philippe-Andrelette, épouse de Jean-Antoine Lanthenas, 100 livres, outre la somme de 6,000 livres qu'il lui a donnée dans son contrat de mariage du 16 juillet 1766 ;

4° A Jacques-Louis-Ignace et Joseph-Vozy-Stanislas, prêtres, 3,000 livres ;

5° A Jean-Gabriel-Armand de Rachat de Varennes, à Philippe-Dom-nin-Alexis-Régis, clerc tonsuré, à Jean-Baptiste et Jean-Paul François, à Marie-Françoise-Radegonde, 4,000 livres.

6° Il institue pour son héritière universelle Marie-Jacqueline Roche, sa femme, prohibe toute confection d'inventaire, etc., etc.

Le concours des animaux gras sera tenu au Puy le mardi 5 avril prochain.

Dans ce concours, organisé par le Comice agricole, il sera distribué 2,000 francs de prix provenant, soit de la subvention de l'État, du département, soit de l'appoint fait par le Comice agricole.

Il est ensuite procédé à l'élection de MM. Demourgues, substitut du procureur de la République à Montluçon, et O. Vialla, vétérinaire au Puy, qui sont proclamés membres titulaires de la Société.

A la prochaine séance, il sera statué sur l'admission de M. Boyer, conseiller général et maire de Vazeilles-Limandre, présenté par MM. O'Farrell et Jacotin.

M. le Président indique qu'il est important d'assurer pour les fonds de la Société — qui dépassent 10,000 fr. — un placement sûr en même temps qu'avantageux. Cette question sera agitée à la prochaine séance, et il y a lieu d'espérer, ajoute-t-il, que peu après suivra le décret de reconnaissance d'utilité publique de notre Société, ce qui, pour elle, n'offrira qu'avantages, tant au point de vue de la notoriété attachée à ce titre, que de la défense de ses intérêts.

L'un des secrétaires,
EUGÈNE RIBOUD.

SÉANCE DU 3 MARS 1892.

PRÉSIDENCE DE M. LE Dr MOREL ET DE M. HÉRISSON.

Présents : MM. Carle-Beraud, Champanhac, Dr Coiffier, Dreyfus, Régis Falcon, Louis Garde, Édouard Gazanion, Edmond Gueyffier, Louis Gueyffier, Habriat, Hedde, Hérisson, Lascombe, Lavastre, Liogier de Sereys, Martin, Menand, Dr Morel, Louis Paul, Portal-Avond, Ranchet et Vallery-Michel.

M. Liogier de Sereys donne lecture du procès verbal de la séance précédente, qui est adopté.

Parmi les ouvrages reçus, il y a lieu de signaler.

Le Petit Potager bourgeois, par P.-C. Finel (offert au nom de l'auteur par M. Lyotard). Ce petit livre, résumé simple et complet de ce qui a trait à la culture maraîchère, a reçu l'approbation de M. le ministre des Travaux publics, et figure, depuis le mois d'octobre dernier, parmi les ouvrages classiques.

La correspondance comprend :

1° Une lettre de M. le Préfet de la Haute-Loire, en date du 9 février dernier, à laquelle était jointe une demande de M. le maire de la ville de Saugues, tendant à ce que des vaccinations préventives contre le charbon symptomatique soient effectuées dans sa commune.

M. Habriat, qui avait pratiqué, il y a peu de temps, des vaccinations analogues à Saint-Front, a été chargé par la Société de remplir la même mission à Saugues ;

2° Une lettre de M. Prulière, président de l'*Harmonie du Velay*, sollicitant un lot pour la grande tombola organisée par cette société en vue du prochain concours musical qui doit avoir lieu à Alger.

Voulant donner un témoignage de sympathie à l'*Harmonie du Velay*, l'assemblée a décidé d'offrir pour sa tombola une collection complète de ses Mémoires formant cinq tomes en sept volumes in-8°.

M. Lascombe signale la découverte, dans l'ancienne église de Saint-Jean-la-Chevalerie, de la tombe de Jean-Philibert de Fay de La Tour Maubourg, grand bailli de Lyon, chevalier de Malte, décédé au Puy, le 4 février 1759.

Au nom de M. Henry Mosnier, M. Lascombe lit un mémoire relatif à un vol de 50 mille livres des deniers de la recette des tailles du Puy, effectué le 8 septembre 1708, entre cette ville et Yssingeaux.

M. Hedde analyse un ouvrage que vient de publier à Orléans, M. Cuissard, sous le titre de : *Théodulfe, évêque d'Orléans, sa vie et ses œuvres*.

Deux allégations de cet écrivain touchant le précieux manuscrit, qui repose depuis mille ans au trésor de notre cathédrale, sont réfutées par M. Hedde avec preuves à l'appui. Il ne trouve dans cet ouvrage important aucune donnée positive pour éclaircir le mystère qui règne encore aujourd'hui sur la manière dont notre trésor s'est enrichi de ce magnifique spécimen de la calligraphie carlovingienne. Rien, par conséquent, n'est venu infirmer jusqu'ici la constante tradition que cette bible est un don de Théodulfe.

M. Hedde procède ensuite à l'examen des œuvres de ce savant prélat, réformateur de l'enseignement au ix° siècle, restaurateur de la discipline ecclésiastique, versificateur habile et fécond, savant exégète, ami et protecteur des beaux-arts. Il créa des fondations charitables, fut par dessus tout ami éclairé du peuple, et partagea avec Alcuin l'honneur de relever les lettres, sous le grand règne de Charlemagne.

Disgracié par le successeur de cet empereur Théodulfe, loin de son siège épiscopal, eut une fin aussi digne que sa vie avait été belle. Les mérites de cet évêque, qui n'avaient pas été suffisamment appréciés par les historiens anciens, ont été du reste mis en relief par les travaux de nos critiques modernes. La peinture murale de la salle des reliques de la cathédrale du Puy se rattache directement à l'œuvre de Théodulfe.

M. Hedde énumère les précédents travaux des divers membres de notre Société qui, à diverses reprises, ont apporté le concours de leurs lumières à ces questions artistiques et religieuses.

Dans sa biographie des officiers généraux de la Haute-Loire, M. du

Molin a consacré une notice à Étienne Joubert, maréchal de camp, né à Monistrol-sur-Loire.

Lieutenant en second le 24 octobre 1744, lieutenant en premier le 1er mars 1745, capitaine le 9 novembre 1746, major en 1760, lieutenant-colonel d'infanterie le 13 octobre 1762, colonel le 17 juin 1770, brigadier le 25 octobre 1776, Joubert fut enfin nommé maréchal de camp le 1er mars 1780.

Cette notice, à laquelle M. Lascombe a emprunté les états de service de Joubert, assigne à sa mort la date du 28 septembre 1780, erreur manifeste, car le testament de ce vaillant soldat de la Haute-Loire, est du 27 septembre 1784, et il mourut le même jour, comme l'atteste une quittance annexée à son testament et fournie par l'un de ses héritiers.

Voici le préambule de ce testament, passé devant Rambaud, notaire :

« Par devant le notaire royal soussigné, et en la présence des « témoins cy après nommés, est comparu messire Etienne Joubert, « écuyer, chevalier de l'ordre royal et militaire de Saint-Louis, « maréchal des camps et armées du roy, résidant à Lyon, rue Gentil, « paroisse de Saint-Nizier, ce jour en la paroisse de Treyves en « Lyonnais, lequel, quoique indisposé, malade dans le lit d'une « chambre au premier étage dépendante du domaine de sieur Marc « Joubert, son neveu, négotiant et bourgeois de Lyon, ladite chambre « prenant son entrée du cotté du nord par une autre chambre, et « éclairée du cotté du midi, néantmoins sain de tous ses sens, pensées, « parolles, mémoire et entendement, a volontairement fait, dicté et « intelligiblement prononcé audit notaire en la présence desdits « témoins, le présent son testament solennel, comme il suit : » etc., etc.

Dans ce testament que notre honorable confrère, M. Louis Gueyffier, a bien voulu communiquer à M. Lascombe, Joubert fait élection de sépulture dans le lieu qu'il plaira à son héritier universel.

Il lègue à messire André Joubert, son frère, prêtre missionnaire de Saint-Lazare, une pension annuelle et viagère de 200 livres; à ses deux sœurs, religieuses Ursulines à Monistrol, 100 livres de pension viagère à chacune; à dame Claudine Remongin, sa belle sœur, veuve de Mathieu Joubert, 300 livres de pension viagère; à dame Élisabeth-Catherine Joubert, sa nièce, religieuse aux Ursulines de Bourg-Argental, 50 livres de pension viagère; à François-Yves Duclos, son maître d'hôtel, sa montre en or valant 200 livres et une pension viagère de même somme; à Bastien, son domestique, 300 livres et une pension viagère de 150 livres.

« Je veux, dit le testateur, que mon héritier fasse apprendre à
« Saint-Yves, mon autre domestique, un métier suivant son état, et je
« luy lègue en outre une pension viagère de 150 livres. »

Étienne Joubert donne à ses neveux et nièces, enfants de feu Marcellin Joubert, son frère, maître en chirurgie à Monistrol, 30,000 livres
à partager entre eux, et pareille somme aux enfants nés et à naître
de sieur Hugues-Aimé Joubert, son neveu, demeurant à l'île Marie-
Galante ; à Marc Joubert, son petit neveu, fils dudit Hugues-Aimé Joubert, 6,000 livres et pareille somme à demoiselle Catherine Joubert,
sa nièce, fille dudit feu Mathieu Joubert.

Il institue pour son héritier universel Marc Joubert, son neveu,
négociant et bourgeois de Lyon, fils dudit feu Mathieu Joubert, son
frère, et veut que le surplus de ses biens lui appartienne à son décès.

Le testateur déclare qu'il est débiteur dudit Yves Duclos de 21,000
livres environ et dudit Saint-Yves, son domestique, de 120 livres,
etc., etc.

Ce testament est fait à la d'Huire, paroisse de Treyves, le 27 septembre 1784.

M. Hérisson annonce que des leçons pratiques de greffage de la
vigne seront données au Puy, les 12 et 13 mars courant.

Ces leçons, dit M. Hérisson, seront surtout pratiques et auront
pour objet le mode de greffage connu sous le nom de *Greffe à
l'anglaise sur table*. Ce mode est principalement usité dans le Beaujolais, tandis que dans le Midi on lui préfère la *Greffe en fente sur
place*. Cette dernière greffe étant très connue des jardiniers et des
propriétaires du Puy, il n'a pas paru utile de s'en occuper pour le
moment.

Les leçons publiques et gratuites seront données au nouveau
théâtre, place du Breuil, sous la présidence du professeur d'agriculture, par M. Leydier, ancien élève de la Ferme-école de Nolhac, qui
a suivi avec succès les cours de greffage institués par les municipalités du département du Rhône. Les démonstrations pratiques seront
accompagnées d'explications théoriques sur les soins à donner aux
jeunes greffes.

C'est le *Syndicat des agriculteurs de la Haute-Loire* qui fait les
frais de ces démonstrations. Les assistants n'auront à se munir que
d'un greffoir ou même d'un bon couteau. Les sarments seront fournis par le service du phylloxéra et le *raphia* par le maître greffeur.

Ces leçons auront lieu savoir :

Le samedi, 12 mars, de neuf heures du matin à midi, et de deux
heures à six heures du soir ;

Le dimanche, 13 mars, de huit heures à midi.

Non seulement on fournira les porte-greffes américains nécessaires pendant les cours, mais encore on en donnera gratuitement à emporter aux assistants qui exprimeront le désir d'en élever chez eux.

Ces cours sont considérés par le professeur d'agriculture, comme le commencement d'une œuvre très intéressante pour toutes les communes viticoles du département. Aussi espère-t-il que, l'an prochain, des communes telles que Brioude, Langeac, Bas, etc., inscriront à leur budget de petites sommes pour faire venir un maître greffeur, pendant un jour ou deux, pour apprendre aux viticulteurs les meilleurs procédés de greffage de la vigne française sur vigne américaine. Il ne faut pas tout attendre du Conseil général et de l'État. Les municipalités doivent faire quelque chose aussi dans l'intérêt de l'agriculture ou, si l'on veut, de l'enseignement agricole. Ce serait nouveau, mais pas tout à fait inutile dans la Haute-Loire.

M. Martin fait une communication sur l'élevage des veaux, d'après une note extraite de l'*Industrie laitière* et concernant la substitution des farineux au lait pur dans l'élevage des veaux. M. Martin entre dans des détails minutieux sur le mode et les avantages de cette substitution.

Notre confrère, M. Lavastre, membre du conseil municipal du Puy, annonce qu'à la dernière séance de ce conseil un vœu a été unanimement formulé, en vue de la création d'un train direct de Bordeaux à Lyon, par Bergerac, Aurillac et le Puy.

M. Lavastre fait ressortir l'intérêt qu'aurait pour notre ville et le département la création de ce train, et émet le vœu suivant adopté par l'Assemblée entière :

« Considérant que la ville du Puy, d'une population supérieure à 20,000 âmes, centre et chef-lieu d'une région à la fois agricole et industrielle, n'est, malgré l'importance des affaires qui s'y traitent journellement, desservie par aucun train rapide ;

« Que le département de la Haute-Loire occupe dans la fabrique de dentelles plus de 70,000 ouvrières ; qu'il produit des céréales et surtout des orges recherchées en brasserie, que l'élevage des bestiaux exportés pour la boucherie est considérable et que les milliers de jeunes mules nées dans ses montagnes sont achetées par des marchands qui viennent, à époques fixes, du Sud-Ouest, pour les revendre, soit dans les environs de Bordeaux, soit en Espagne ;

« Considérant que les trains actuels mettent près de six heures pour franchir les 144 kilomètres de Lyon au Puy, et un temps proportionnellement aussi long pour le trajet de cette dernière ville à Aurillac ;

« Considérant, d'un autre côté, que le trajet le plus court entre Lyon et Bordeaux serait *vià* Bergerac, Aurillac, Le Puy et Saint-Étienne et pourrait s'effectuer en douze heures au maximum ; que les lignes actuellement suivies par Limoges, Guéret, Gannat, Roanne et Saint-Étienne, comportent un détour, et par conséquent un plus long parcours ;

« Que si la ligne par Aurillac-Le Puy exige, sur quelques points, un ralentissement de vitesse motivé par les courbes et les rampes, ce ralentissement serait longuement compensé par la différence de longueur kilométrique ;

« Que cette longueur moindre mérite d'être prise en considération puisqu'elle amène une économie dans les prix de transports de voyageurs et de marchandises, en sorte que le long parcours actuel est une cause de perte de temps, à la fois et d'augmentation des frais de circulation ;

« Par ces motifs, la Société agricole et scientifique de la Haute-Loire, à l'unanimité, émet le vœu que le service direct entre Lyon-Bordeaux soit organisé par la ligne du Puy, Murat, Aurillac, Sarlat, Bergerac, et charge son bureau de faire parvenir ce vœu à M. le ministre compétent, par l'intermédiaire de MM. les députés et sénateurs de la Haute-Loire. »

Dans sa séance du 20 septembre 1891, le Comice agricole d'Yssingeaux, ayant considéré comme possible la transmission par contagion et hérédité, de la ladrerie du porc, a demandé qu'un arrêté préfectoral fût pris pour interdire de livrer à la reproduction les verrats atteints de la ladrerie.

M. le Préfet de la Haute-Loire a désiré connaître l'avis de la Société sur cette prétendue transmission de la ladrerie, et M. Habriat, vétérinaire, a été chargé de répondre à cette question.

Afin de rendre le sujet plus compréhensible, celui-ci rentre dans quelques considérations générales sur cette maladie et explique les causes qui la déterminent.

La ladrerie, dit-il, est une affection parasitaire caractérisée par la présence de vers vésiculaires de la grosseur d'une tête d'épingle, dans la trame des organes, notamment dans le tissu cellulaire des muscles. Ces vésicules, d'aspect transparent, ayant un point plus mat au centre, existent en plus ou moins grand nombre, et l'organisme peut en être littéralement criblé.

Ces vers vésiculaires ou hydatides, ont pour origine le *ténia solium*, ver solitaire de l'homme. Ce ténia pouvant acquérir plusieurs mètres de longueur est formé d'une série d'anneaux ou articles tous androgynes qui doivent servir à sa reproduction. Ces anneaux arrivés à maturité sont rejetés par l'homme, au moment de la défécation et émettent des milliers d'œufs. Si ceux-ci viennent à être avalés par le porc, ils éclosent dans ses intestins, donnent naissance à autant de petits vers microscopiques qui, absorbés, passent dans la circulation, sont portés dans toutes les parties de l'économie où ils s'arrêtent, et se fixent pour former le kyste, le cysticerque, cause de la ladrerie dans lequel se trouve renfermé le germe, la tête du ténia.

Lorsque encore vivants et parvenus à leur complet développement, ces cysticerques sont ingérés par l'homme, il se forme à la suite de leur tête un nombre indéfini d'anneaux qui constituent alors le ténia. Ces anneaux, produits par germination, se détachent quand ils sont fécondés ou à l'état de proglottis, et donnent de nouveau naissance, chez le porc, au cysticerque cellulaire.

De ce mode de génération, M. Habriat conclut que la transmission par contagion et hérédité de la ladrerie n'est pas possible, et que toute mesure consistant à éliminer de la reproduction les verrats ladres en vue d'arrêter la propagation de la maladie, ne reposerait sur aucun fondement sérieux et n'a pas sa raison d'être.

Comme moyens prophylactiques, il recommande : le langueyage des porcs, suivi de l'abattage et de la saisie par la police de ceux exposés sur les marchés et reconnus ladres au moment de la vente ; la création d'abattoirs spéciaux, afin de faciliter et de pouvoir rendre obligatoire la vérification des animaux destinés à la consommation ; la suppression des tueries particulières qui avoisinent les villes et favorisent au plus haut degré le commerce frauduleux de toutes les viandes malsaines.

M. Habriat recommande encore de faire cuire fortement les viandes suspectes, de bien nourrir les porcs, de les loger dans des porcheries salubres, bien aérées, d'éviter les causes qui peuvent débiliter l'organisme et donner prise aux parasites, de n'employer à la reproduction que des animaux vigoureux et de créer des fosses d'aisance pour empêcher les porcs de dévorer les matières fécales de l'homme.

La décence, la salubrité publique, l'intérêt de l'agriculture exigent que ces matières soit concentrées dans des dépotoirs, pour y subir une certaine décomposition et servir plus tard d'engrais.

Après une discussion approfondie, l'assemblée mue par le danger que fait courir à la population l'ingestion de viandes trichinées, émet le vœu suivant, qui sera adressé à la municipalité :

La Société, « considérant que la ladrerie du porc est très fréquente « dans le pays ;

« Que la ladrerie se transmet facilement à l'homme ; que l'inspec-« tion des viandes de porc est aujourd'hui impossible en ville, vu le

« mode d'abattage actuel, employé dans chaque charcuterie séparée.

« Émet le vœu qu'une annexe pour l'abattage des porcs soit créée « le plus tôt possible à l'abattoir du Puy. »

M. Édouard Gazanion rend compte de deux articles parus dans le *Journal de l'Agriculture*, de Barral, les 25 avril et 17 juin 1891, relatifs au *Lupinus Hirsutus* ou *Astragale-Café*.

Cette plante, qui exige une certaine fumure, croît très bien dans les sols siliceux, se couvre de magnifiques fleurs bleues et s'élève à la hauteur de 50 centimètres. Son rendement atteint 20 hectolitres à l'hectare ; les grains se sèment *en vieille lune*, généralement en mai, en lignes espacées de 50 centimètres en moyenne, et la récolte s'effectue en septembre, au fur et à mesure de la maturité des gousses. Les soins de culture sont les mêmes que ceux donnés aux pois et aux haricots.

Les grains d'astragale s'améliorent en vieillissant ; leur excès d'amertume disparaît au bout d'un an ou deux ; leur parfum se développe, et leur goût se rapproche alors de celui du café pur.

« L'astragale seul ne peut remplacer le bon café, mais uni à lui « le résultat de cette association vaut infiniment mieux que la plupart « des cafés livrés aujourd'hui à la consommation. »

En Suède, on associe l'astragale au café dans la proportion des deux tiers. Dans la Haute-Vienne, on met le plus souvent moitié astragale et moitié café, et cette boisson donnée aux cultivateurs remplace le vin.

M. Gazanion ajoute que la culture de cette plante présenterait de grands avantages dans notre pays et, pour la propager, il met à la disposition des membres de la Société une certaine quantité de graines.

M. Boyer, conseiller général du canton de Loudes, est élu membre titulaire de la Société.

L'un des secrétaires,
A. LASCOMBE.

SÉANCE DU 7 AVRIL 1892.

Présidence de M. le Dr Morel.

Présents : MM. Best, Boyer, avocat, Breschet, Champanhac, Coiffier, Douce, Experton, Régis Falcon, Louis Garde, Edouard Gazanion,
Louis Gazanion, Habriat, Hedde, Hérisson, Lascombe, Martin, Marsein, Auguste Mauras, Dr Morel, Ménand, Louis Paul, Vallery-Michel
et Riboud.

Le procès-verbal de la dernière séance est lu et adopté.

Au sujet de ce procès-verbal, M. Hedde constate que la réclamation
faite sur les allégations de M. Cuissard, touchant la bible de Théodulfe, a été reconnue fondée par M. Cuissard lui-même, auteur de
la biographie de cet évêque.

Le président donne lecture :

1° D'une lettre de M. Prulière, président de l'*Harmonie du Velay*,
en remerciement du don de la Société, pour la tombola organisée en
faveur du concours musical d'Alger ;

2° M. Mosnier offre à la Société de reproduire par la gravure, un
portrait qu'il possède du fameux *Bada*, cet habitant du Puy mort, il
y a quelques années, célèbre par un débraillé à rendre jaloux « le
citoyen Boutin » mais aussi par son courage et par son dévouement
surtout dans les incendies. La dépense pour la reproduction de ce
portrait dans nos Annales serait de 120 francs au moins. La Société
consultée remercie M. Mosnier de son offre, mais la repousse par
raison budgétaire ;

3° Par une lettre adressée à notre secrétaire, M. Vialet, maire d'Aiguilhe, a bien voulu mettre à la disposition de la Société quelques
plants de vigne dits de Jérusalem, afin d'en propager la culture dans
le pays.

Le raisin de Jérusalem est blanc et très clair. Le cep a des feuilles
différentes de celles de la vigne ordinaire. Elles sont à jour et poin-

tillées. Le sarment de cette vigne, très vigoureux, cultivé à Aiguilhe par M. Vialet, depuis quarante ans, doit être taillé très long et brave impunément les hivers les plus rudes.

M. Vialet recommande la culture du *poireau perpétuel*, plante potagère dont il a fait un semis qui lui permettra d'en distribuer des plants aux membres de la Société. Comme ses congénères, le poireau perpétuel se plante de la même façon, mais de préférence au nord. Il est bon et conserve durant les frimats sa couleur verte. Sa tige que l'on arrache pour la conserver, donne naissance à des rejetons qui, coupés etplantés immédiatement, produisent de nouveaux poireaux.

4° Sur la demande de la Société centrale d'agriculture de l'Aude, notre Société s'associe aux vœux émis par la Société d'agriculture de l'Aude, à l'effet d'obtenir de M. le ministre de l'agriculture que les titulaires des médailles d'honneur décernées aux ouvriers des champs, fassent l'objet d'une publicité à l'*Officiel*, pareille à celle accordée aux ouvriers de l'industrie.

Dans un des derniers numéros du *Journal de Botanique*, publié à Paris, il est signalé une découverte intéressant la Haute-Loire. Il s'agit d'une plante rare cueillie au pays de Saugues par M. l'abbé Fabre, le *Lysimachia thyrsiflora*. Cette espèce assez irrégulièrement distribuée à l'Est et au Centre de l'Europe, depuis la Russie jusqu'en Suisse, devient beaucoup plus rare à l'Ouest. En France, sa présence n'était signalée que dans les étangs de la Somme (Aisne). Le département de la Haute-Loire partagera désormais avec celui de l'Aisne le privilège de receler en France, dans ses marais, le rare *Lysimachia thyrsiflora*.

Dans la note jointe à son envoi, notre compatriote pense que la provenance de cette plante dans nos parages est la suivante : « La « région où on la trouve est une étape fort fréquentée des cigognes, « hérons et autres oiseaux de passage. Il est possible que, dans le « cours des âges, des semences apportées dans les déjections de ces « oiseaux aient fructifié et doté cette partie de la Haute-Loire d'une « plante que l'on ne s'attendait point à y rencontrer. »

M. Hérisson fait un compte rendu du concours d'animaux gras tenu au Puy mardi dernier.

Ce concours a été satisfaisant et les prix d'acquisition élevés. Cependant le nombre des sujets exposés était inférieur à celui des concours précédents.

Le professeur d'agriculture apprécie que la tenue de la foire du 26 mars où se vendent beaucoup d'animaux, nuit à l'importance numérique du concours, dit de *La Passion*. Il serait préférable, selon lui, que la date du concours coïncidât avec celle de la foire du 26 mars.

Telle est aussi, paraît-il, l'opinion de la plupart des membres du jury.

Sur la demande de M. Hérisson, cette question sera soumise à l'approbation des membres du bureau de la Société agricole, de ceux du Comice et du jury du dernier concours et il sera tenu de leur avis tel compte que de droit.

Le même membre expose l'utilité de la création au Puy d'un laboratoire agronomique départemental, projetée par le Syndicat et demande dans ce but le concours financier de la Société agricole et scientifique.

Après une longue discussion, d'où il résulte que cette fondation, dont l'utilité s'impose, mérite cependant d'être étudiée avec tout le soin que le comporte l'importance du projet, une commission composée de MM. Louis Paul, Gatillon, Dr Coiffier, Douce et Enjolras, est désignée à l'effet de procéder à cette étude et de dresser un rapport de ses observations.

Il est donné lecture d'une notice sur les avantages et le mode de culture du *succédanécafé,* sorte de café indigène et dont le grain, qui ressemble au lupin, est d'une abondante et saine production, pouvant être assimilé au café exotique et beaucoup plus économique que ce dernier. Quelques paquets de graines sont distribués à divers membres de la société qui rendront compte de leurs observations.

Au sujet des tramways et de l'éclairage électrique au Puy, M. le docteur Coiffier s'exprime ainsi :

Messieurs,

Quand on a eu le plaisir de monter, une fois, dans les tramways électriques que possède notre voisine, Clermont-Ferrand, tramways qui marchent, — il faut l'avouer — avec une régularité digne de tout éloge, on se prend, malgré soi, à désirer que le même mode de locomotion soit aussi employé chez nous et l'on en arrive à regretter profondément qu'un récent projet dans ce sens ait complètement échoué dans notre ville.

Nous savons tous, Messieurs, les causes qui ont amené le désistement du projet auquel je fais allusion. La compagnie du gaz, jouissant ici du monopole de l'éclairage s'est opposée à l'installation dans nos murs d'une compagnie rivale; elle était dans son droit, puisqu'elle défendait ses intérêts et nous ne pouvons raisonnablement lui faire un crime d'avoir pris, contre nous, le parti de ses actionnaires. Mais nous, hommes d'étude, membres d'une société qui n'a d'autre but et d'autre ambition que de s'occuper des choses qui peuvent être utiles à la petite patrie, ne pouvons-nous pas nous occuper, à notre tour, .

de la question, l'étudier à nouveau, et voir si elle a été définitivement et pour toujours résolue ?

Envisageant la chose sous une face toute nouvelle, ne pouvons-nous pas nous demander s'il ne serait pas possible de voir s'établir dans nos murs une compagnie électrique qui, tout en actionnant un tramway, comme à Clermont, pourrait aussi fournir, à chaque particulier qui en ferait la demande, de la force motrice à domicile ?

La compagnie du gaz n'a évidemment aucune raison pour s'opposer à l'établissement d'un tramway, mais pourrait-elle, — alors même qu'elle le voudrait, — empêcher les particuliers de recevoir chez eux, sous forme de force motrice, la quantité d'électricité qu'il plairait à chacun de demander ?

L'électricité est un agent, comme chacun le sait, qui peut se transformer en lumière ou en force. Or, ne pouvant pas avoir, au Puy, l'électricité-lumière, je me demande qui pourrait empêcher chacun de nous de demander l'électricité-force, quitte ensuite à en user, dans nos intérieurs respectifs, au gré de notre fantaisie ou au mieux de nos intérêts.

Je comprenais tout à l'heure l'opposition d'une compagnie de gaz en face de l'établissement d'un éclairage rival, mais je ne comprendrais plus du tout, je l'avoue, les prétentions de cette même compagnie si elle voulait nous empêcher à tout jamais de jouir de cette magnifique découverte qu'on appelle : le transport de la force à distance.

Il existe à Londres, à New-York, à Chicago, à Philadelphie, des compagnies puissantes, qui distribuent de la force aux particuliers et ceux-ci usent à leur gré de cette force pour actionner des moteurs pour faire manœuvrer de petits métiers des familles ou pour produire de la lumière ou du calorique. Je fais des vœux pour que nous jouissions bientôt des avantages accordés à ces pays lointains, mais en attendant, je serais porté à croire que la question des tramways au Puy, présentée sous cette forme, pourrait peut-être recevoir plus rapidement une solution.

Messieurs, je suis au nombre de ceux qui pensent que la Société agricole et scientifique de la Haute-Loire, en tant que Société savante, n'a pas le droit de se désintéresser tout à fait des questions industrielles ainsi que de tous les problèmes qui ont trait au bien-être et à la prospérité de la ville : aussi, convaincu de l'utilité de son intervention, aurai-je l'honneur de vous soumettre la proposition suivante : ce serait d'adresser au Conseil municipal, — à celui qui sera élu dans un mois, un vœu ainsi conçu :

La Société agricole et scientifique de la Haute-Loire, considérant tous les avantages commerciaux et autres qu'il y aurait, pour la ville du Puy, à posséder, comme Clermont, un tramway électrique, émet les vœux ;

1° Que la question des tramways électriques soit, à nouveau, mise à l'étude :

2° Que la Compagnie, concessionnaire des tramways, soit autorisée à fournir aux particuliers de la force motrice à domicile.

Cette communication est écoutée avec intérêt — la question sera portée à l'ordre du jour d'une prochaine séance, sur la demande des membres voulant prendre part à la discussion de cette question si intéressante pour notre ville.

Les cours pratiques de greffage qui ont eu lieu au Puy, cette année, ont été fréquentés par quatre cents personnes. Trente mille boutures de plants américains ont été distribuées. La greffe pratiquée par M. Hérisson est celle dite en fente anglaise, la seule employée dans les vignobles du Beaujolais.

M. Martin, instituteur à Brives-Charensac, expose ensuite son opinion sur ce qui doit être le fond de l'enseignement primaire dans les campagnes.

Aujourd'hui, dit M. Martin, les instituteurs n'ont plus le droit de s'attarder dans les vieilleries du passé et de perdre un temps précieux dans des détails insignifiants, ou pour des choses sans portée ; ils doivent prendre garde surtout de faire des déclassés qui, tôt ou tard, tomberaient dans la misère ou dans le crime, et s'en iraient peupler les hôpitaux ou les prisons.

Ils doivent être pratiques et, s'ils veulent mériter le beau titre d'éducateurs, ils doivent donner à leurs élèves de bonnes habitudes pour qu'ils se conduisent bien ; les mettre à même d'exercer une profession avec intelligence, afin qu'ils en tirent le meilleur parti possible et puissent, plus tard, gagner le pain de la famille ; leur apprendre encore à défendre au besoin leurs intérêts et à remplir toujours leurs devoirs ; en un mot, travailler énergiquement et sans relâche à préparer dans les enfants d'aujourd'hui les hommes de demain, des hommes de bon sens qui soient de leur temps et de leur pays.

Tel doit être, pour eux, le véritable but de l'école primaire, et voilà pourquoi l'enseignement agricole doit occuper une plus grande place dans les écoles primaires. Certes, la plus noble, comme la plus utile des professions est celle de cultivateur.

Dans ce riche et beau pays de France, qu'y a t-il de plus précieux que l'agriculture ? N'est-ce pas là le fond même de la prospérité nationale ?

En conséquence, dans les écoles, tous les efforts des instituteurs doivent tendre à conserver au sol des travailleurs robustes et éclairés. Il est temps de réagir avec énergie contre cette sorte de mirage qui attire vers les villes les habitants de nos campagnes. Les instituteurs ne doivent jamais se lasser de montrer aux écoliers combien la vie paisible et fortifiante des champs est préférable à la vie fiévreuse et énervante des grandes cités ; il faut leur prouver que c'est par le travail intelligent, l'ordre et l'économie, qu'on arrive à l'aisance et souvent au bonheur ; les décider enfin à suivre la carrière modeste et laborieuse de leurs parents, à cultiver la terre qu'ont fécondée leurs aïeux.

Mais le meilleur moyen de faire aimer les champs aux enfants des campagnes, et de les retenir ainsi au foyer paternel, c'est d'étudier avec eux leur futur métier, c'est de leur donner un bon enseignement agricole ; plus ils connaîtront la terre, plus ils l'aimeront. Car on s'attache de préférence à ce que l'on connaît bien. Il faut les habituer à regarder autour d'eux, les initier à la vie pratique ; leur donner les notions qui pourront rendre leur travail moins pénible, plus intéressant et plus rémunérateur ; saisir toutes les occasions favorables pour faire d'eux des cultivateurs intelligents et observateurs, exempts de préjugés, mais prudents, laborieux et économes.

Pour obtenir un semblable résultat il y a lieu d'accorder à l'agriculture la place qu'elle mérite dans les programmes et dans l'emploi du temps. C'est d'ailleurs à elle que l'enseignement scientifique doit s'appliquer en grande partie.

De tous côtés, de sérieux efforts sont tentés dans ce sens. Hommes et livres répandent partout la bonne parole. La routine, cette vieille reine, jadis si puissante et si tenace, se trouve aujourd'hui traquée comme une bête fauve jusque dans ses derniers retranchements.

Autrefois, lorsqu'un roi de France mourait, un héraut d'armes criait sur sa tombe : « Le roi est mort ! Vive le roi ! » A notre tour, il nous tarde enfin de pouvoir nous écrier : « La routine se meurt » !

La routine est morte ! Vive le progrès !

Présentation est faite par M. le Dr Morel et M. Douce, de M. Céllérier, chef de section à la compagnie P.-L.-M. Il sera statué sur l'admission à la prochaine séance.

L'un des secrétaires,
Eugène RIBOUD.

SÉANCE DU 5 MAI 1892.

PRÉSIDENCE DE M. LE D' MOREL.

Présents : MM. Boyer, D' Coiffier, Champanhac, Chaudier, Gazanion, Ph. Hedde, Habriat, Jacolin, docteur Morel, Martin, Louis
Paul, Vallery-Michel.

M. Lascombe s'était fait excuser.
Le procès-verbal de la dernière séance est lu et adopté.
M. Cellérier, chef de section à la Compagnie des chemins de fer
P.-L.-M., est admis membre titulaire de la Société.
Il sera statué à la prochaine séance sur l'admission comme membre
titulaire de M. François Rouchon, de Mestrenac (commune de Loudes),
présenté par MM. Garnier, de Loudes, et Vallery-Michel.
Renvoi à une prochaine séance d'un rapport de M. Cellérier sur le
projet de tramway électrique, ainsi que d'un autre rapport sur la
création d'un laboratoire agricole.
M. le docteur Coiffier dans une intéressante notice expose les
travaux de notre Société depuis sa fondation, en 1878. Fondée par
des hommes de progrès, tels que MM. Aymard, Morel, Vissaguet,
Jacolin, etc., elle prend d'abord le titre de « Société des amis des
Sciences, de l'Industrie et des Arts de la Haute-Loire », et adopte
trois ans après sa dénomination actuelle.
Sous les présidences successives de MM. Aymard, Langlois et
Morel, la Société a déjà publié six volumes de Mémoires d'environ
cinq cents pages.
Parmi ces travaux nous citerons :
1.º Des travaux de longue haleine tels que : *La ligue en Velay*
(Ch. Rocher) ; — *Les évêques du Puy* (id) ; — *Les vieilles histoires de
Notre-Dame* (id) : — *Les anciens écrivains vellaves* (id) ; — *Le feu
au Puy* (Lascombe) ; — *Les contes et légendes de la Haute-Loire* (id);
— *Les origines de la maison de Polignac* (A. Jacolin) ; — *La maison*

consulaire du Puy (id) ; — *L'ancienne École centrale du Velay* (H. Mosnier) ; — *Les lettres de bourgeoisie* (A. Aymard) ; etc. ;

2° De nombreuses notices biographiques, telles que : *Saint-Vosy* (A. Jacolin) ; — *Bertrand de Chalencon* (id) ; —*Le More de la Faye* (H. Mosnier) ; — *Les Chapteuil* (Rocher) ; — *Les Rochebaron* (id) ; *Antoine de Chabanes* (id) ; — *Cardinal de Polignac* (Le Blanc) ; — *Les anciens peintres et sculpteurs du Puy.* (id) ; etc. ;

3° Plusieurs études locales, telles que : Allègre (Lascombe) ; — Vorey (id) ; — Le Monastier (id) ; — Saugues (id) ; — Saint-Paulien (H. Mosnier) ; — Châteaux de Chavaniac, de Jandriac, de Poinsac, du Thiolent, etc.

La Société a fait pratiquer de nombreuses fouilles, et notamment à l'Arbouisset, à Beauzac, à Bas-en-Basset, à Saint-Paulien.

Elle a étudié avec soin des sépultures antiques trouvées à Rosières, à Chamalières et à Cheyrac, près Saint-Vincent.

Un de ses membres, M. Aymard, lui a présenté un important mémoire sur les « Monuments et Indices préhistoriques dans le Velay ».

Un autre membre non moins laborieux (Lascombe) l'a tenue au courant de toutes les trouvailles d'objets antiques faites dans la Haute-Loire.

Les questions agricoles ont également pris une grande part dans ses travaux, nous citerons seulement : L'enseignement de l'agriculture dans les écoles (Aymard et Hérisson) ; — La propagation du phylloxéra (Langlois) ; — Les irrigations (Chaudier) ; — Statistique agricole (Nicolas) ; etc.

La fondation des champs d'expériences (Hérisson) ; —La plantation d'une pépinière de ceps américains (id.) ; — L'éclosion des syndicats agricoles (Jacolin) ; — surtout la vulgarisation des vaccinations contre le rouget du porc et contre le charbon symptômatique, sont des bienfaits dus à l'inspiration et au concours actif de notre Société.

Les sciences naturelles, physiques et médicales, ont fait aussi l'objet de nombreux travaux.

La Société ose espérer que cet ensemble de travaux, dont on ne saurait faire l'énumération, lui donne des droits à la reconnaissance publique et à la déclaration d'utilité publique qu'elle va solliciter.

M. Ph. Hedde ajoute qu'aujourd'hui notre Société est assez prospère pour assurer les conditions requises pour cette déclaration. En même temps qu'on assurera la sécurité et l'augmentation éventuelle de notre capital, nous pourrons augmenter nos modestes ressources annuelles de façon à élargir peu à peu le concours financier que nous prêtons aux œuvres utiles à notre agriculture, grâce aux subventions accordées par le Gouvernement et le Conseil général. Il propose en conséquence que M. le Président veuille bien se charger des démarches à faire dans ce but.

M. Jacotin appuie ce vœu, qui avait déjà fait l'objet d'une étude en 1878, mais dont la réalisation avait été retardée par la modicité des ressources de la Société à cette époque. — M. le Président répond que, devant le désir unanime de la Société, il se chargera de ces démarches, mais que cette question doit revenir à l'ordre du jour de la prochaine séance afin de préparer le dossier nécessaire.

Le projet de M. Nicolas, relatif à l'observatoire du Mezenc, que l'on avait cru égaré, a été retrouvé et sera remis prochainement dans les archives de la Société.

M. Ph. Hedde signale une découverte végétale importante, *le lathyrus silvestris* ou vesce sylvestre, à laquelle le *Journal d'agriculture* consacre plusieurs articles (12 mars 1892 et suivants, 9 et 16 avril 1892), et qui serait, dit-on, appelé à faire autant de sensation que la découverte du trèfle.

Ce nouveau fourrage, plus précoce que la luzerne, résistant à la fois au froid et au chaud, contient des éléments nutritifs importants. Le produit moyen serait de 10,000 kilog. de foin sec par hectare, donnant 2,900 kilog. de matières protéiques et 855 kilog. de matière grasse, pouvant permettre de nourrir de deux à trois vaches par hectare.

La plantation peut durer jusqu'à cinquante ans dans le même sol avec la même vigueur.

Mais en regard de ces avantages extraordinaires, il faut observer que la jeunesse de cette plante est délicate et demande les plus grands soins pendant les deux premières années. Elles demande un sol profond et un sous-sol perméable.

Cette plante joue déjà un rôle considérable « dans les terres sablonneuses » en Allemagne, en Asie, en Australie, etc. L'avenir dira quel rôle lui est réservé en France.

M. Hedde signale également l'avantage qu'il y a à enlever les fleurs des pommes de terre lors de la floraison, en vue d'augmenter le rendement : cette pratique est du reste déjà usitée chez nos cultivateurs.

M. Habriat présente ensuite à l'assemblée le compte rendu de la mission qu'il vient de remplir à Saugues avec tableaux détaillés à l'appui.

Du 18 au 22 février, il a inoculé le premier vaccin Cornevin à cent soixante quinze bêtes bovines ; arrêté par le mauvais temps pour pratiquer la deuxième inoculation, il ne put reprendre ses opérations que le 14 mars.

Malgré cette époque tardive, sur le conseil de M. Cornevin, il se résolut à pratiquer la deuxième inoculation, sans qu'il en soit résulté d'accident ; il faut attribuer du reste ce bon résultat à la rusticité de notre bétail de la montagne : car, pour des races plus délicates, M. Cornevin conseillait de recommencer la première inoculation.

Cependant l'épidémie de charbon symptomatique continuait à sévir sur les animaux non vaccinés, de sorte que de nombreuses demandes se produisirent.

Du 14 au 25 mars dans les trois communes de Saugues, Cubelles, Venteuges, trois cent soixante dix-huit vaccinations par le fil virulent furent pratiquées. Ces vaccinations n'exigent qu'une seule opération.

Par suite de cette facilité d'opérer, il sera utile de suivre les résultats pour les comparer à ceux de la méthode Cornevin.

Il y a actuellement quatre cent treize animaux vaccinés par ce procédé et deux cent quatre-vingt-trois par celui de M. Cornevin, total six cent quatre-vingt-seize vaccinations, opérées gratuitement pour nos éleveurs.

M. Habriat s'étend ensuite sur les causes de ces épidémies et sur les mesures propres à les arrêter.

Il recommande d'isoler les animaux malades, d'enfouir profondément les cadavres charbonneux, puis l'assainissement des étables, enfin la déclaration immédiate à la commune de tout cas charbonneux, pour que l'administration puisse envoyer sans délai un vétérinaire sur les lieux atteints et, par là, sauvegarder les intérêts des éleveurs.

Ces mesures ne sont pas encore bien suivies ; mais déjà le paysan intelligent a confiance dans la vaccination et témoigne sa reconnaissance pour le zèle qu'a mis notre Société à propager cette mesure préventive.

M. Morel invite M. Habriat à enregistrer toutes les observations qui seraient faites par la suite sur ces vaccinations, de façon à pouvoir les joindre dans nos archives à l'intéressant rapport qui vient d'être lu.

Le Secrétaire suppléant,
Ph. HEDDE.

SÉANCE DU 2 JUIN 1892

PRÉSIDENCE DE M. LE Dr MOREL.

Présents : MM. Cellérier, Champanhac, Chaudier, Douce (Laurent), Hedde, Hérisson, Jacotin, Lascombe, Paul (Louis) et Vallery-Michel.

M. le docteur Coiffier s'est fait excuser de ne pouvoir assister à la séance.

Le procès-verbal de la dernière séance est lu et adopté.

M. François Rouchon, de Mestrenac, commune de Loudes, est élu membre titulaire. Il sera statué à la prochaine séance à l'admission, comme membre titulaire de M. de Courcival, demeurant au château de Courcival, près Bonnétable (Sarthe), présenté par MM. Léon et Régis Marchessou, directeurs du Journal *La Haute-Loire*.

M. le Président donne lecture d'une lettre de M. le préfet de la Haute-Loire, l'informant que M. le ministre de l'Agriculture accorde à la Société les subventions suivantes :

Subvention ordinaire......................................	2,500 fr.
Pour le concours de la race du Mezenc.........	2,000
Pour achat de reproducteurs....................	1,000
TOTAL...........................	5,500

Il est également donné lecture d'une lettre de notre confrère, M. Vialet, maire d'Aiguilhe, qui met à la disposition des membres de la Société des plants d'épinards-fraises.

M. Lascombe signale en ces termes quelques ouvrages renfermant des documents relatifs à notre histoire locale :

« L'époque actuelle voit éclore un grand nombre de publications consacrées aux grandes familles qui, sous la monarchie, jouèrent dans l'histoire de la patrie française un rôle prépondérant.

« Parmi ces familles nous citerons les Chabannes de la Palice que les plus anciens documents mentionnent dès l'année 980 et dont un

des membres, Antoine de Chabannes, occupa le siège épiscopal du
Puy, au commencement du xvie siècle.

« M. le comte Henri de Chabannes, ancien officier d'artillerie, vient
de faire hommage à la bibliothèque publique du Puy du tome premier
d'un important ouvrage qui a pour titre : *Preuves pour servir à
l'histoire de la maison de Chabannes.*

« Cet ouvrage, lit-on dans la préface, « tiré au nombre restreint
de soixante-dix exemplaires et destiné en principe à la famille seule,
sera réparti par les soins de l'auteur entre les principales bibliothèques de Paris ou des départements que cette histoire, par les sujets
qu'elle traite et les provinces dont elle s'occupe, peut plus spécialement intéresser. »

« Nous sommes heureux que notre bibliothèque publique ait été
l'objet des libéralités de M. le comte de Chabannes, car le travail de
cet érudit, si précieux pour notre histoire nationale, renferme aussi
pour celle du Velay des documents du plus grand intérêt dont voici
la nomenclature par ordre chronologique :

Le Puy, 10 novembre 1293.

« Instances de Laure de Chabanais, vicomtesse de Turenne, pour
faire hommage du comté de Bigorre à l'évêque et au chapitre du Puy.

Le Puy, 4 mai 1439.

« Lettre de Charles VII, ordonnant que Jacques 1er de Chabannes
soit mis en possession de sa charge de sénéchal de Toulouse, bien
qu'il n'ait pas encore prêté serment.

23 août 1468.

« Geoffroy de Chabannes, lieutenant au gouvernement de Languedoc, et autres commissaires royaux ordonnent la levée d'un impôt
dans le diocèse du Puy.

Calais, 13 août 1521.

« Lettre du maréchal de Chabannes à M. de la Fayette au sujet de
trois prisonniers et d'un envoi de raisins.

Le Puy, 12 juillet 1514.

« Lettre des seigneurs de Rochebaron et de Polignac informant
François Ier de l'élection d'Antoine de Chabannes au siège épiscopal
du Puy.

Monistrol, 31 juillet 1519.

« Antoine de Chabannes, évêque du Puy, tient quittes le duc et la
duchesse de Bourbon des droits qui lui sont dus pour le rachat d'Artias
et de la moitié de Retournac dans le Velay.

Tarare, 7 septembre 1523.

« Premier interrogatoire d'Antoine de Chabannes, évêque du Puy, impliqué dans le procès du connétable de Bourbon.

Loches, 21 octobre 1523.

« Deuxième interrogatoire et déposition d'Antoine de Chabannes.

Loches, 7 novembre 1523.

« Avis de la cour de parlement touchant le procès d'Antoine de Chabannes.

Loches, 29 décembre 1523.

« Arrêt de la cour de parlement dans le procès d'Antoine de Chabannes.

« Enfin, nous trouvons dans ce même volume, à la date de 1525, la chanson satirique sur la bataille de Pavie et la mort du maréchal de la Palice, par un soldat bourguignon de l'armée de l'empereur.

« Le public ignore généralement le texte primitif du premier couplet de cette chanson, ainsi conçu :

> Hélas la Palice est mort,
> Il est mort devant Pavie :
> Hélas, s'il n'estoit pas mort,
> Il feroit encor envie.

« Or, un copiste ignorant ou facétieux a dénaturé le sens du dernier vers de la manière suivante :

> Hélas, s'il n'estoit pas mort,
> Il seroit encor en vie.

« Le Bulletin historique et philologique du Comité des travaux historiques et scientifiques (année 1891, n° 4) reproduit un testament de Pons de Montlaur, fils d'Héracle de Montlaur, mort sans postérité en 1295 ou 1296.

« Fait à Montpellier, le 15 mai 1272, cet acte mentionne des dons en faveur de divers établissements religieux du diocèse du Puy. Il présente à ce point de vue un certain intérêt local et nous avons cru devoir le signaler à ceux qui s'occupent spécialement de l'histoire du Velay.

« Pons de Montlaur donne au monastère de La Chaise-Dieu 60 livres viennoises pour célébrer un anniversaire en vue du salut de son âme ; 50 livres viennoises pour le même objet à celui du Monastier Saint-Chaffre ; aux Frères prêcheurs ou Dominicains du Puy, 10 livres viennoises ; aux Frères mineurs de la même ville 100 sous ; aux religieuses de Belle-Combe, des Chazes, aux Frères de la pénitence du Puy, aux repenties et à l'hôpital de la même ville, aux lépreux de Brives, (et non de Brioude, comme le dit par erreur M. Édouard André, éditeur de ce testament), un repas à faire une fois seulement.

« Pons de Montlaur lègue également aux églises paroissiales de La Fare, Salettes, Arlempdes, Saint-Arcons-de-Barges, Vielprat (localité placée par erreur dans le canton d'Allègre), à l'église de Prazalles, (indiquée à tort pour Pradelles, au lieu de Présailles), à l'église Saint-Jean du Monastier Saint-Chaffre, un calice de cent sous viennois.

« Le testateur manifeste le désir de voir son nom gravé au pied de chaque calice afin d'en interdire l'aliénation. Il nomme gardiens et exécuteurs de son testament l'évêque du Puy, l'abbé de Mazan, Pierre de Ranc, de l'ordre des Frères prêcheurs, etc. Parmi les témoins appelés à constater l'authenticité de cet acte figurent Godefroy de Cayres, Guilherme de Solignac, damoiseau, Pierre Fabre, notaire de Montpellier, etc.

« La maison de Montlaur, originaire du Vivarais et l'une des plus anciennes du Languedoc, possédait de nombreux fiefs en Vivarais et Velay, ce qui explique les donations faites par Pons un de ses membres, aux monastères et couvents du diocèse du Puy. »

Dans le numéro du 31 mai dernier, le journal *La Haute-Loire* annonce l'apparition d'un livre scientifique très important qui a pour tire : *Description géologique du Velay*. L'auteur, M. Marcelin Boule, collaborateur de M. Albert Gaudry, a étudié spécialement le sol de notre pays, et le travail qu'il vient de publier en un volume in-8°, imprimé chez Baudry, est extrait du *Bulletin des services de la carte géologique de la France*.

M. le Président rend compte des démarches qu'il se propose de faire en vue d'obtenir la déclaration d'utilité publique. Il lit les articles qu'il est nécessaire de rendre statutaires dans ce but.

L'assemblée adopte ces articles qui seront annexés à nos statuts par les soins de M. Lascombe. Un tirage séparé sera fait de nos statuts de façon que cent exemplaires puissent être envoyés au ministère et un exemplaire à chacun des membres de la Société.

M. le trésorier est invité à fournir les pièces relatives à l'état de nos ressources, ainsi que le budget des années 1891 et 1892 pour les joindre au dossier.

Sur les conclusions favorables de la commission chargée de faire un rapport en vue de la création d'un laboratoire au Puy la Société vote la somme de 500 francs.

L'assemblée décide que le concours départemental et celui de la race bovine du Mezenc auront lieu simultanément à Yssingeaux, le 25 septembre prochain. Ce double concours sera probablement présidé par M. l'Inspecteur général de l'agriculture.

Sur la question de l'éclairage électrique qui figure à l'ordre du jour M. Cellérier lit le rapport suivant : ·

Note sur l'éclairage et les tramways électriques de la ville du Puy.

« MESSIEURS,

« J'avoue que c'est avec une certaine appréhension que j'entreprends de vous entretenir d'une question qui est à l'ordre du jour non seulement au Puy, mais dans le monde entier; des voix plus autorisées que la mienne pourraient en effet traiter plus grandement ce sujet, car vous savez tous, Messieurs, que depuis quelques années l'électricité fait l'objet des plus actives recherches de la part d'un grand nombre de savants et d'ingénieurs, que ces recherches ont déjà été couronnées par de brillants succès et qu'elles ont rendu de plus en plus pratiques les procédés de production et les applications de ce nouvel et puissant agent doué de qualités multiples.

« Ce n'est pas que je doute un seul instant que toute votre bienveillance me soit acquise d'avance puisque vous m'avez fait l'honneur de m'admettre au milieu de vous ; mais je crains de ne pas avoir l'avantage de vous intéresser autant que je le désirerais, étant donné la difficulté grande de présenter quelque chose de nouveau à une Société d'érudits qui a déjà fourni tant de travaux remarquables en tous genres et qui s'occupe journellement de tout ce qui touche à la science, aux arts, à l'agriculture et à l'industrie.

« Je vais néanmoins tenter une ébauche qui aura toujours la valeur d'une bonne volonté.

« L'an dernier, une société s'était formée au Puy avec l'intention d'installer l'éclairage électrique et d'établir en même temps un tramway appelé à desservir Le Puy, Brives, Espaly et la gare P.-L.-M.

« Chargé par cette Société de préparer l'avant-projet de cette entreprise pour obtenir de l'administration supérieure la déclaration d'utilité publique, j'avais, en raison de son importance et surtout de la complexité de cette belle question, divisé cette étude en trois parties principales :

« 1° *Ouvrages d'art* pour utiliser la plus grande partie des eaux de la Loire comme force motrice ; — bâtiments divers pour abriter le personnel d'exploitation et les machines ; — ligne du tramway et ses dépendances ;

« 2° *Partie mécanique* comprenant les moteurs hydrauliques ou turbines, vannes, conduites, transmissions, etc ;

« 3° *Partie électrique* comprenant tout ce qui se rapporte aux installations électriques proprement dites, telles que dynamos, accumulateurs, transformateurs, câbles, lignes aériennes diverses, etc.

« La première partie de cette étude était déjà prête ainsi que les questionnaires à adresser aux spécialistes pour les deux autres parties, lorsque la décision du Conseil d'État relative à des installations similaires, en tant qu'éclairage, à Saint-Étienne et à Montluçon, est venue jeter le trouble et le découragement dans la Société du Puy qui a cru devoir ne pas poursuivre plus loin l'entreprise.

« Malgré cette regrettable détermination, j'ai pensé qu'un résumé succinct des études sommaires déjà faites pourrait vous intéresser et viendrait peut-être utilement appuyer les vœux émis à votre dernière séance par M. le docteur Coiffier qui a fait ressortir très habilement *la possibilité et surtout la nécessité pour la ville de reprendre cette question d'éclairage et de tramway électriques.*

« Les installations projetées devaient assurer au minimum le fonctionnement de deux milles lampes de dix bougies en moyenne et de deux voitures de tramway, par suite la force à approvisionner au Puy était :

« Pour l'éclairage 2,000 lampes $\times$ 0,1 cheval... $=$ 200 chevaux,
« Pour le tramway 2 voitures $\times$ 20 chevaux.... $=$ 40 —

« TOTAL................ 240 chevaux.

« Or, la force hydraulique que la Loire peut fournir en temps de basses eaux au moyen du barrage et du tunnel projetés entre Charentus et Cussac, a pour valeur théorique (le débit minimum étant de 3 mètres cubes d'eau par seconde et la chute totale de 13 m. 30) :

$$F = 3 \text{ m. c} \times 1{,}000 \text{ k.} \times 13 \text{ m. } 30 = 75 \text{ k.}$$

530 chevaux en chiffre ronds et en comptant sur 75 0/0 de rendement par les turbines :

$$F^1 = 530 \times 0{,}75 = 400 \text{ chevaux environ.}$$

« Évaluant à 40 0/0 les déperditions totales dans les dynamos génératrices, sur la ligne de transport de l'énergie entre Charentus et le Puy, dans les dynamos réceptrices des voitures, dans les accumulateurs, les transformateurs, etc., il reste comme force réellement utilisable :

$$F^2 = 400 \text{ chevaux} \times 0{,}60 = 240 \text{ chevaux.}$$

« On voit donc que les deux services de l'éclairage et du tramway pourraient être assurés et fonctionner simultanément, même en se plaçant dans les plus mauvaises conditions, c'est-à-dire en comptant seulement sur le débit minimum de la Loire correspondant aux basses eaux pendant trois mois de l'année.

« Toutefois, les travaux et installations principales étaient prévus pour obtenir au besoin un rendement double pendant les sept autres mois de l'année, la Loire pouvant facilement, en temps ordinaire, donner une quantité d'eau suffisante pour actionner un deuxième jeu de turbines, ce qui eut permis de faire face à toutes les exigences présentes et futures, attendu que ce maximum de rendement pendant la période des trois mois de basses eaux aurait été assuré par une batterie d'accumulateurs mis en charge avec l'excès de force dont on pouvait disposer le jour.

« Dans ces conditions, les dépenses avaient été évaluées comme suit.

Prise d'eau à Charentus.

« Barrage, tunnel, bâtiments, acquisition de terrain, etc.   130,000 fr.

Moteurs hydrauliques.

« Turbines, vannes d'admission ou de réglage, conduites, transmissions, etc.   70,000   »

Moteurs électriques et ligne de transport.

« Dynamos-appareils divers et lignes de transport de l'énergie électrique.   190,000   »

Tramway.

« Ligne routière (système Marcillon), ligne aérienne, voitures, bâtiments et indemnités ou acquisition de terrain.   240,000   »

« TOTAL. . . . .   630,000 fr.

« Frais d'études, de direction, de surveillance et de règlement.   25,000   »

« Intérêts des capitaux engagés pendant la période d'exécution des travaux et service financier (deux ans environ).   45,000   »

« Total général des dépenses de premier établissement   700,000   »

« Et comme dépenses annuelles :

« Amortissement 10 pour 100 × 700,000.   70,000   »

« Intérêts 5 0/0 × 700,000.   35,000   »

« Personnel pour l'exploitation et divers.   25,000   »

« TOTAL.   130,000   »

« Quant aux recettes annuelles elles peuvent s'évaluer comme suit :

« Éclairage : 2,000 lampes de 10 bougies × 40 fr.
par an = ...   80,000 »
« Tramway : 365 jours × 140 francs de recette
moyenne = ...   50,000 »

« Total .... 130,000 »

Dans ces évaluations, les dépenses ayant été forcées et les recettes réduites à leur minimum, il est bien certain que les capitaux à engager rapporteraient au moins le 5 0/0 d'intérêt.

L'entreprise aurait donc eu le double avantage d'offrir un bon placement de fonds et de doter la ville du Puy de deux éléments qui contribueraient d'une façon considérable à son développement, à sa prospérité commerciale et à son embellissement.

« Je compléterai ce résumé en appelant votre attention, Messieurs, sur quelques prix de revient :

« Le prix du cheval hydraulique rendu au Puy, reviendrait par an à environ....................................   135 fr.

« Le prix du cheval vapeur avec des installations aux abords du Puy, à......................................   195 fr.

« Le cheval vapeur serait donc plus cher que le cheval hydraulique d'environ 45 0/0, ou bien encore on réaliserait avec l'emploi du cheval hydraulique une économie d'environ 30 0/0 sur le prix du cheval vapeur, soit pour le service de 2,000 lampes et de deux voitures : 280 chevaux × 195 fr. × 0,30 = 15,000 francs.

« Et en supposant que le développement de l'éclairage et du trafic de la ligne de tramway arrive à absorber toute la force disponible, l'économie annuelle s'élèverait à environ 45,000 fr. ; il y a donc un avantage incontestable à employer le cheval hydraulique de préférence au cheval vapeur.

« Le prix de revient par an d'une lampe de dix bougies marchant en hiver de 4 h. à 11 h. du soir, en été de 7 h. à 11 h. du soir et en comptant une consommation de cinq watts par bougie serait de 1 lampe × dix bougies × 0 hectowatt 05 × 5 h.50 en moyenne × 365 j. × 0 f. 04 l'hectowatt-heure = 40 fr.

« Tandis que le bec de gaz ordinaire correspondant, comme intensité lumineuse, à la lampe de dix bougies revient à 365 j. × 5 h. 50 × 0 f. 05 = 100 fr., c'est-à-dire environ 150 0/0 plus cher que la lampe électrique.

« Si on compare le même prix annuel (40 f.) de la lampe électrique de dix bougies avec celui correspondant (70 f.) porté au traité passé dernièrement entre la ville et la compagnie du gaz, on voit que ce dernier est encore plus élevé de 75 0/0.

« Enfin, le prix de l'hectowatt-heure qui a servi à déterminer celui
de la lampe est de 0 f. 04 ; en admettant qu'on double ce prix pour la
fourniture en détail ou au compteur, il s'élèverait à 0 f. 08, tandis que
celui porté au traité est de 0 f. 12 c'est-à-dire environ 50 0/0 plus cher.

« On conviendra que de telles différences, aussi grandes que préju-
diciables aux intérêts de la ville, justifient largement l'idée de reprendre la question, surtout si l'on considère qu'avec un projet sérieu-
sement étudié on peut arriver économiquement à produire et à
distribuer à domicile une grande quantité d'énergie électrique sur
laquelle il serait possible de prélever presque gratuitement la force
de traction nécessaire pour les voitures de tramway.

« D'autre part, il est difficile de s'expliquer l'alinéa suivant de la
lettre, en date du 28 mars dernier, adressée par la Compagnie du gaz
à M. le maire pour l'informer de l'acceptation du traité relatif à
l'éclairage électrique de la ville.

« Nous sommes heureux de vous donner, en *nous imposant un*
« *sacrifice*, la preuve de notre désir de conserver avec la ville du
« Puy les excellents rapports que nous avons eus depuis de longues
« années. »

« Cette déclaration n'est vraiment pas compréhensible, aussi je
reste convaincu, jusqu'à preuve contraire, qu'on peut avoir avec
n'importe quelle compagnie non seulement de bons rapports mais
également des installations électriques à bien meilleur marché.

« Dans un article des *Annales industrielles* (n° de février 1892)
M. Abdank, ingénieur électricien de la maison Thomsom Houston, dit :

« Il y a trois ans, il n'y avait aux États-Unis que trois petites lignes
« desservies par des voitures électriques ; actuellement on en com-
« pte cinq cents, dans lesquelles plus de 400 millions sont engagés »,
et il ajoute qu'on a constaté le fait curieux suivant :

« La transformation d'un tramway à chevaux en tramway électrique donne lieu à une augmentation importante et immédiate du
trafic qui s'est élevé à Boston, jusqu'à donner pour les recettes nettes
80 0/0 en plus en faveur de la traction électrique.

« Que serait-ce donc au Puy, si on remplaçait les vieilles pataches
par un tramway électrique ?

« Quant aux installations d'éclairage électrique, leur nombre devient
considérable et il est rare de trouver une ville, même parmi les plus
modestes, qui n'ait son installation électrique.

« Pour treize villes éclairées au gaz, cent-vingt-cinq sont totalement
éclairées à l'électricité.

« Comme vous le voyez, messieurs, nous avons en France encore
beaucoup de chemin à faire pour être, sous ce rapport, à la hauteur

des États-Unis et, pour en revenir à la ville du Puy, qui possède presque à sa porte une force naturelle considérable (la Loire), assez commode à utiliser, il n'est pas possible, veux-je dire, qu'une nouvelle tentative ne soit pas faite avec le concours des autorités et de toutes les personnalités locales pour surmonter plus rapidement toutes les difficultés, toutes les résistances, donner confiance aux hésitants, et enfin arriver sûrement à se procurer à bon marché, je le répète, l'éclairage et le tramway électriques, ces deux nouveaux outils de progrès qui sont enviés par tout centre de population désireux d'augmenter son bien-être et que Le Puy pourrait si facilement s'offrir et utiliser ensuite très avantageusement. »

M. Hedde, tout en s'associant aux éloges que mérite le rapport si étudié de M. Cellépier, fait remarquer que souvent l'emploi industriel des moteurs hydrauliques a dû céder le pas aux moteurs à vapeur ; qu'il ne faut pas, par conséquent, se fier entièrement à la soi-disant gratuité des forces hydrauliques naturelles.

Il ajoute, pour expliquer le mot de sacrifice employé par la Compagnie du gaz en parlant du prix de 0 fr. 12 pour l'hectowat-heure, que cette compagnie avait d'abord proposé le prix de Paris qui sert généralement de régulateur pour ces sortes de traités, c'est-à-dire le prix de 0 fr. 15 ; prix qu'elle avait ensuite abaissé à 0 fr. 12 ; ce qui constituait, en effet, un véritable sacrifice de sa part.

M. Hedde fait part à l'assemblée d'une expérience intéressante qui a eu lieu le 27 mai au noviciat des frères de Vals, en présence de plusieurs personnes de notre ville, parmi lesquelles se trouvait notre collègue, M. Hérisson.

Il s'agissait de l'application de l'électricité à la culture au moyen d'un appareil nommé géomagnétifère, inventé par le frère Paulin, de Montbrison, qui l'expérimente depuis plusieurs années. L'appareil de Vals se composait d'un mât de 24 m. de hauteur terminé par une tige de fer portant elle même cinq tiges métalliques inclinées ; un fil de fer isolé du poteau reliait la tige à la terre formant un conducteur principal enfoui sous le sol ; de ce conducteur, partaient plusieurs conducteurs plus fins, parallèles, espacés de deux mètres et enfouis à 10 centimètres sous le terrain à expérimenter. Un terrain contigu de même surface, mais dépourvu de fils, devait faire la contre-partie de l'expérience. Il a été facile de constater que les épinards semés sur la première partie, étaient plus serrés, plus hauts et d'une teinte plus vigoureuse que ceux de la deuxième partie. Mais cette seconde partie du terrain ne se trouvait pas dans une position tout à fait semblable à la première, de sorte que l'expérience n'a pu être déclarée concluante.

Néanmoins, ces essais paraissent devoir amener des résultats importants, surtout eu égard aux résultats obtenus ailleurs. Il y a donc grand intérêt à les continuer, ce qui va se faire sur divers points de la France. Les essais faits jusqu'ici de l'application de l'électricité à la culture n'avaient jamais donné de résultats satisfaisants ; il s'agissait, il est vrai, de procédés tout différents.

L'heureuse solution de cette question pourrait être d'une certaine efficacité pour préserver de la grêle.

L'un des secrétaires,
A. LASCOMBE.

SÉANCE DU 7 JUILLET 1892.

Présidence de M. le Dr Morel.

Présents : MM. Dr Abrial, Badiou de la Tronchère, Cellérier, Dr Coifflier, Hedde, Louis Gueyffier, Lascombe, Martin, Dr Morel, et Vallery-Michel.

M. Badiou de la Tronchère donne lecture du procès-verbal de la précédente séance qui est adopté.

Sur la demande de M. le Dr Coifflier, l'assemblée décide qu'un exemplaire du rapport de M. Cellérier relatif à l'éclairage et aux tramways électriques de la ville du Puy sera transmis à M. le maire du Puy, avec prière de le communiquer au conseil municipal. M. Cellérier ajoute qu'il se fera un plaisir de joindre à cet envoi les plans qui accompagnent ce rapport,

La correspondance comprend :

1° Une lettre de M. Chaudier annonçant l'envoi prochain par M. Teisserenc de Bort, de deux taureaux et de deux génisses de race limousine destinés à l'amélioration de la race bovine dans nos montagnes ;

2º Une circulaire du Comité de viticulture rédigée à l'occasion de l'exposition internationale de Chicago faisant appel aux viticulteurs à l'effet de représenter dignement dans cette exposition la suprématie viticole de la France ;

3º Une lettre de l'Association française pour l'avancement des sciences fixant du 15 au 22 septembre 1892 la tenue de son 21e congrès à Pau ;

4º Enfin une lettre de M. le maire de Langeac, priant la Société de lui accorder, comme les années précédentes, un secours soit en argent, soit en médailles, pour le concours d'animaux reproducteurs qui aura lieu dans cette ville le 6 octobre prochain.

La Société vote pour ce concours six médailles dont une en argent et cinq en bronze.

M. de Courcival est élu membre titulaire. Il sera statué à la prochaine séance sur la candidature de M. Dorlhac de Borne, demeurant à Champigny-en-Beauce (Loir-et-Cher), présenté par MM. Morel et Lascombe.

M. Lascombe signale dans le journal *Le Patriote de l'Ardèche,* une série d'articles de M. Mazon, homme de lettres à Paris sur les dépendances en Vivarais, de l'évêché et du chapitre du Puy et, du même auteur, une notice biographique consacrée à Giraud Soulavie, auteur de l'*Histoire de la France méridionale* et d'une histoire manuscrite du Vivarais dont une copie, achetée à la vente de Charles d'Agrain, par MM. l'abbé Payrard et Lascombe, a été donnée par eux à la bibliothèque publique du Puy.

Le même membre lit l'article suivant extrait de la *Revue des travaux scientifiques* (T XI, nº 11, p. 855) :

« M. E. Malinvaud a découvert, dans un lot de plantes à déterminer que lui avait envoyé M. Liotard, botaniste du Puy, le *Lysimachia thyrsiflora* L. Cette plante, qui n'était connue en France que dans les marais qui bordent la Somme, provenait des récoltes de l'abbé Fabre, de Védrines (Haute-Loire), qui la trouve depuis dix ans, sans jamais être parvenu à la déterminer, dans deux mares profondes et sur les bords d'une petite rivière au pays de Saugues (Haute-Loire), à une altitude de 960 mètres. »

Les *roches éruptives du Meygal,* par M. Termier, sont dans la *Revue des travaux scientifiques* (T. XI, nº 11, pages 845 et 846) l'objet de la communication ci-après :

« Le massif du Meygal qui fait l'objet principal de cette étude, se dresse à peu de distance de Saint-Julien-Chapteuil, dans le Velay. Ses plus hauts sommets sont constitués par des phonolithes. Le point culminant, dit montagne du Meygal, est à 1,438 mètres. La région la plus intéressante et la plus variée de ce massif est ensuite celle comprise entre Queyrières et le col de la Jame au voisinage du hameau de Raffy. Depuis longtemps on connaissait l'importance de ce massif éruptif, mais on était loin d'en soupçonner la variété de composition. On le regardait, comme le Mezenc comme essentiellement constitué par deux sortes de roches, des phonolithes et des basaltes.

« Des observations plus précises de M. Termier, il résulte qu'on peut reconnaître dans la série éruptive du Meygal, la succession suivante :

« 1° Basalte inférieur ;

« 2° Trachytes et phonolithes inférieurs à hornblende ;

« 3° Andésites augitiques, souvent micacées, à labrador, hornblende et pyroxène ;

« 4° Basaltes à grands cristaux ;

« 5° Phonolithes supérieurs ;

« 6° Basaltes des plateaux. »

M. Cellérier appelle l'attention sur une invention récente qui a été très remarquée à l'exposition du concours agricole de cette année, au Palais de l'Industrie, à Paris.

Cette invention, due à M. Lemichel (1), consiste dans l'adaptation d'un appareil spécial au sommet du siphon ordinaire pour permettre d'y recueillir une partie du liquide qui passe dans le siphon, une fois amorcé.

Jusqu'à ce jour, le siphon n'avait été utilisé, en effet, qu'au transvasement des liquides, tandis qu'il peut servir comme un élévateur d'eau automatique et, si le cas le permet, donner un grand débit.

Nous regrettons de ne pouvoir reproduire ici la description qui a été faite du fonctionnement de l'appareil ; il nous suffira de dire qu'il est d'une grande simplicité de construction et que l'ensemble du siphon est d'une installation également facile. Nous ne parlerons pas davantage de son rendement dynamique et de son rendement en volume ; ces renseignements variant d'ailleurs suivant les divers cas et pouvant en grande partie être obtenus en s'adressant à l'inventeur, par toute personne qui se proposerait de faire l'emploi de ce nouvel appareil hydraulique ; mais nous tenons à signaler cet appareil aux propriétaires et industriels qui peuvent disposer d'une source ou d'une prise d'eau quelconque, car il est susceptible, pensons-nous, de donner des solutions économiques comme moyen d'irrigation ou d'approvisionnement d'eau pour certaines industries. ·

---

1. MM. Lemichel et Cⁱᵉ, rue de Lourmel, 56, Paris (Grenelle). — Siphon élévateur, breveté s. g. d. g. en France et à l'étranger.

A propos d'une note sur les béguins, publiée par M. le Dr Félix Régnault dans le *Bulletin de la société d'anthropologie* de Paris et résumée dans la *Revue des travaux scientifiques* (T. XI, n° 11, pages 771 et 772), M. Lascombe fournit des renseignements sur le dieu des béguins originaire, comme on le sait, de la Haute-Loire. Le *dieu des béguins*, Jean-Baptiste Digonnet, né à Tence (indication fournie par le registre des décès de la mairie du Puy), exerçait la profession de maçon selon les uns, de tailleur de pierres selon les autres. Décédé à l'âge de 77 ans, le 13 février 1857, il avait donc vu le jour en 1780.

D'après une notice insérée dans *l'Écho de Notre-Dame de France*, Semaine religieuse du diocèse du Puy, il serait né à Montregard ou au Mas de Tence. Bien que catholique, il passa au *momiérisme*, eut des visions, des extases et commença à dogmatiser. Les béguins de Saint-Jean-Bonnefond, auxquels il s'annonça comme le Messie et comme ayant une origine céleste, lui donnèrent le nom de *Petit bon dieu*.

La religion de Digonnet avait son paradis, mais pour y pénétrer, dit la notice précitée, « la mise à prix d'une place ordinaire, *seconde* ou *parterre*, était de 1,200 francs. Quant aux *premières*, on ne pouvait espérer d'en faire l'acquisition qu'en déboursant une somme considérable. Chaque réunion amenait au *Petit Dieu* des acquéreurs qui devaient payer comptant ou fournir hypothèque. Plusieurs familles furent ruinées par ces ridicules achats ».

On accourait de toutes parts à Saint-Jean-Bonnefond « le consulter comme un oracle; on lui amena des enfants pour les bénir, on le combla de présents. Tout pèlerin, qui prétendait à l'honneur d'une audience, devait se faire précéder d'une offrande digne du dieu à qui il se proposait d'en faire hommage, ou la déposer, en entrant, à ses pieds. Le concours devenait de jour en jour plus considérable auprès de Digonnet, la police s'en émut », et le *Petit Dieu*, arrêté par la gendarmerie fut incarcéré à Saint-Étienne, jugé le 5 juin 1847 et condamné à trois ans de prison et 50 francs d'amende.

Digonnet mourait, dix ans après, à l'asile des aliénés de Montredon près Le Puy.

La note de la *Revue des travaux scientifiques* est ainsi conçue :

« M. le docteur F. Régnault, ancien interne des hôpitaux de Paris, a recueilli des renseignements très circonstanciés et très intéressants sur les béguins, qui procèdent directement des jansénistes, et qui forment une petite communauté à Saint-Jean-Bonnefond, au nord-ouest de Saint-Étienne et dans quelques villages voisins. Il montre que cette secte est peut-être celle qui s'est le plus fortement éloignée du catholicisme actuel, et que, d'après ses manifestations extérieures,

elle paraît même être plutôt un système qu'une religion. Les béguins
ne reconnaissent pas de chef spirituel; ils n'ont point de prêtres,
tous sont égaux; c'est généralement au plus âgé qu'est dévolu le soin
de donner les sacrements, mais il n'en revêt pour cela aucune autorité sacrée. La messe n'existe pas; elle est remplacée par des réunions dans des granges ou dans d'autres lieux clos, dont l'accès est
interdit aux profanes, ce qui a donné lieu à toutes sortes de supposi-
tions calomnieuses contre lesquelles M. Regnault défend les béguins,
dont la morale, dit-il, est au contraire très sévère. Les enterrements
se font vers le soir, le corps étant porté au cimetière par les coreli-
gionnaires du défunt, qui entonnent autour de la fosse trois canti-
ques, toujours les mêmes, et une action de grâce. La tombe n'est
marquée par aucun signe extérieur.

« Les béguins croient à l'unité de Dieu, à la trinité du Père, du Fils
et du Saint-Esprit, aux deux Testaments. Ils sont persuadés que
Digonnet, celui qui a fondé leur secte, ou plutôt qui lui a donné sa
constitution actuelle, vers 1846, n'était autre que le prophète Élie
descendu sur la terre. Comme les jansénites, ils poussent la croyance
à la grâce aux plus extrêmes limites. Extérieurement, ils se distinguent par une particularité de costume qui leur a été imposée par
leur prophète : les femmes portent sur leurs cheveux ou sur leurs
bonnets un arc en mousseline blanche, autour duquel s'enroule un
ruban rouge; les hommes ont sur leurs chapeaux un cordelet noir,
avec un nœud en avant, et des bouts tombants. »

En 1793, la Convention nationale députa deux de ses membres, en
qualité de commissaires extraordinaires, pour se rendre dans la
Haute-Loire où, suivant le langage de l'époque, la contre-révolution
tenait en échec le gouvernement établi.

Des deux commissaires, Jean-Baptiste Lacoste, avocat de Mauriac
(Cantal) et Balthazard Faure, président du tribunal d'Yssingeaux,
rendirent compte de leur mission dans une lettre adressée à la Convention, le 25 mars 1793. Extraite des archives nationales, elle figure
au tome II du *Recueil des actes du Comité de salut public,* récemment édité par M. Aulard.

En voici le contenu :

« Vos commissaires pour le département de la Haute-Loire s'em-
pressent de vous donner avis qu'aux environs de Saint-Julien, commune distante de la ville du Puy d'environ deux lieues, les habitants,
égarés par des ci-devant nobles et quelques prêtres réfractaires qui
y sont restés cachés, se sont non seulement révoltés contre la loi du
recrutement, mais encore se sont armés et attroupés au nombre de
plus de deux mille, ont fait des incursions chez tous les patriotes du

voisinage, se sont cantonnés sur les montagnes du ci-devant Velay où ils méditaient d'incendier les principales villes du département et d'arborer l'étendard de la guerre civile. Pour arrêter dans sa source les suites funestes d'un aussi horrible complot contre la sûreté de la République, revêtus de l'autorité de la Convention nationale, nous avons cru aussi prudent qu'urgent de prendre de grandes mesures. En conséquence, sur les dénonciations qui nous ont été faites par la municipalité, nous avons mis en état d'arrestation les dénommés Giraud, Lachaud, Pranlas, ci-devant nobles, Reytout, Cadet, Beaud et Bertrand des Brus, ex-maire, habitants de la dite ville, et avons fait poser les scellés sur leurs papiers, étant accusés d'avoir remis à la Société populaire une lettre propre à armer les citoyens les uns contre les autres et, dans les lieux publics, d'avoir cherché à empêcher la levée du recrutement.

« Nous avons fait marcher la force armée au nombre de plus de trois mille citoyens et six commissaires pris dans le sein des autorités constituées, à leur tête, avec deux canons, pour aller attaquer les rebelles, les dissiper et s'assurer des principaux chefs. Nous avons pris, fait publier et afficher dans toute l'étendue du département, l'arrêté dont nous vous envoyons un placard.

« Nous apprenons à l'instant que, malgré la neige qui tombe à gros flocons et le temps le plus affreux, notre détachement ayant aperçu sur le sommet de la montagne de Saint-Front les révoltés qui lui donnaient le défi en mettant leurs chapeaux au bout de leurs fusils et de leurs piques, s'est déterminé à aller les attaquer, a grimpé avec un courage et une ardeur incroyables la montagne, les a mis en déroute et en fuite.

« Mais à cette victoire se joint une circonstance malheureuse. Le village de Saint-Front, composé d'environ une douzaine de maisons a été totalement incendié. Nous vous observerons que depuis le commencement de la Révolution, ce lieu a constamment été un repaire de contre-révolutionnaires, contre lesquels la ville a été obligée de faire marcher, à trois reprises, la force armée, Les contre-révolutionnaires n'ont jamais paru à l'église de leur commune. Ils avaient une chapelle où les fanatisés se réunissaient en foule chaque dimanche, et constamment armés. Enfin l'indignation publique était à son comble. Nous apprenons aussi que quatre des principaux chefs des révoltés ont été pris. Un cinquième, ci-devant noble, père de deux émigrés, qui avait été également pris, a échappé en se précipitant par une fenêtre. Toutes les communes rebelles à la loi tremblent déjà. Trois se présentent pour se soumettre.

« Par le premier courrier, nous donnerons à la Convention de plus

grands détails, et nous enverrons les différents procès-verbaux qui
ont dû être ou qui seront dressés, mais que nous n'avons pu encore
nous procurer.

« Les commissaires députés de la Convention nationale pour les
départements de la Haute-Loire et du Cantal.

J.-B. LACOSTE, FAURE. »

« P. S. — Dans l'attaque de la montagne de Saint-Front, deux
révoltés s'étaient précipités sur le citoyen Loude, commandant de la
garde nationale du Puy, armés chacun d'un fusil, dont l'un était à
deux coups, et à six pieds de distance l'ont couché en joue et ont tiré
dessus. Le mauvais temps, qui avait mouillé les platines, a fait que
les trois coups ont raté.

« Le brave commandant, sans perdre courage, quoique seul, a
fondu sur eux le sabre à la main, les a désarmés et faits prisonniers.
Il a fait plus, il a empêché qu'ils ne fussent mis en lambeaux à l'arrivée du détachement, et dans le moment ils sont dans les prisons de
cette ville. »

M. Lascombe fait la communication suivante :

« Parmi les hommes que la Révolution et l'Empire appelèrent aux
plus hautes dignités, on compte Bernadotte, ce soldat heureux,
engagé volontaire en 1781, colonel en 1792, maréchal de France en
1804, prince de Ponte Corvo, proclamé prince royal par les États de
Suède en 1810 et enfin roi de Suède et de Norwège en 1818, sous le
nom de Charles XIV.

« Un lien, bien faible il est vrai, rattache Bernadotte au Velay. Capo-
ral en 1786, 1787 ou 1788, son régiment tenait garnison au Puy, et
nous tenons de M. Émile Tuja, que son grand-père, M. Marie Dubois,
avait particulièrement connu Bernadotte et fréquenté avec lui le café
Crouzet, occupé aujourd'hui, sur la place du Breuil, par celui du Commerce. Là se réunissaient, en compagnie du futur roi de Suède, les
caporaux Elikinger et Prieur. Ce dernier, marié plus tard avec
Mlle Marie-Marguerite Fabre, du Puy, eut une fille décédée dans cette
ville, le 16 avril 1869, à l'âge de soixante ans.

« Capitaine en 1801, Prieur confiant dans les rapports amicaux
qu'il avait eus avec Bernadotte, alors commandant en chef de l'armée
de l'Ouest, sollicita sa protection pour entrer dans la gendarmerie
départementale. A la date du 30 brumaire an IX, il recevait de ce
dernier la lettre suivante dont M. Alix, propriétaire au Puy, a bien
voulu nous laisser prendre copie :

ARMÉE
DE L'OUEST
—

RÉPUBLIQUE FRANÇAISE
—
LIBERTÉ   ÉGALITÉ
—   —

Au Quartier-Général, à Paris, le 30 brumaire an 9 de la République française une et indivisible.

BERNADOTTE, conseiller d'État, général en chef, au citoyen Prieur.

« J'ai reçu, mon cher Prieur, votre lettre du 1ᵉʳ brumaire. Je ne crois pas que l'on forme encore les compagnies de gendarmerie à pied dans votre département et d'ailleurs elles sont commandées par les officiers de gendarmerie à cheval.

« La réforme qui vient de s'opérer dans les vétérans, rend dans ce moment toute admission très difficile, puisqu'il faut avoir cinquante ans de service.

« Je suis fâché que votre lettre me soit parvenue trop tard, j'aurais peut-être obtenu pour vous une adjudance de place que vous paraissiez désirer ; je ferai néanmoins des démarches ; vous ne devez pas douter de l'intérêt que vous m'avez inspiré.

« Je vous salue fraternellement et avec amitié.

« J. BERNADOTTE. »

SUSCRIPTION

*Au citoyen Prieur, capitaine au Puy,
département de la Haute-Loire.*

L'un des secrétaires,
A. LASCOMBE.

SÉANCE DU 4 AOUT 1892.

PRÉSIDENCE DE M. LE Dr MOREL.

Présents : MM. le Dr Abrial, Badiou de la Tronchère, Best, Breschet, Dr Coiffier, Habriat, Hérisson, Lascombe, Martin, Dr Morel, Vallery-Michel, et Riboud.

Le procès-verbal de la dernière séance, lu par M. Badiou de la Tronchère, est adopté.

M. Cellerier s'excuse par lettre de ne pouvoir assister à la séance.

La correspondance comprend :

Une lettre de M. le préfet au sujet de l'époque de l'ouverture de la chasse.

Le congrès annuel de l'Association française pour l'avancement des sciences sera tenu du 15 au 22 septembre prochain, à Paris.

M. le ministre du commerce fait part de l'ouverture prochaine de l'exposition universelle de Chicago et signale l'importance que doit y prendre la section d'agriculture.

Des demandes actives sont faites en vue d'obtenir à bref délai, pour la Société, la déclaration d'utilité publique. Les statuts, auxquels est jointe une notice historique sur la Société, ainsi que la liste nominative des membres ont été imprimés en nombre suffisant; le trésorier établira le bilan et les comptes des derniers exercices.

Ces pièces réunies seront remises à la préfecture et, après l'avis bienveillant de M le Préfet, adressées au ministère pour l'obtention du décret.

Au sujet du concours départemental, la Société adopte les résolutions suivantes :

Ce concours se tiendra à Yssingeaux, le dimanche 25 septembre prochain.

Une somme de 4,000 fr. accordée à la Société par M. le ministre de l'agriculture sera distribuée en primes en argent et en médailles aux lauréats de ce concours.

La répartition des primes et des médailles sera faite par trois commissions composées chacune de trois membres au moins, désignés par la Société, et de deux membres désignés par le Comice agricole d'Yssingeaux.

La première commission aura à apprécier les animaux de la race pure du Mézenc (concours spécial).

La deuxième commission s'occupera des races diverses des espèces bovine, ovine, porcine et des animaux de basse-cour.

La troisième aura à juger les instruments agricoles, les produits et l'exposition scolaire.

Le concours aura pour président d'honneur M. le Préfet ou un délégué. La présidence sera offerte à M. Ernest Menault, inspecteur général de l'agriculture, assisté de MM. les présidents de la Société agricole et scientifique, du Comice agricole du Puy et du Comice d'Yssingeaux.

Les membres du jury désignés par la Société sont : MM. le Dr Morel, Jacolin, Chaudier, Gazaniou Francisque, le Dr Coiffier, Hérisson, Vallery-Michel, Gire Auguste, Carle-Beraud, Hilaire, Giraud Henri, Pascal, Repiquet et Cortet.

La Société charge M. Hérisson de s'entendre avec le bureau du Comice agricole d'Yssingeaux pour l'organisation du concours départemental qui se confondra, dans l'ensemble, avec le concours que le Comice d'Yssingeaux tiendra avec ses propres ressources.

M. Coiffier expose les avantages qu'offrirait la construction d'une ligne ferrée reliant le Puy à Aubenas; il demande que la Société émette un vœu ou plutôt s'associe aux vœux déjà émis par un grand nombre d'assemblées ayant pour but d'inviter le gouvernement à faire mettre à l'étude, le plus promptement possible, la construction de cette ligne.

Cette proposition est acceptée et M. le Président invité à transmettre ce vœu aux autorités compétentes.

M. Martin, instituteur à Brives, fait une communication sur les altérations du lait, provenant soit de la malpropreté des ustensiles employés, soit aussi de la fréquence d'une maladie du pis ou de la mamelle (mammite), que l'ignorance ou les préjugés des gens de la campagne attribuent à des causes étranges, mêmes surnaturelles.

M. Habriat fait quelques réserves et donne des explications techniques sur d'autres causes d'altération du lait provenant par exemple de vaches tuberculeuses, qu'il est très difficile de découvrir même à l'analyse. Le dommage peut prendre des proportions considérables ;

le remède pratique ne se trouve guère que dans la fidélité absolue observée dans la livraison des laits.

M. Dorlhac de Borne est élu membre titulaire de la Société.

Les récents orages ont en partie dévasté nos campagnes où la récolte s'annonçait fort belle. Les effets de la grêle ont été désastreux dans douze cantons, c'est-à-dire dans plus de la moitié du département. Les arrondissements qui ont le plus souffert sont ceux du Puy et d'Yssingeaux, dans lesquels la levée de la récolte était le plus en retard. Les pertes sont immenses : aussi la Société émet-elle le vœu que l'État vienne, dans la plus large mesure possible, au secours de nos malheureux cultivateurs.

L'un des secrétaires,
E. RIBOUD.

SÉANCE DU 3 NOVEMBRE 1892:

Présidence de M. le Dr Morel.

Présents : MM. Cellerier, Dr Coiffier, Garde (Louis), Gazanion (Édouard), Hedde, Hérisson, Lascombe, Mallat, Martin, Mauras (Auguste), Meyer, Dr Morel, O'Farrell, Paul et Vallery-Michel.

Le procès-verbal de la dernière séance est lu et adopté.

M. Riboud s'excuse par lettre de ne pouvoir assister à la séance.

M. le Président communique une lettre de M. le ministre de l'Instruction publique et des Beaux-Arts, fixant au 4 avril 1893 l'ouverture de la 17e session des sociétés des beaux-arts des départements.

M. le maire de Langeac a transmis à la Société un rapport sur le concours d'animaux reproducteurs tenu dans cette ville le 6 octobre dernier.

Au nom de M. Louis Pascal, chargé par la Société de publier la bibliographie de la Haute-Loire, M. Lascombe donne lecture de la préface de cet ouvrage, œuvre des plus sérieuses et des plus importantes pour l'histoire de notre pays. Ce travail sera inséré dans le tome VII de nos Mémoires.

M. Hérisson rend compte d'expériences faites sur la culture de la lentille dans le champ d'expériences du Puy. Il entre, à ce sujet, dans des détails fort intéressants, desquels il résulte : 1° que, dans une terre fertile, l'addition d'une certaine quantité de fumier fait baisser le produit ; 2° que, dans le même cas, l'addition d'engrais chimiques azotés fait également baisser le produit ; 3° que le phosphate de chaux appliqué en automne tend à élever le produit en grain dans une proportion notable.

Parlant ensuite d'autres expériences sur la pomme de terre, le professeur départemental prouve, chiffres en main, que la variété désignée sous le nom d'*Institut de Beauvais* est la plus productive de toutes. Elle a donné près de quarante-deux mille kilogrammes par hectare alors que, dans les mêmes conditions, la variété commune du pays ne donnait que trente mille kilogrammes, soit un tiers en moins. L'*Institut de Beauvais* est plus grosse et plus hâtive que la bleue du pays : elle est à chair jaune.

Sur les pommes de terre, la fumure à l'engrais chimique a donné de bien meilleurs résultats que le fumier. Non seulement l'engrais chimique a été payé par l'excédent de récolte, mais il est resté un très beau bénéfice.

Ces faits concordent avec d'autres du même genre signalés à M. Lascombe par M. Boffy, instituteur à Saint-Haon. M. Boffy et ses voisins ont été frappés des excellents effets produits par les engrais chimiques livrés par le Syndicat des agriculteurs de la Haute-Loire. Ils ont constaté en outre que les tubercules fumés à l'engrais chimique (formule E du Syndicat) n'étaient pas aussi malades que ceux qui avaient reçu du fumier. M. Boffy, dont l'intéressante communication a été lue en séance, se montre enthousiaste du *seigle de Schlansteldt* qui, malgré la grêle, a rendu dix pour un de semence.

M. Hedde lit une lettre de M. Henry Mosnier, au sujet du squelette fossile d'*Elephas meridionalis* trouvé à Senèze, canton de Paulhaguet, découverte dont *La Haute-Loire* a fait mention dans son numéro du 28 septembre 1892.

MM. Gaudry et Boule se sont rendus sur les lieux et ont emporté à Paris les dents de ce gigantesque animal qui mesurait 8 mètres de hauteur ; ce serait le spécimen le plus grand qu'on ait encore rencontré en France. Le Muséum possède un animal de ce genre, découvert à Durfort (Gard), dont la reconstitution a coûté près de 30,000 fr. Nos savants du Muséum ont reculé devant une pareille dépense, d'au tant plus que les ossements fossiles se détériorent rapidemment au contact de l'air et qu'ils doivent être l'objet des précautions les plus minutieuses pour être extraits sans détérioration.

Le même gisement de Senèze a montré des débris de diverses variétés de cerfs, d'antilopes, de hyènes, de sangliers, de bœufs, de chevaux, etc.

M. Henry Mosnier, qui a assisté à la fouille de Senèze, dit dans la lettre précitée : « Nous avons laissé en terre un os d'une jambe mesu-« rant, je crois, plus de 1 mètre 50 centimètres. S'il était enlevé par « un homme spécial, ce serait une belle pièce pour le Musée du « Puy. »

A ce sujet, la Société émet le vœu que MM. les Conservateurs de notre Musée fassent les démarches nécessaires pour doter cet établissement de ce rare fragment de l'*Elephas meridionalis*.

Il est arrivé deux taureaux de race limousine envoyés par M. Teisserenc de Bort. L'un d'eux a déjà été revendu, le second le sera prochainement. On en attend d'autres que l'on placera le mieux possible.

M. Morel rend compte du concours départemental et de la race bovine du Mezenc, tenu à Yssingeaux, le 25 septembre dernier. Ce concours a été fort brillant, surtout en ce qui concerne la race bovine du Mezenc et les produits agricoles et horticoles.

Un poseur du chemin de fer a récemment découvert, entre les stations de Darsac et de Fix, une grande quantité de couleuvres à collier, au nombre de trois ou quatre cents. Elles avaient trouvé un abri pour l'hiver dans les anfractuosités des granites qui bordent la voie et ont été remises à M. le docteur Morel, pour le Musée du Puy.

Chacune d'elles pond vingt-cinq à trente œufs. Dix à quinze couleuvres ont donc pondu leurs œufs au même endroit, afin que les petits puissent entretenir suffisamment de chaleur pour passer la saison rigoureuse.

La couleuvre *(Tropidonotus natrix)* est absolument inoffensive. Il vaudrait mieux ne pas la tuer, car elle vient en aide à l'agriculture, en détruisant beaucoup de rongeurs nuisibles.

M. le Président annonce que, conformément à nos statuts, aura lieu le jeudi 1er décembre prochain, le renouvellement du bureau de la Société. Il engage ses collègues à assister à cette réunion pour procéder à l'élection des président, vice-présidents, secrétaires, trésoriers et des cinq membres composant le conseil d'administration.

L'un des secrétaires.
A. LASCOMBE.

SÉANCE DU 8 DÉCEMBRE 1892.

PRÉSIDENCE DE M. LE Dr MOREL.

Présents: MM. Carle-Beraud, Cellerier, Dr Coiffier, Dreyfus, Garde, Gazanion (Édouard), Gatillon, Louis Gueyffier, Edmond Gueyffier, Habriat, Hedde, Hérisson, Jacotin, Lascombe, Martin, Dr Morel, Louis Paul, Vallery-Michel et Riboud.

Lecture est donnée du procès-verbal de la dernière séance qui est adopté.

M. Chaudier s'excuse par lettre de ne pouvoir assister à la séance, et fait part de l'acquisition faite pour le compte de la Société, par M. Teisserenc de Bort, de deux génisses limousines. Ces animaux, ainsi qu'un taureau de même race, doivent rester dans les étables du pays et contribuer à l'amélioration de la race locale.

M. le préfet de la Haute-Loire communique à la Société une délibération du conseil municipal des Estables, sollicitant la tenue, au chef-lieu de cette commune, du concours départemental agricole de septembre 1893.

Le concours départemental comprenant la race du Mezenc, concours qui doit se tenir à tour de rôle dans chacun des trois arrondissements, aura lieu en 1893, au Puy. L'année suivante, le concours d'ensemble devant être tenu à Brioude, celui spécial à la race pure du Mezenc pourra avoir un autre siège ; lors de sa fixation, il sera tenu compte de la réclamation de la commune des Estables, quoique *a priori*, le choix de cette localité paraisse offrir des inconvénients, en raison de l'éloignement et d'une installation insuffisante pour le Jury.

M. le préfet adresse aussi à la Société un certain nombre d'exemplaires d'arrêtés et de formules de déclarations relatifs au concours général agricole qui sera tenu à Paris en 1893.

La Société souscrit à un abonnement de six mois à la *Revue historique, archéologique, littéraire et pittoresque du Vivarais*, publiée sous la direction de M. P. d'Albigny.

Sont présentés comme membres titulaires :

MM. Martin (Germain-Louis), élève de l'École des Chartes, présenté par MM. Jacotin et Lascombe ; Durand, conseiller général du canton de Pradelles, présenté par MM. Morel et O'Farrell ; Sklénard, conducteur principal des ponts et chaussées, présenté par MM. Mallat et Lascombe.

M. Lascombe donne lecture d'une lettre de M. Henry Mosnier, en réponse à la demande de la Société sur la possibilité de se procurer, pour le Musée du Puy, quelques ossements du mastodonte fossile découvert récemment à Senèze.

Il résulte de cette correspondance, que le fémur gigantesque, objet d'une communication à la dernière séance, « a été acquis et enlevé « par un étranger qui ne dit point son nom et qu'on n'a pas revu ».

Mais, selon toutes probabilités, selon les pronostics de MM. Albert Gaudry et Boulle, il reste encore dans le champ où s'est faite la découverte, de nombreuses dépouilles de proboscidiens et autres représentants d'une faune disparue.

Le propriétaire de ce champ va se livrer à de nouvelles recherches ; il n'y a donc qu'à attendre un heureux coup de pioche, et M. Mosnier, mis au courant des trouvailles futures, en informera la Société. M.-Lascombe est chargé, au nom de cette dernière, de transmettre ses remerciements à M. Henry Mosnier.

Les exposants des concours départementaux, soit de bestiaux, produits ou machines, ne bénéficient d'aucune diminution de tarif de la part des Compagnies de chemins de fer.

M. Ed. Gueyffier demande que la Société s'associe à lui pour obtenir, soit de la Compagnie de la Méditerranée, soit de celle des chemins de fer départementaux, une remise de 50 pour cent aux exposants pour le transport des animaux ou des objets devant figurer aux expositions départementales, ainsi que cela a lieu pour les concours généraux et régionaux.

La Société s'associe pleinement à ce vœu et décide que des démarches seront tentées dans ce sens auprès des directeurs généraux des deux compagnies.

M. le Président constate que, malgré le nombre considérable de voyageurs qui, dans la belle saison, excursionnent en France et à l'étranger, il en est peu qui visitent notre ville et ses environs, si intéressants à tous les points de vue. La faute en est, selon lui, au défaut de propagande et de réclame. Il lui paraîtrait efficace de dresser un *Guide* illustré, qui indiquerait et décrirait les points intéressants de notre beau pays ; il donnerait aussi des indications précises et des renseignements pratiques sur les excursions et promenades à faire. La Société prendrait l'initiative de la rédaction et de la publication de cet ouvrage, qui serait distribué dans les gares, les villes voisines et les stations fréquentées par les voyageurs et les étrangers.

Des explications échangées entre divers membres, il résulte que des démarches sont déjà commencées dans le même sens par d'autres assemblées ; la Société, désireuse de voir mener à bien une entreprise qui ne peut tendre qu'à faire prospérer notre beau pays en le faisant connaître, décide qu'une commission de dix membres, aura pour mission de s'entourer de renseignements, d'arrêter le programme, le cadre de l'œuvre, en un mot de faire le nécessaire pour aboutir dans le plus court délai possible.

Cette commission est composée de MM. le D<r> Morel, Cellerier, Dreyrus, Edmond Gueyffier, Hedde, Hérisson, Jacotin, Lascombe, Louis Paul et Riboud.

Les pouvoirs des dignitaires de la Société nommés dans la séance de décembre 1888 étant arrivés à expiration, il y a lieu de procéder à leur renouvellement.

Sont élus, président : M. le D<r> Morel ; vice-présidents : MM. Hérisson et D<r> Coiffier ; secrétaires : MM. Hedde et Lascombe ; trésorier titulaire : M. Vallery-Michel ; trésorier-adjoint : M. Breschet ; membres du conseil d'administration : MM. Louis Gueyffier, Gatillon, Louis Paul, Louis Garde et Jacotin.

Un télégramme de félicitations est adressé par le Président, au nom de la Société, à notre éminent compatriote et collègue, M. Charles Dupuy, à l'occasion de sa nomination comme ministre de l'Instruction publique, des Beaux-Arts et des Cultes.

L'un des secrétaires,
E. RIBOUD.

SÉANCE DU 5 JANVIER 1893.

PRÉSIDENCE DE M. LE D' MOREL.

Présents : MM. Chaduc, Carle-Béraud, Cellerier, Cortet, Dreyfus, Edmond Gueyffier, Habriat, Lascombe, d' Morel, Paul (Louis) et Vallery-Michel.

Lecture est faite du procès-verbal de la dernière séance qui est adopté.

La correspondance comprend :

1º Lettre de M. Philippe Hedde, s'excusant de ne pouvoir assister à la séance ;

2º Lettre de MM. Vessereau, professeur au lycée d'Aix, et Varigard, propriétaire à Alleins (Bouches-du-Rhône), donnant leur démission de membres de la Société ;

3º Circulaire relative à l'érection, dans la ville de Valleraugue, d'un monument à la mémoire de M. Armand de Quatrefages de Béau, comme témoignage de respect et d'admiration bien dû à un maître qui a consacré sa vie entière à la science, et dont les travaux ont une si haute valeur ;

4º Communication de la *Société des sciences naturelles de l'ouest de la France*, désireuse d'établir avec la nôtre des liens de confraternité.

Au télégramme de félicitations transmis par la Société à M. Charles Dupuy, ministre de l'Instruction publique, des Beaux-Arts et des Cultes, notre éminent compatriote, que nous sommes fiers de compter parmi nos membres, a répondu en ces termes à M. le d' Morel :

« Paris, le 13 décembre 1892.

« Mon cher président,

« Veuillez, je vous prie, transmettre à mes collègues de la Société
« agricole et scientifique de la Haute-Loire mes meilleurs sentiments

« pour les cordiales félicitations que vous m'avez adressées en leur
« nom,

« Croyez, mon cher président, à toute ma sympathie.

« CH. DUPUY. »

Consultée par M. le préfet de la Haute-Loire sur l'époque de la fermeture de la chasse dans notre département, la Société déclare accepter la date du 29 janvier prochain, proposée par lui.

Le 22 décembre dernier, jour de foire au Puy, ont été revendus, par l'intermédiaire de M. le commissaire-priseur, le taureau et les deux génisses de race limousine acquis pour le compte de la Société par M. Teisserenc de Bort.

M. le trésorier expose sommairement l'état financier de la société pour 1892. Le conseil d'administration se réunira le 12 janvier courant, pour vérifier l'état de situation de la caisse, et donner un compte exact et détaillé des recettes et dépenses de l'année révolue.

Sont nommés membres titulaires :

MM. Durand, conseiller général du canton de Pradelles ; Sklénard, conducteur principal des ponts et chaussées ; Martin (Germain-Louis), élève de l'école des Chartes.

L'un des secrétaires,
A. LASCOMBE.

SÉANCE DU 2 FÉVRIER 1893.

PRÉSIDENCE DE M. LE Dr MOREL.

Présents : MM. le d^r Abrial, Breschet, Cellerier, Chaudier, Champanhac, Experton, Éd. Gazanion, Edm. Gueyffier, Habriat, Hedde, Jacotin, Lascombe, d^r Morel, Martin, O'Farrell, Pouille, Ranchet, Vallery-Michel.

Lecture est faite du procès-verbal de la dernière séance qui est adopté.

La correspondance comprend trois circulaires : l'une du laboratoire entomologique de Rouen ; la seconde du ministère des beaux-arts, fixant au 4 juin prochain la dix-septième session des beaux-arts des départements, et la troisième de M. le ministre de l'Instruction publique fixant à la même date l'ouverture du congrès des Sociétés savantes.

M. Lascombe donne lecture d'une lettre de M. Corcelle, relative à un travail sur les dentelles, et propose son insertion dans nos Annales. La décision est renvoyée à la prochaine séance.

La candidature de MM. Léon et Paul Vibert est présentée par MM. Morel et Chaudier, celle de M. Corcelle par MM. Hérisson et Lascombe.

M. Lascombe présente la note suivante sur un reliquaire ancien :

« Lorsque gravissant le grand escalier de la cathédrale du Puy, on arrive au deuxième palier, s'ouvrent à droite et à gauche deux chapelles du xiie siècle, ornées de peintures à fresques et dédiées, l'une à saint Gilles et l'autre à saint Étienne. La première, du côté de l'hospice, munie, ainsi que sa voisine, de portes en bois de cèdre, était destinée jadis à recevoir les enfants avant leur baptême. Dans cette chapelle, où l'on installe le nouveau calorifère de la cathédrale, se trouvait adossé à l'un des murs un ancien autel surmonté d'une large dalle sous laquelle on vient de découvrir une boîte cylindrique en bois léger (5 cent. de hauteur sur 7 cent. de diamètre). Ce récipient, garni au fond d'un peu de poussière noire, renfermait une petite bande de parchemin portant l'inscription suivante en caractères du xiie ou xiiie siècle :

Hic sunt reliquie Sci Florentis epi et Sce Galle
et Sce Tullie et de Sanguine Xr   (catino)
et Sci Scutarii Reliquie et (Sce Perpetue Virginis) (?)

« En dehors de cette boîte, on a également trouvé une graine de Grémil, ou herbe aux perles (Lithospermum fruticosum) employée dans la fabrication des chapelets et un minuscule tube de verre ouvert par les deux bouts, en forme d'olive, recélant un fragment de soie ou d'étoffe, de couleur blanche.

« Le parchemin endommagé par le temps ne permet pas de lire tous les mots de l'inscription, et l'autel paraît avoir été remanié dans le cours des siècles.

« Quoi qu'il en soit, nous retrouvons dans ce document paléographique les noms de saint Florent, évêque d'Orange, de sainte Galle, femme de saint Eucher, archevêque de Lyon, et de Tulle ou Tullia leur fille, dont les reliques, au dire de Médicis, Odo de Gissey et Théodore, étaient autrefois honorées dans la cathédrale du Puy.

« C'est à notre collègue M. Meyer que nous devons les renseignements relatifs à cette découverte. »

M. Hedde donne lecture du rapport du conseil d'administration, présentant les comptes de l'année écoulée, après examen et vérification des écritures de M. le trésorier dont il a constaté la régularité et l'exactitude. Il ressort de ces comptes que la situation prospère de nos finances permettra à notre Société, quand elle aura été déclarée d'utilité publique, d'ajouter un certain revenu à nos ressources ordinaires. Il est présenté ensuite un projet de budget pour l'année 1893.

Les comptes et le budget reçoivent l'assentiment de l'assemblée.

M. le Président adresse des remerciements à M. Vallery-Michel pour le soin et le dévouement avec lesquels il s'acquitte de ses fonctions de trésorier.

M. Hedde lit un rapport sur les études préparatoires faites en vue de la publication d'un *Guide* du Puy, par la commission nommée à cet effet. D'après le programme adopté, ce *Guide* devra être d'un format très portatif, renfermant une trentaine d'illustrations, plusieurs cartes ou plans et d'un prix aussi réduit que possible. Toutes les parties ont été étudiées dans le plus grand détail. On doit chercher à rendre l'ouvrage aussi attractif que possible, afin de faciliter sa vulgarisation. De nombreuses demandes ont été faites, tant en France qu'à l'étranger, pour réaliser ces conditions.

Il serait bon qu'aux ressources de la Société se joignît une subvention additionnelle pour pouvoir réaliser ces conditions contradictoires de beauté d'exécution et de bon marché.

Après cette lecture, diverses observations sont échangées sur ce sujet.

M. Jacotin fait part de la formation d'un comité de propagande, sous les auspices de la municipalité, qui demande l'envoi de délégués de la part des différentes sociétés de notre ville.

MM. Morel et Philippe Hedde sont désignés pour représenter la Société agricole et scientifique ; M. Jacotin et Cellerier pour représenter le Comice agricole.

L'assemblée décide ensuite de remettre à plus tard les décisions relatives à la publication du *Guide*, charge la commission nommée précédemment de prendre toutes décisions à cet égard, en fixant la limite qu'elle ne doit pas dépasser comme dépense.

L'un des secrétaires,
Ph. HEDDE.

SÉANCE DU 2 MARS 1893.

PRÉSIDENCE DE M. LE Dr MOREL.

Présents : MM. Aulanier, Dr Abrial, Boyer, Dr Coiffier, Chaudier, Cellérier, Chaduc, Champanhac, Falcon Régis, Louis Garde, Ed. Gazanion, Ed. Gueyffier, Habriat, Ph. Hedde, Jacotin, Lascombe, Dr Morel, Marsein, Mallat, Martin, Ménand, O'Farrell, Pays, Louis Paul, Ranchet, Rogues-Vallery et Vallery-Michel.

Lecture est donnée du procès-verbal de la dernière séance, qui est adopté.

MM. Corcelle, Paul et Léon Vibert, dont la candidature a été présentée à la dernière séance, sont nommés membres titulaires.

M. le Président annonce la candidature de deux nouveaux membres : MM. Antier, docteur en droit, avocat, présenté par M. O'Farrell et Louis-Germain Martin, et M. Martin architecte, présenté par MM. le Dr Morel et O'Farrell.

M. Carbasse envoie sa démission de membre de la Société.

Une lettre de la Société Florimontane d'Annecy accepte l'échange de nos annales.

La Société nationale pour l'exécution du canal des Deux-Mers demande à notre Société d'inscrire son nom parmi ceux des membres du comité de patronage.

L'assemblée a adhéré à cette proposition.

Une circulaire du ministre des Beaux-Arts, Instruction publique et Cultes, demande l'envoi du volume de nos Annales de 1891 destiné à l'Exposition de Chicago.

M. le Président rend compte des décisions prises par le comité de publicité de notre ville, d'après lesquelles une souscription serait faite en vue de subvenir, avec l'appui de la municipalité, aux dépenses d'affichage dans les gares, dépense qui sera fort atténuée grâce à l'offre gracieuse de la compagnie P.-L.-M. de donner l'affichage gratuit dans ses gares.

Le soin d'étudier le *Guide* du Puy est laissé à la Société agricole et scientifique qui agira selon ses propres ressources.

L'assemblée renvoie à la commission déjà nommée le soin de prendre les dispositions nécessaires et maintient le crédit affecté à ce projet.

M. Lascombe donne un aperçu de l'ouvrage de M. Corcelle sur la dentelle dans le Velay.

L'assemblée approuve l'insertion de cet ouvrage dans les Annales.

M. Lascombe, au nom de M. Hérisson, donne ensuite lecture d'une note sur les effets de l'hiver 1893. C'est en janvier, entre le 15 et le 19, que se sont fait sentir les plus grands froids, et, chose assez rare, les froids ont été plus intenses dans la plaine que sur la montagne. Les températures minima ont été les suivantes :

Stations	Altitude	Températ.
Le Puy	630ᵐ	— 30°
Nolhac	796	— 24
Talobre	902	— 21,5
Saugues	960	— 18
La Chaise-Dieu	1080	— 18
Fix-Saint-Geneyx	1114	— 21
Saint-Jean-Lachalm	1115	— 21
Les Estables	1344	— 19

Les vignes ont souffert, surtout dans la vallée de la Loire, moins du côté de Brioude.

En ce moment le vigneron n'a qu'une chose à faire : attendre que la sève se mette en mouvement, que les bourgeons se gonflent afin de distinguer les morts des vivants, et tailler de façon à reformer le mieux possible le cep ou l'espalier, car ce dernier est encore plus malade que la vigne en plein air. Quant à la récolte, il faudra probablement y renoncer pour cette année.

Les céréales, protégées par une épaisse couche de neige, n'ont presque pas souffert.

Les arbres fruitiers ne paraissent pas non plus avoir beaucoup de mal.

M. Habriat cite plusieurs cas très rares de conceptions multiples ou superfétations qu'il a observées sur un troupeau de brebis, appartenant à Mᵐᵉ veuve Chaussende, à Denise.

Une première brebis avait eu une portée de six agneaux venus à terme ; mais la mort de la mère avait entraîné celle de sa progéniture.

Ce cas n'avait pas été observé par M. Habriat, mais il fut certifié par tous les voisins. Les cas suivants ont au contraire été constatés : sur neuf femelles, huit viennent d'agneler ; quatre ont fait deux agneaux chacune, trois autres ont eu trois agneaux, et une a eu quatre agneaux. En comptant la première brebis on arrive donc au total de vingt-sept agneaux pour neuf brebis.

Ce petit troupeau, remarquable par sa fécondité, a été créé par consanguinité, et provient de trois brebis de la race du Gévaudan. Les qualités prolifiques de ces animaux se sont développées dans les conditions du milieu où ils vivent actuellement et semblent constituer dès à présent un caractère de race qu'il y a lieu de considérer comme un type améliorateur bon à propager et à encourager.

M. le Président rend compte d'un faux bruit qui a couru au sujet du concours d'animaux gras de la Passion. Ce concours aura lieu comme par le passé. Il propose à l'assemblée le maintien des mêmes noms pour les membres du jury. L'assemblée ajoute à ces noms ceux de nos collègues MM. Roussel (Antonin), de Saint-Paulien, et Habriat, vétérinaire au Puy.

M. le docteur Morel entretient ensuite l'assemblée d'une notice sur la culture de la consoude du Caucase, d'après le *Bon cultivateur*.

D'après cet article, le rendement à l'hectare de cette plante fourragère s'élèverait à 250,000 kilogrammes, tandis qu'il ne s'élève qu'à 20 ou 30,000 kilogrammes pour les autres fourrages. Cette plante est en outre très précoce.

Il propose qu'un essai en soit fait sur le nouveau champ d'expériences.

M. Chaudier s'associe à cette proposition et ajoute que ce fourrage produit d'excellent beurre ; mais d'après l'expérience qu'il en a faite, la production fourragère ne serait pas aussi abondante ; elle serait même inférieure à celle du trèfle. Il croit cependant que des essais plus prolongés ne seraient pas inutiles, surtout sur un terrain riche, profond et non humide.

L'un des secrétaires,
Ph. HEDDE.

SÉANCE DU 6 AVRIL 1893.

PRÉSIDENCE DE M. LE Dʳ MOREL.

Présents : MM. le dʳ Abrial, Champanhac, dʳ Coiffier, Hedde, Martin (Germain-Louis), Mazat, dʳ Morel, O'Farrell, Sklénard, Viallet, Vallery-Michel et Lascombe.

En ouvrant la séance, M. le Président rappelle la perte très regrettable que notre Société vient de faire en la personne de M. Louis Garde, ancien avoué, décédé au Puy.

Affilié à notre compagnie depuis peu d'années, M. Garde assistait régulièrement à ses séances, et prenait part à ses travaux. Son aménité et sa courtoisie lui avaient créé, parmi ses confrères, les plus vives sympathies.

Le procès-verbal de la dernière séance est adopté après lecture. La Société accepte l'échange des publications demandées par le Comice agricole central de la Loire-Inférieure.

M. Hedde rend compte des démarches qu'il a faites à Lyon et au Puy en ce qui concerne les illustrations et la publication du *Guide*, dont tous les détails ont été étudiés par la commission nommée à cet effet. Il estime que l'ensemble des dépenses à la charge de la Société s'élèvera à 2,000 francs environ.

Pour compléter les mesures de publicité dont l'initiative a été prise par notre Société et par la municipalité du Puy, l'assemblée émet le vœu que la Compagnie Paris-Lyon-Méditerranée veuille bien répondre aux diverses demandes qui lui ont été adressées en ce qui regarde l'amélioration de son horaire, l'augmentation de la vitesse de ses trains, ou la création de trains légers.

A propos de la demande formée par la Société agricole et scientifique de la Haute-Loire, qui sollicite sa reconnaissance comme établissement d'utilité publique, M. le Président dit que le ministère de l'agriculture réclame une modification dans les statuts. Après en avoir délibéré, l'assemblée adopte le modèle des statuts transmis par le ministère et délègue MM. Hedde et Lascombe auxquels elle donne tout pouvoir de consentir les modifications qui peuvent être exigées par le gouvernement.

Sont nommés membres titulaires : MM. Martin, architecte, et Antier, avocat, tous deux demeurant au Puy.

MM. Morel et Lascombe proposent la candidature de MM. de Tournefort, président du Conseil de préfecture de la Haute-Loire, et Hippolyte Malègue.

Favorisé par un temps splendide, le concours d'animaux gras tenu au Puy le 21 mars dernier, a été très brillant. Des prix en argent et des médailles s'élevant à la somme de 1,600 fr. ont été distribués. Un compte rendu de ce concours figure dans tous les journaux publiés au Puy.

M. Lascombe donne communication d'un article sur l'étang de Malaguet, publié par M. Amédée Berthoule et extrait de la *Revue des travaux scientifiques* (1) ; cet article est ainsi conçu :

« L'étang de Malaguet qui est situé à 1,012 mètres d'altitude, dans le massif dominant Brioude, et dont la superficie n'est pas inférieure à 23 hectares, est alimenté par des eaux vives et se trouve dans des conditions essentiellement favorables au développement des salmonidés. Sa faune naturelle comprenait déjà la truite commune, la carpe, la tanche, la loche et le vairon. Toutefois, la pêche ne représentait, jusqu'à ces derniers temps, qu'un produit accessoire et de faible valeur. M. Martial, propriétaire du lac, est heureusement parvenu à modifier cet état de choses en jetant dans le lac, en 1885 et en 1889, des milliers d'œufs embryonnés de corégones, de truites des lacs et de truites saumonées qui lui avaient été fournis par la Société d'acclimatation. Les corégones, qui n'ont cependant été l'objet d'aucuns soins particuliers, ont si bien réussi que le poids moyen de ces poissons était déjà, en 1891, de 150 à 200 grammes et que certains sujets atteignaient même 500 grammes. »

M, Germain-Louis Martin lit, sur les *bastiers* du Puy, le mémoire suivant :

« Parmi les nombreuses corporations qui florissaient jadis dans notre ville, les bastiers, fabriquants de bâts de mulets, ou mieux de bastières, n'occupaient pas le moindre rang. Médicis nous en révèle l'existence en 1525. Le même chroniqueur nous apprend que les bastiers portaient quatre torches dans les processions, tenaient dix-huit boutiques et avaient droit d'élire les consuls. Tous ces privilèges nous disent assez quelle fut l'importance d'une corporation et d'un

____

(1) Tome XII, pages 771 et 772.

ECVSSON DES BATIERS DV PVY
AV XVIIIᵉ SIECLE

commerce entièrement disparus de nos jours. Cette prospérité d'an-
tan ne surprend pas si l'on se rappelle que le bât fut un objet de première nécessité dans notre Velay. Nulle route ne courrait à travers
nos montagnes ; seul, le mulet chargé de la bastière, lourd mais
robuste instrument de transport, pouvait franchir les Cévennes.
Aussi la gent muletière était-elle nombreuse au Puy d'Anis, cœur du
commerce important des vins du Vivarais. Et d'ailleurs, il n'y a pas
encore cinquante ans qu'une de nos rues, aujourd'hui calme et peu
commerçante, le faubourg. du Breuil, voyait défiler de nombreux
mulets chargés de leurs lourdes bastières, entendait le gai refrain de
joyeux muletiers, entrecoupé par le *draindrain* aigu des essaims de
clochettes.

« Mais laissons des souvenirs récents pour nous transporter au
commencement du xviie siècle.

« L'an 1626, le 2 avril, se réunissaient devant maître Bonnet, notaire
royal du Puy, les bailles et maîtres de la corporation des bastiers au
nombre de vingt-un.

« Quel était leur but ? « Pourvoir en plusieurs abus que se font et
« commettent journellement tant à l'entretenement de leur confrairie
« que à l'exercice de leur métier. »

« Pour obvier à ces inconvénients, les maîtres, de leur gré et libre
volonté, refondaient leurs anciens statuts qu'on avait enfreints et
passaient plusieurs articles dont nous donnons l'analyse :

« Le premier dimanche suivant, après la fête de Rogations de
« chacune année, et à perpétuité, les bailes et tous les autres maistres
« dudit état seront tenus s'assembler au couvent où ils font confrairie à
« l'honneur de Dieu et de Monsieur Saint-Georges ». Ils procéderont à
la création et élection de deux nouveaux bailles. Comment se fera ce
mode d'élection ? « Les bailles seront élus par pluralité de voix et
« souffrage, sans que ceux qui seront en liste pour être criés et nommés
« bailles puissent assister à la dite élection. Ainsi seront tenus de se
« retirer leur ayant été dit lesdits bailles jusques la dite élection
« faite. »

« L'article suivant nous indique les devoirs qui incombent aux nouveaux élus : faire chanter des messes pour les maîtres défunts, recevoir des anciens chefs de la corporation les ornements, torches et
livres de comptes.

« Permettez-moi, Messieurs, de vous présenter la première page
de ce livre, la seule que nous ayons eu le bonheur de trouver. Son
originalité fait son seul intérêt. Le triangle qui encadre le titre, le
cœur qui contient la date de mil six cent vingt-trois sont d'un effet
quelque peu bizarre. Permettez-moi de vous présenter en même

temps un écusson en cuivre de la corporation, beaucoup plus récent, il est vrai, que le document précédent, il date de 1743. « Monsieur « Saint-Georges », en l'honneur duquel les bastiers faisaient confrérie, terrasse le dragon ; sur les côtés sont des fleurs décoratives très intéressantes ; puis en haut et à droite une herminette, à gauche la forme d'un bât.

« Laissons les maîtres et passons aux apprentis.

« Il ne sera permis à aulcung maistre bastier ny veuve tenant bou-« tique en la dite ville et faulxbourgs d'icelle de recevoir ny prendre « aulcung apprenty du dit estat que de dix en dix ans et yceulx révo-« lus et expirés et que ne soyent enfant natif de ceste ville du Puy. »

« Remarquons le soin jaloux qu'on apporte pour restreindre le plus possible le nombre des privilégiés, et pour conserver aux seuls enfants natifs du Puy le rang de bastier. C'est que le commerce des bâts, tout comme celui des clochettes, doit rester dans la ville des muletiers.

« Les articles suivants énumèrent les peines encourues par les maîtres qui ne feraient pas observer à leurs nouveaux apprentis les prescriptions concernant les droits qu'ils ont à payer à la corporation. Puis on édicte les amendes encourues par tout apprenti qui se retire de chez son maître avant dix années révolues.

« Quelles conditions devront avoir ceux qui se présenteront pour être reçus en la maîtrise du dit état ? « Seront tenus de justifier par au préa-« lable d'avoir faict leur apprentissage en ceste dite ville, ou ce seront « ceulx qui auront épouzé des filles de maistres qui en seront « exempts, et aussi justifieront tous ceulx qui voudront être reçus en « la dite maistrise d'avoir servi les maistres et travaillé du dit estat, « le temps et terme de dix ans entiers, soit en qualité d'apprenti ou « compagnon. »

« De plus, le nouvel aspirant devra faire un chef-d'œuvre. Ce sera : « une celle toute neuve à faire bast de mulet dans la maison et boutique « du premier bayle, à la présence de deux autres maistres du dit « état qui lui sont baillés pour garder. Lequel chef d'œuvre sera « aussi vérifié par les dits bailes et autres maistres du dit estat, « et, ayant été trouvé suffisant et celui qui l'aura faict capable « d'être reçu en la dite maîtrise, les dits bailles et autres maistres sus-« dits seront tenus de le recevoir et déclarer maistre dudit estat « et l'agrégier en leur confrairie, en payant au préalable la somme « de 60 livres et quantité de 15 livres de cire ouvrée. »

« Passons aux conditions faites aux nouveaux reçus dans la maîtrise qui ont épousé des filles de maîtres. Ils ne sont point exempts du chef-d'œuvre, mais ne payent que demi-maîtrise. « L'austre moitié sera par

« eux recogaue sur leurs biens au proflct de leur femme. » Remarquons cette sorte d'hypothèque dotale, dénolant une tendre et familiale sollicitude de la part des maîtres bastiers.

« Quant à la somme versée, elle sera affectée à l'entretien de la confrérie ou aux aumônes faites aux maîtres nécessiteux, à leurs femmes ou enfants qui se pourraient trouver infirmes ou pauvres, ou aux frais de leur enterrement. Mais auparavant il faudra obtenir l'avis des maîtres.

« Les privilèges accordés aux nouveaux élus ayant épousé des filles de maîtres deviennent bien plus considérables pour les fils qui embrassent la carrière paternelle. Ils sont exempts de chef-d'œuvre et de tous droits s'ils cohabitent avec leur père ; s'ils quittent la maison paternelle, ils ne soldent que cinq livres et font célébrer un retour de messe. Le privilège de la race est largement reconnu chez nos maîtres bastiers.

« Ils n'ont pas oublié leurs veuves. Pendant leur veuvage, elles pourront tenir boutique et faire travailler du dit état par des serviteurs en payant chaque année une redevance.

« Les rouages de la corporation sont organisés, il semble que les statuts soient ainsi terminés. Nous trouvons cependant une disposition des plus originales concernant l'achat de la bourre employée pour la fabrication des bâts. Les maîtres et veuves ne doivent acheter toute bourre neuve « que chez les maistres à cet effet désignés qui « doivent la bailler bonne et marchande au prix courant ».

« Enfin, le dernier article avertit les bailles qu'ils seront tenus de convoquer tous les membres, soit pour les solennités de la confrérie, soit pour les enterrements.

« Tel est le résumé des articles qui régirent, pendant deux siècles, la corporation des maîtres bastiers. Vous avez pu voir, Messieurs, avec quel soin jaloux ils réglaient la hiérarchie de leur confrérie ; quelles précautions ils prenaient pour le mode d'élection de leurs bailles. Mais ce sont les dispositions ordonnées à l'égard des apprentis qui nous paraissent surtout attachantes. On ne veut que de bons ouvriers, aussi demande-t-on un long apprentissage et de plus un chef-d'œuvre. C'est que le corps des bastiers se soucie fort de ne livrer que des produits excellents et d'écarter ainsi toute concurrence. Notons encore leur prévoyance. Ils songent aux veuves, aux maîtres nécessiteux, ils leur affectent des fonds, éloignant ainsi la misère du chevet de leur compagnon de travail, touchant au bout de la carrière. Il nous a paru intéressant, Messieurs, de vous communiquer ce document qui nous révèle la vie d'une de ces corporations laborieuses et florissantes jadis dans notre cité.

« Et d'ailleurs, que de bonnes choses ne pourrait-on pas puiser dans les actes de ces sociétés, surtout à une époque où l'on prend goût aux syndicats, ayant même but que les corporations : faciliter les moyens d'existence, ou pour employer une expression pleine d'actualité, la lutte pour la vie ! »

Sur la demande de M. Lascombe, la Société décide qu'un dessin de l'écusson de la corporation des bastiers sera joint au mémoire de M. Martin.

Au nom de M. Henry Mosnier, M. Lascombe lit la note suivante relative à la découverte à Saint-Beauzire, près Brioude, de creusets pour la fonte de bijoux gaulois :

« Il y a quatre ou cinq ans, un cultivateur de la commune de Saint-Beauzire, nommé Chazelles, en défonçant un terrain destiné à la plantation d'une vigne, exhuma du sol une quantité considérable de petits godets semblables à celui que nous mettons sous les yeux de la Société.

« Plusieurs de ces objets nous ayant été communiqués, nous cherchâmes longtemps, mais en vain, à en déterminer l'usage. Nous désespérions d'y réussir, quand l'idée nous vint de demander à ce sujet l'avis de M. Bulliot, président de la Société Éduenne, l'explorateur bien connu de l'antique et si curieux oppidum gaulois du mont Beuvray.

« L'éminent archéologue n'hésita pas à reconnaître dans ces minuscules récipients, des creusets en terre réfractaire ayant servi à la fonte de boutons ou de bijoux en métal. Dans ses intéressantes fouilles au Beuvray, M. Bulliot a même retrouvé, joignant à une fonderie, un atelier destiné à la production de ces produits céramiques ou du moins à la préparation des terres ou sables spéciaux entrant dans leur composition ; il le décrit ainsi :

« La face méridionale de la fonderie communiquait à un hangar
« de 4 m. 40 de large, excavé de 2 mètres dans un massif de roche
« friable qui formait paroi au sud et à l'ouest. Sept trous de poteaux
« distants entre eux de 1 m. 20 à 1 m. 50 et des poutres carbonisées
« sur 1 mètre de long en marquaient l'emplacement ; il conduisait de
« plain-pied vers un autre four situé à 3 mètres au-delà, près
« duquel on trouva quelques médailles gauloises et qui servait non
« plus à la fonte des métaux, mais à la dessication des terres réfrac-
« taires dont on fabriquait les creusets. La nouveauté de cette indus-
« trie, celle des produits entassés encore dans la fournaise, comme
« si l'opération eût été temporairement suspendue, attiraient sur
« notre découverte un redoublement d'intérêt. La base du four
« enfoncé à 1 m. 80 au-dessous du sol actuel était carrée, bordée de

« grosses pierres avec un pavé de moellons recouvert d'un enduit de
« 0 m. 20 d'épaisseur semblable à celui du four métallurgique et d'une
« couche de 0 m. 06 de gros charbons. Le sable réfractaire avait été
« pétri à la main en façon de petits pains, tous sans exception
« percés d'un trou, comme les grains d'un chapelet, pour faciliter
« la fuite du gaz ou permettre de les suspendre ; ils étaient empilés
« par lits, sur six ou dix de hauteur, formant au-dessus de l'aire une
« sorte de dôme de 0 m. 40 à 0 m. 70 sous une chappe d'argile.
« Pour régulariser la cuisson ou activer la circulation du feu, des
« interstices avaient été ménagés avec soin ; mais la chute de la chappe
« réfractaire amollie par l'humidité et le délitement d'une certaine
« quantité de sable les avaient en partie obstrués. Ces pains ont été
« déposés au musée de Saint-Germain.

   « Le diamètre le plus ordinaire des pains est de 0 m. 10. Les uns
« ont la forme renflée d'une pomme, d'une boule même ; d'autres
« sont aplatis et ronds comme des cylindres tronqués. Une mince
« couche de vitrification assez forte sur les points où la chaleur a été
« plus intense pour en souder huit ou dix en un même bloc les
« recouvre généralement.

   « Cette enveloppe vitreuse particulière aux creusets accuse l'ho-
« mogénéité de substance des pains bruts et des vases fabriqués pour
« la fonte des métaux ; ils sont les uns et les autres composés d'un
« sable calciné qui, dans les opérations chimiques, donne les mêmes
« résultats. Certains pains fournis de grains siliceux sont mélangés
« d'une très faible quantité d'argile et devaient servir à dégraisser
« la terre des creusets ; d'autres se rapprochent plus directement de
« la composition même de ces creusets formés presque toujours de
« deux couches distinctes dont la chemise est beaucoup plus réfrac-
« taire que celle de l'intérieur (1). »

   « Nous nous trouvons donc à Saint-Beauzire en présence des vestiges d'un atelier de fondeur gallo-romain. Cette conjecture est d'autant plus admissible, nous pouvons dire d'autant plus certaine, que le
champ où a été faite la découverte signalée par nous est situé au
terroir du Feu, dénomination consacrant sans nul doute le souvenir
d'un atelier de fonderie.

   « Souhaitons vivement que, dans un avenir prochain, des fouilles
méthodiques et plus complètes, nous fassent connaître la nature des
bijoux fondus jadis en ce lieu par nos précurseurs sur cette vieille
terre des Gaules. »

   (1) Mémoire sur les fouilles du Mont-Beuvray dans le tome I, nouvelle série des
Annales de la Société Éduenne. Autun, Dejussieu, 1872, p. 173.

A la séance du 2 juin 1892, dit M. Lascombe, nous signalâmes à la Société le don fait à la Bibliothèque publique du Puy, par M. le comte Henri de Chabannes, d'un volume qui a pour titre : *Preuves pour servir à l'histoire de la maison de Chabannes* et contenant diverses pièces relatives au Velay.

« Un second volume offert récemment à la même bibliothèque par le même donateur, est intitulé : *Histoire de la maison de Chabannes*. Il renferme de précieux renseignements sur cette famille illustre qui se recommande par une ancienneté de plus de huit siècles.

« Parmi les documents dignes de fixer l'attention des amis de notre histoire locale, nous remarquons dans ce deuxième volume une biographie d'Antoine de Chabannes, 79e évêque du Puy, en 1514, et comte du Velay, en 1516.

« Troisième fils de Geoffroy de Chabannes et de Charlotte de Prie, ce prélat fit prendre, le 24 septembre 1514, possession de son siège épiscopal, en son nom, par son frère Jacques II « constitué à cet effet « son procureur spécial ».

« Investi du *Pallium* en 1515, par le pape Léon X, Antoine de Chabannes, sacré seulement le 28 septembre 1516, fit son entrée au Puy le 10 novembre suivant. Impliqué quelques années plus tard dans la conspiration du connétable de Bourbon, arrêté au Puy par les ordres de François Ier, il fut transféré d'abord au château de Loches, puis à Tarare. Le roi chargea, le 6 septembre 1523, Jean Brinon, premier président du parlement de Rouen, de procéder à son interrogatoire.

« Ramené à Loches et enfermé ensuite à la Bastille, Antoine de Chabannes recouvra la liberté à la prière de Jacques II, maréchal de la Palice, son frère.

« Après la désastreuse bataille de Pavie, en 1525, François Ier, qui y avait été fait prisonnier, revint de captivité en 1526. A la suite d'une grave maladie, ce prince avait fait vœu de venir en pèlerinage à Notre-Dame du Puy. Son entrée solennelle ayant eu lieu dans cette ville, le 18 juillet 1533, il vint loger au palais épiscopal chez Antoine de Chabannes et, reconnaissant de la réception des habitants du Puy, il confirma les privilèges de la cité, du chapitre et fit de larges dons à notre cathédrale.

« Antoine de Chabannes mourut en septembre 1535. »

M. le maire de Roche-en-Régnier a signalé à M. O'Farrell, une épidémie qui sévit sur les volailles de cette localité. Bien que paraissant très bien portantes, les poules frappées soudainement succombent en quelques minutes. On a remarqué que la mortalité ne s'étendait pas sur les poules enfermées mais bien sur celles qui errent dans les rues et les environs du bourg. Plus de trois cents ont déjà péri sous les atteintes de ce mal inconnu dont les effets ne se font pas sentir dans les campagnes voisines. Plusieurs habitants ont constaté chez ces animaux la blancheur du foie, après la mort.

M. le docteur Coiffier pense qu'il serait utile de faire procéder à une expertise par un vétérinaire sur le cas signalé par M. O'Farrell et M. le Président prie ce dernier de prendre de nouveaux renseignements auprès du maire de Roche-en-Régnier, sur la nature et le caractère de cette épidémie.

L'un des secrétaires.
A. LASCOMBE.

SÉANCE DU 4 MAI 1893.

PRÉSIDENCE DE M. LE Dr MOREL.

Présents : MM. Antier, Cellerier, Dr Coiffier, Dumas, Dreyfus, Ph. Hedde, Hérisson, Lascombe, Martin, Ménand, Dr Morel, Pouille, Vallery-Michel.

Lecture est donnée du procès-verbal de la dernière séance, qui est adopté.

MM. de Tournefort et Hippolyte Malègue sont élus membres titulaires de la Société.

La candidature de M. Espenel, trésorier de la Caisse d'épargne, est présentée par MM. Lascombe et Louis Paul.

M. Lascombe donne lecture de la note suivante envoyée par M. Corcelle, professeur à Annecy, membre de la Société :

Les populations agricoles de la Haute-Loire.

« Nous trouvons dans le compte rendu des séances et travaux de l'Académie des sciences morales et politiques (Institut de France) du mois d'avril 1893, un important mémoire sur *les populations agricoles de la Haute-Loire* (p. 489-539).

« Il est dû à M. Baudrillart, économiste distingué. Il fut longtemps inspecteur général des bibliothèques publiques. Ses connaissances variées — il a été un historien, un moraliste, un philosophe — lui valurent une mission importante et délicate. L'Institut de France le chargea de faire un rapport sur l'état intellectuel, moral et matériel des populations agricoles de la France. M. Baudrillart publia des études très remarquées sur ce sujet. Il est mort avant d'avoir achevé son œuvre. Ses héritiers ont publié ses dernières pages consacrées à l'Ardèche et à la Haute-Loire.

« L'étude consacrée à la Haute-Loire se compose d'une introduction assez courte avec ce titre : Aspect général. Coup d'œil sur le passé. L'industrie de la dentelle. On n'y trouve aucun fait nouveau. Les chapitres suivants sont plus intéressants. Ils renferment des statistiques curieuses et des observations souvent justes et profondes sur l'état intellectuel et moral des habitants de la Haute-Loire.

« M. Baudrillart étudie ensuite « la fertilité, les productions, la « valeur et le revenu des terres » il constate une diminution d'un quart dans la valeur et le revenu des terres depuis 1885. Le quatrième chapitre ayant pour titre : « Propriété et exploitation. Propriétaires. Fermiers. Métayers » est plein d'intérêt.

« Il y est constaté que la Haute-Loire est, dans toute la force du terme, un pays de petite propriété. Déjà en 1866, les petits propriétaires y formaient les sept dixièmes de la population agricole. Ce morcellement du sol a sans doute ses inconvénients ; mais ses avantages sont indéniables : le plus frappant est l'accroissement de la production agricole. Il développe le patriotisme local et arrête l'émigration.

« Le chapitre V :« Ouvriers ruraux. Salaire. Nourriture. Habitation ; vêtements. Indigence et Assistance » renferme un curieux essai de budget des dépenses et recettes d'une famille rurale ordinaire. L'économie est encore une des grandes vertus des paysans ; elle leur permet de vivre et d'augmenter, au prix de terribles privations, leur petit domaine. Ils ont de grands progrès à faire au point de vue de l'hygiène et feraient bien de méditer à ce sujet les conseils qui leur sont donnés par les hommes de l'art.

« Enfin, le mouvement de la population, les mariages, les naissances et l'émigration donnent lieu à quelques observations bonnes à retenir. La population totale de la Haute-Loire diminue depuis quelques années. De 1801 à 1881, elle s'était accrue de 94,000 habitants ; de 1881 à 1886, elle en gagnait encore 3,500, ce qui donnait une population spécifique de 63 habitants par kilomètre carré ; elle les a reperdus depuis 1886. La diminution porte principalement sur l'arrondissement de Brioude.

« Cette dépopulation, dit M. Baudrillart, est due presque exclusivement à la restriction volontaire du nombre des naissances. Le mal s'est déclaré d'abord dans la classe agricole aisée de la région auvergnate, et c'est là qu'il atteint son maximum d'intensité : la plupart des familles se limitent à un enfant, deux au plus. « Nous ne sommes « pas assez riches pour en élever davantage « ou « Ce n'est pas la « peine de créer des malheureux. » On pourrait citer beaucoup d'exemples saisissants de cette limitation systématique. Le fléau sévit beaucoup moins sur le Velay ; les cantons montagneux du Puy et d'Yssingeaux voient encore des familles de huit et dix enfants ; mais les cantons de la plaine et surtout les bourgs industriels sont envahis par le mal ; les ménages qui ont trois enfants forment l'exception dans beaucoup de communes. En 1891, il y a eu cinq cents naissances de moins qu'en 1890. Cette question de la dépopulation est d'une actualité inquiétante. Elle constitue pour la France, entourée de nations prolifiques, un danger permanent. Pour la Haute-Loire cette diminution d'effectif n'est jamais compensée par une immigration correspondante. Mais, par contre, si la Haute-Loire attire peu le colon étranger, elle retient ses enfants par des liens singulièrement forts. « Beaucoup « d'habitants de la Haute-Loire préfèrent la pauvreté chez eux à l'ai- « sance loin du foyer ; ils sont profondément attachés au sol natal. « Puissent-ils rester aussi fidèles aux traditions morales qui ont fait « jusqu'à présent leur force et leur honneur. »

« Telle est dans ses grandes ligne l'étude consacrée par M. Henri Baudrillart aux populations agricoles de la Haute-Loire. Elle méritait d'être citée en raison de sa valeur propre et aussi du grand renom de la compagnie savante qui en a suscité la rédaction. »

Cette communication donne lieu à un échange d'observations, d'où il ressort que l'instruction obligatoire intervient comme une des causes du fléau signalé, en ce sens que, bien qu'élevant le niveau intellectuel dans nos campagnes, elle enlève au cultivateur le secours de ses enfants jusqu'à l'âge de treize ans.

M. Hérisson, parlant du nouveau champ d'expériences de la Société, s'exprime en ces termes :

« Messieurs, vous savez que la municipalité du Puy a repris le terrain qu'un vote du conseil municipal de février 1887 avait concédé à la Société pour y faire des expériences agricoles. En m'annonçant cette nouvelle, M. le maire du Puy voulait bien m'offrir un autre emplacement situé derrière le Stand ; mais, après examen de la situation, j'ai été forcé de reconnaître que le terrain indiqué ne convenait pas à cet usage. Je me suis alors adressé aux particuliers et j'ai trouvé ce qu'il faut dans une propriété de M. Sahy, négociant au Puy, au terroir de Ronzon ; c'est là que j'ai établi le nouveau champ d'expériences. Le terrain est basaltique et parfaitement plat. Cette année les expériences portent sur plusieurs variétés de pommes de terre et sur l'action des phosphates, sous différentes formes ; sur la végétation de la lentille.

« La suppression du champ d'expériences du Fer-à-Cheval entraînera peut-être celle de la station météorologique. Cette station a été fondée par la *Société agricole et scientifique* et par la *Commission météorologique départementale*. D'après les conventions passées entre ces deux sociétés, le kiosque appartient à la Société et les instruments à la Commission météorologique. Vous avez donc qualité pour vous occuper de cette question. M. l'architecte de la ville poursuit la destruction de cette station et, pour se former la main sans doute, il a fait jeter bas le pluviomètre. La pierre qui soutenait l'appareil a été en partie brisée. J'ai cru prudent alors de faire enlever du kiosque les instruments de prix, notamment un thermomètre enregistreur et le baromètre, en sorte que, depuis deux mois, il n'y a plus qu'un thermométrographe de Bellani à la station. Depuis le renversement du pluviomètre, M. l'architecte m'a fait demander et a fait demander au président de la Commission de météorologie, de lui vendre le kiosque pour y installer une famille de singes. Vous trouverez sans doute que la question simienne est moins intéressante que la question météorologique et vous rejeterez sans examen la proposition étrange de M. l'architecte de la ville. .

« Pour conclure, j'ai l'honneur de vous prier de décider que, de concert avec la Commission météorologique, des démarches auprès de M. le maire du Puy soient faites à l'effet d'obtenir le maintien de la station météorologique du Fer-à-Cheval et de demander en outre que cette station soit placée dans l'endroit qui sera désigné par la Commission météorologique. Il est indispensable, en effet, que les instruments soient placés dans des conditions déterminées pour que les indications qu'ils fournissent soient exactes et concluantes. »

La Société, s'associant à ces conclusions, émet le vœu qu'un lieu propice soit consacré au kiosque météorologique.

M. Cellerier fait une communication sur la vitesse des trains.

Sur la proposition de M. le docteur Coiffier, l'assemblée émet le vœu qu'il soit établi, pendant la saison des vacances, des trains de plaisir hebdomadaires entre Royat, Clermont et le Puy.

M. Hérisson lit, au nom de M. Dreyfus, par suite du départ de ce membre, une note relative à l'examen qui a été fait des déchets de la fabrique de savon de Bonneville, au point de vue agricole.

La composition moyenne des produits similaires qui s'en rappro-

chent le plus donne, sur 100 kil., 32 k. 25 de chaux, 0 k. 60 de potasse
et 0 k. 67 d'acide phosphorique.

Ces résidus pourraient convenir à des terrains granitiques comme
engrais calcaire ; la richesse en acide phosphorique et en potasse
est à peu près négligeable ; or la valeur de ces produits étant de
0 fr. 10 c. pour l'acide phosphorique et de 0 fr. 30 c. pour la potasse,
par 100 kil., les frais de transport seraient supérieurs à la valeur du
produit.

Quant aux terrains voisins du Puy qui renferment pour la plupart
une quantité plus que suffisante de calcaire, l'emploi de ce produit ne
saurait être recommandé, par une Société d'agriculture. ·

M. le docteur Morel donne communication d'un extrait des *Annales
de la Société d'agriculture de la Loire* (4e livr. 1892) relatif à la
greffe des boutons à fruits des pêchers, opération qui se pratique
rarement et qui cependant donne des résultats très beaux, puisque,
sans perdre le fruit de l'année, elle permet d'obtenir les nouveaux
fruits dès la première année de la greffe.

L'un des secrétaires,
Ph. HEDDE.

SÉANCE DU 1er JUIN 1893.

PRÉSIDENCE DE M. LE Dr MOREL.

Présents : MM. Blanc-Marthory, Berbigier, Cellerier, Chaudier,
Dr Coiffler, Dreyfus, Enjolras, Farigoule, Ed. Gueyffier, Habriat,
Hérisson, Ph. Hedde, Jacotin, Martin, instituteur, Mauras (Auguste),
Ménand, Malègue, Dr Morel, Riboud, de Tournefort, Vallery-Michel.

M. Lascombe, indisposé, s'est excusé par lettre, de ne pouvoir ·
assister à la séance.

Lecture est donnée du procès-verbal de la dernière séance : plusieurs membres réclament des rectifications matérielles à opérer sur le procès-verbal : une discussion s'engage à ce sujet.

M. Jacotin demande la parole pour protester contre une opinion insérée au procès-verbal. Des explications sont données à ce sujet par M. le Président et par M. le secrétaire. L'incident est enfin clos par le vote de l'ordre du jour suivant :

« L'assemblée, considérant que le .procès-verbal de la séance du 4 mai dernier contient une allégation contraire aux sentiments politiques de notre association ; qu'en disant que l'instruction obligatoire était une cause de dépopulation des campagnes de notre département, on a prêté à la Société agricole et scientifique de la Haute-Loire une opinion contre laquelle s'élèvent ses origines et ses traditions républicaines ; ouï les explications échangées entre les membres présents, proteste contre les appréciations insérées dans le susdit procès-verbal et passe à l'ordre du jour.

« Décide, en outre, que les procès-verbaux seront, avant d'être livrés à la presse, soumis à l'examen de M. le Président. »

M. Espenel, trésorier de la caisse d'épargne, est élu membre titulaire de la Société.

La candidature de M. Peyroche, conseiller général, maire de Craponne, est présentée par MM. Chaudier et Berbigier. Il sera statué sur cette admission à la prochaine séance, ainsi que sur celle de M. Boyer, pharmacien, présentée par MM. Hérisson et Morel.

M. le Président procède au dépouillement de la correspondance :

Une circulaire du ministère de l'agriculture, proposant l'envoi d'un délégué au Concours régional de 1893.

Une circulaire de l'Union centrale des arts décoratifs.

Une lettre de M. L. Callier, annonçant sa démission de membre de la Société, pour cause de départ.

Une lettre de M. le maire de Langeac annonçant le concours d'animaux reproducteurs, qui doit avoir lieu le 5 octobre prochain et demandant l'appui et une subvention de notre Société.

L'assemblée, consultée, déclare adhérer à cette demande et vote une médaille d'argent et deux médailles de bronze.

M. le Président propose de fixer les conditions et la date du prochain concours départemental et de la race bovine du Mezenc.

Il est décidé que ce concours aura lieu dans le courant de septembre et que la date en sera ultérieurement fixée.

M. Gueyffier présente un dessin de la ville du Puy fait par M. Hugo d'Alési, artiste chargé de dresser les affiches de publicité ; cet artiste se chargerait également des couvertures du *Guide* publié par les soins de la Société ; ce travail demanderait un mois.

M. Hedde chargé par la commission de l'exécution matérielle de ce *Guide*, explique que ce délai serait trop long, attendu que le *Guide* est déjà à l'imprimerie et que tout a été commandé de façon à ce que les premiers exemplaires au moins puissent être mis en circulation au commencement de juillet, époque des fêtes données en notre ville, pour y fêter l'arrivée de notre compatriote, M. Dupuy, député de la Haute-Loire, ministre de l'Intérieur, président du Conseil.

D'après une note de M. Chaudier, sur l'état des récoltes, les foins et fourrages sont hors de prix par suite de la sécheresse et des gelées du mois de mai. Les céréales ont bonne apparence à la suite des pluies de la fin mai. Les pommes de terre, betteraves et carottes lèvent régulièrement. La vigne a souffert surtout dans les endroits bas; un quart de sa récolte est perdu.

A la Ferme-École, on a réussi à accélérer la poussée de l'herbe, très retardée par la sécheresse, au moyen d'engrais chimiques.

Engrais employé, formule C du *Bulletin des agriculteurs de la Haute-Loire*, contenant p. 100 :

Sulfate d'ammoniaque, 20 kilog.; superphosphate de chaux, 40 kilog.; plâtre, 40 kilog.

Cet engrais coûte 13 fr. 85 les 100 kilog. On a dépensé par hectare 500 kilog. soit 69 fr. 25, somme qui se trouverait payée par une augmentation de 700 kilog. de foin.

D'autres essais similaires se poursuivent actuellement, en variant les engrais.

Jusqu'à présent les effets constatés sont très heureux : les résultats en seront soumis à la Société.

Les engrais chimiques ont aussi produit de très bons effets sur les céréales.

Les expériences faites par M. Chaudier lui ont prouvé qu'un des meilleurs moyens à opposer à la sécheresse est de donner de profonds labours aux terres cultivées, lorsqu'elles sont libres; ces labours profonds ont aussi l'avantage de sauver les plantes de l'humidité dans les années pluvieuses.

L'un des secrétaires,
Ph. HEDDE.

SÉANCE DU 6 JUILLET 1893.

PRÉSIDENCE DE M. LE Dr MOREL.

Présents : MM. le d^r Abrial, Aulanier, Chaudier, Antier, Espenel, Gazanion (Édouard), Gueyffier (Louis), Habriat, Hedde, Hérisson, Lascombe, Malègue, Martin, instituteur, d^r Morel, Rogues-Vallery, Vallery-Michel.

Le procès-verbal de la dernière séance est lu et adopté.

En déposant sur le bureau le premier exemplaire du *Guide : Le Puy et ses environs*, M. Hedde s'exprime en ces termes :

«La publication de ce *Guide,* due à l'initiative de M. le d^r Morel, a été faite par les soins de la commission nommée à cet effet au mois de décembre dernier. Cette commission eut d'abord à s'enquérir de divers côtés de façon à ne pas s'écarter des limites qui lui étaient fixées et à déterminer toutes les conditions de cette publication. Le but qu'elle se proposa fut la confection d'un *guide* très portatif destiné à attirer les étrangers dans notre pays. Ce n'était donc pas une œuvre savante qu'elle voulait accomplir, mais un simple indicateur de notre région, en profitant des matériaux amassés par nos devanciers et des travaux des divers membres de notre Société. Il a été fait appel, à cet effet, aux ouvrages de MM. Mandet, Arnaud, Malègue, etc. M. Gire a dressé une carte très claire et très exacte qui n'est pas un des moindres attraits de notre petit *Guide* illustré.

« L'opportunité de cette publication a été rendue évidente par la coïncidence des mesures de publicité que la municipalité du Puy avait entreprises, mesures auxquelles notre Société s'associa en se chargeant d'y faire face par ses propres ressources et assez rapidement pour que les premiers exemplaires puissent paraître à l'occasion des fêtes organisées par la ville du Puy en l'honneur de la visite des ministres. Le temps était court : cependant, grâce au concours actif et obligeant de MM. Marchessou, nous avons pu y parvenir. Le tirage de la carte insérée dans le *Guide* s'étant effectué sans augmentation sensible de prix avec un supplément, nous pensons qu'il y aurait lieu de la faire figurer dans le prochain volume des Annales. Dans cette publication, nous avons eu également à utiliser les excellentes cartes cantonales de notre département dont M. le Préfet de la Haute-Loire a bien voulu attribuer un exemplaire pour les travaux de notre Société. »

M. le Président informe la Société du don qui lui a été fait, par les héritiers de M. Coumes, des manuscrits de cet Ingénieur en chef des ponts et chaussées, concernant la météorologie locale. Il est heureux de transmettre ces documents à la bibliothèque de notre compagnie et appelle sur eux l'attention des membres qui voudraient s'occuper de cette question.

La correspondance comprend :

1° Une lettre de M. le Ministre de l'Instruction publique, à l'occasion du 32e congrès des Sociétés savantes, qui s'ouvrira le 27 mars 1894 ;

2° Une lettre du général Tricoche, président de la Société de topographie de France, invitant la Société à souscrire au monument qu'on se propose d'élever à la mémoire de Cassini de Thury, auteur de la première grande carte topographique de France ;

3° Une lettre de M. le Préfet de la Haute-Loire, demandant, au nom de M. le ministre de l'agriculture, une enquête sur les points suivants :

Quelles sont les existences du département en denrées propres à la nourriture des animaux (fourrages, graines, sons, etc.) ?

Quelles sont les ressources que pourrait fournir le département de la Haute-Loire au profit des départements dans lesquels il y a insuffisance ?

Quels sont les prix de vente de ces diverses denrées ?

4° Une circulaire de l'Union centrale des arts décoratifs contenant un rapport sur trois concours à ouvrir entre les artistes et les industriels ;

5° Une lettre de M. le maire de Saugues sollicitant l'appui de la Société en faveur du concours d'animaux reproducteurs, qui doit se tenir dans cette ville le 11 août prochain.

La Société vote, à cet effet, trois médailles, dont une d'argent et deux de bronze ;

6° Une lettre de notre confrère, M. Gire, demandant à représenter la Société à l'exposition internationale d'hygiène ouverte au Havre, à partir du 12 août prochain.

La Société s'associe à la demande de M. Gire et vote une somme de cent francs pour les frais de cette exposition ;

7° Une circulaire de la Société géologique de France portant qu'une réunion extraordinaire de ses membres aura lieu cette année au

Puy, le jeudi 14 septembre prochain, et que les excursions se termi-
neront le dimanche 24 du même mois ;

8° Une lettre du ministre de l'agriculture nous annonçant les subventions suivantes :

2,500 fr. pour la tenue du concours départemental.

2,000 fr. pour le concours de la race bovine du Mezenc.

1,000 fr. pour l'achat et la vente d'animaux reproducteurs.

M. Lascombe lit, au nom de M. Henry Mosnier, la note biographique suivante sur Julien Dupuy, ancien gouverneur de l'Inde, né à
Brioude :

« Le nom de ce personnage, bien ignoré de la génération actuelle
de nos compatriotes, mérite pourtant, on va le voir, de figurer sur la
liste des illustrations de la Haute-Loire.

« Dupuy André-Julien naquit à Brioude le 13 avril 1753. Il appartenait à une vieille famille qui, pendant plus d'un siècle et demi, avait
exercé le notariat dans cette ville. Après avoir terminé avec succès,
à Paris, ses études commencées à Clermont-Ferrand, il entra dans
la magistrature.

Les souvenirs laissés par son père comme trésorier de France, à
Riom, joints à son mérite personnel, contribuèrent à le faire nommer,
en 1775, conseiller au Châtelet et siège présidial de Paris, où il ne
tarda pas à se concilier l'estime particulière de ses collègues, tant
par sa haute capacité que par la droiture de son caractère.

« Il remplissait depuis quinze ans ces fonctions lorsque, sur la
demande du gouvernement qui avait besoin d'un homme habile et
probe pour administrer les îles de France et de Bourbon, le président
du Châtelet l'ayant désigné, quoique l'un des plus jeunes de ce corps,
Dupuy fut, au début de 1789, nommé intendant de justice, police et
finances, de la guerre et de la marine dans ces possessions lointaines,
avec les pouvoirs les plus étendus.

« Les devoirs d'un bon administrateur, » a dit un biographe de notre
compatriote (1), « ne sont pas de ceux auxquels suffisent des qualités
« ordinaires. Le gouverneur et l'intendant exercent à quelques mille
« lieues de la métropole un pouvoir absolu et peuvent être de mauvais
« magistrats, longtemps avant que l'autorité supérieure, instruite de
« leur mauvaise conduite, les révoque et les remplace.

« Leur mission, en ce qui concerne la colonie, est de réprimer les
« excès, tempérer par une infatigable attention les rigueurs de l'escla-
« vage, faire entendre la voix de l'humanité. Ils doivent s'opposer au

(1) H. de Pange : *Notice sur la vie du comte Dupuy* lue à la Chambre des pairs, le
24 février 1832.

« commerce interlope, éloigner ou contenir les étrangers, forcer les
« colons, si enclins à s'endetter de payer leurs dettes aux négociants
« français ; ils ont à veiller à ce que tout le revenu public soit employé
« aux améliorations du pays confié à leurs soins. Il leur faut sans ména-
« gement refuser toutes les faveurs et préférences sans cesse sollici-
« tées par leur entourage en osant quelquefois se montrer mena-
« çants, se garder enfin des dénonciations sans cesse envoyées de la
« colonie au gouvernement de la métropole par les mécontents que
« suscite toujours même la plus juste administration. »

« Ces préceptes furent si bien pratiqués par Dupuy qu'il triompha
de tous les obstacles extraordinaires de cette époque.

« Son inflexible droiture réduisit les mécontents au silence ; par
son administration paternelle, il devint l'objet de l'affection générale.
Quand la guerre eut interrompu les relations avec la métropole, il
eut à réprimer des mouvements dans lesquels sa vie fut plus d'une
fois en danger, et la France dut à son courage comme à sa présence
d'esprit, la conservation de cette importante colonie.

« Cependant l'altération de sa santé l'ayant obligé à résigner ses
fonctions, Dupuy revint en France au mois de décembre 1789. Le
gouvernement qui savait apprécier ses services l'attacha d'abord au
Comité de la marine puis en fit l'un des chefs d'administration des
grands ports.

« En octobre 1801, le premier consul lui confia les fonctions de la
légation française au congrès d'Amiens.

« En 1814, il entra à la Chambre des pairs ; en 1816 il fut nommé
gouverneur civil de nos établissements dans l'Inde. Quoique arrivé à
l'âge du repos, il accepta cette mission de confiance et, à Pondichéry
aussi bien qu'à l'Ile Bourbon et au congrès d'Amiens, il justifia pleinement la confiance mise en lui.

« On lui a reproché trop de concessions aux Anglais, dans l'Inde ;
mais il faut tenir compte des circonstances où il était placé et de la
gêne que lui imposaient les traités. Il pensait, comme il l'a dit dans un
intéressant rapport adressé par lui au ministre de la marine : « qu'on
« ne saurait trop imiter le pilote prudent qui, au milieu de l'orage, n'a
« pas la folie de vouloir résister diamétralement aux vagues agitées,
« mais qui compose en quelque sorte avec elles et règle sa marche
« de manière à garder l'équilibre et à s'éloigner de sa route le moins
« possible. »

« Ses administrés surent au reste lui rendre justice. En 1823, une
grave maladie mit ses jours en danger ; la joie causée par son rétablissement fut si grande qu'à la demande générale des habitants de
Pondichéry, un *Te Deum* fut chanté en action de grâces. La ville fut

illuminée, les Indiens et les mahométans prirent part à cette fête, et célébrèrent.aussi à son occasion des services religieux dans leurs temples et leurs mosquées. Peu après, la nouvelle de son départ mit la colonie en deuil. Une adresse lui fut présentée, dans laquelle les habitants de Pondichéry lui exprimaient, dans les termes les plus touchants, leurs regrets et leur reconnaissance.

« Cette adresse se terminait ainsi : « Le gouvernement de Votre « Excellence a été une ère de bonheur pour les habitants de cette « colonie, et la douleur peinte sur tous les visages, depuis l'annonce « de votre départ, en a été la preuve non équivoque. »

« Lorsqu'il mit à la voile, la mer était couverte de bâtiments qui l'escortèrent aussi loin que cela fut possible.

« Pour faire apprécier son désintéressement, il suffira de dire que, pendant les six dernières années de son administration à l'Ile de France, il abandonna au trésor de la colonie le tiers de ses appointements.

« Dupuy mourut à Paris le 7 janvier 1832. Il avait été créé comte et commandeur de la Légion d'honneur.

« Il ne laissait que deux filles dont la descendance habite actuelle-la Nièvre.

« Particularité notable : son neveu, M. Dupuy, ancien colonel de cavalerie, vint, après la révolution de 1830, administrer le département de la Haute-Loire en qualité de préfet. »

Une note sur *l'Abandon du château de Polignac* est également communiquée à la Société par M. Lascombe, au nom de M. Corcelle. Elle est ainsi conçue :

« Lorsqu'on parcourt les ruines du grand château de Polignac, on se demande toujours quelle catastrophe terrible a jeté par terre ses murs épais et noirs, éventré ses tours rondes, donné à ses ruines leur aspect lamentable et désolé. Avec un peu d'imagination, on trouve une histoire terrifiante pour expliquer cette dévastation effroyable, cet anéantissement de la grande maison forte. Il semble qu'on voit l'incendie tordre les boiseries, faire sauter les toitures et fondre les ferrures des lourdes portes.

« Il est cependant inutile de recourir à des événements extraordinaires pour rendre compte de ce triste bouleversement. Le temps est le grand coupable, avec la solitude et l'abandon des hommes, comme nous allons le montrer.

« Le château de Polignac a joué dans l'histoire locale un très grand rôle au moyen âge. Il était pour l'époque une forteresse redoutable, presque imprenable. Mais son importance diminua singulièrement lorsque le pouvoir des rois devint plus solide, lorsque l'indépendance provinciale ne fut plus tolérée. L'épaisseur de ses murailles et l'escarpement de ses remparts ne comptaient plus devant l'artillerie. Les seigneurs de Polignac durent se résigner à être des sujets soumis et dociles, sous peine d'un dur châtiment. L'ancienne résidence perdit alors de son charme ; elle rappelait à ses possesseurs la domination ancienne, les traditions glorieuses. En outre, détail qui avait son importance, ces vastes constructions militaires sans emploi, étaient coûteuses à entretenir, et désagréables à habiter. Les Polignac se décidèrent à abandonner le vieux château ; ils fixèrent leur résidence en un lieu plus riant, à l'entrée de la riche plaine de l'Emblavès, à La Voûte-sur-Loire.

« Le château de la Voûte n'a pas l'étendue de celui de Polignac. Il n'a point la même importance stratégique ; mais lorsque ses tours étaient intactes, il devait encore avoir grand air sur son rocher abrupt autour duquel gronde la Loire. A côté s'étendaient de riches territoires de chasse où le gibier foisonnait, ce qui devait plaire particulièrement aux Polignac, habitués à la guerre, aux courses aventureuses, aux exercices violents.

« La date précise de ce changement de résidence, n'est pas facile à déterminer, si l'on veut indiquer le jour et le mois. Cependant une étude attentive des *Mémoires* d'Antoine Jacmon, bourgeois du Puy, nous fournit sur ce sujet délicat, des éléments précieux. Elle nous permet de fixer la date de 1640 pour l'abandon du château de Polignac.

« Deux mentions relevées dans ces *Mémoires*, nous serviront de « preuve certaine. Nous les ouvrons à la page 155 de l'édition Chas- « saing : La ville du Puy avait alors pour gouverneur le vicomte de « Polignac. Elle était très malheureuse, étant obligée de nourrir deux « régiments de soudards qui pillaient les maisons, volaient les jardi- « niers et battaient les consuls. Elle était menacée de nourrir et loger « un troisième régiment, celui de monsieur le duc d'Anguyn, le fils « à monsieur le prince de Condé. On redoutait la guerre dans la rue : « ce régiment nouveau, étant en désaccord avec les deux autres. Le « vicomte accourut pour sauver sa bonne ville et prévenir l'effusion « du sang, 12 mai 1640. « Le dit jour monsieur le vicomte s'en « retourna à la Voulte. » C'est la première mention faite par Jacmon du changement de domicile des Polignac. Avant cette date il indique toujours comme séjour du vicomte le château ancestral.

« J'arrive au deuxième texte qui est à une date rapprochée du « premier, édition Chassaing, page 168. « Ce lundi, 19 novembre 1640, « le seigneur vicomte de Poleniac avec monsieur le marquis de « Challancon et monsieur de Beaumont, ses fils, sont arrivés en cette

« ville (Le Puy) pour y habiter, et jouir des domaines qu'il a achetés du
« roi, et le pariatur aussi d'avec monseigneur du Puy, et pour tâcher
« d'avoir la prééminence, pour lequel sujet, le dit seigneur vicomte et
« monseigneur du Puy sont entrés en procès et en sont allés plaider à
« Paris... et s'en sont retournés à la Voulte en juillet 1641, sachant la
« venue de monseigneur du Puy. » Il est encore question une fois, en
1648, du château de la Voûte, de Laval-Amblavès, comme étant la
demeure habituelle du vicomte.

« A ce changement de domicile correspond pour les Polignac un
changement dans leurs entrées en la ville du Puy. Les seigneurs de
Polignac passaient toujours par la Porte Royale ou Porte Pannessac,
dont les nombreux canons « toussaient » en leur honneur. Désormais,
venant par la route de Brives, ils font leur entrée par la Porte Saint-
Gilles. Un exemple significatif entre plusieurs : « Le 21 octobre 1640,
« la marquise de Chalencon, la femme à monseigneur le marquis de
« Chalencon, fils aîné à monsieur Gaspard Armand, vicomte de Polle-
« niac, chevalier du Saint-Esprit, gouverneur du Puy et pays du Velay,
« a fait son entrée en carosse par la porte Saint-Gilles. On a tiré le
« canon de la dite ville. Messieurs les consuls la sont allés féliciter et
« lui ont fait présent d'une croix d'or, garnie de diamants, estimée
« quatre mille livres. » Ce dernier trait, soit dit en passant, nous montre que l'orfèvrerie locale était une industrie florissante et délicate.

« Ainsi, et c'est la conclusion de cette note, l'abandon de Polignac
peut être fixé à 1640. Dès lors la grande maison féodale s'affaissa
lentement et, une à une, tombèrent les pierres de ses hautes murailles. »

L'ordre du jour appelle la question d'organisation du concours
départemental et de la race bovine du Mezenc. La Société fixe la date
de ce concours au samedi 23 septembre 1893.

M. Chaudier fait une communication sur une application d'engrais
chimiques à des prairies stérilisées par la sècheresse.

En voici le résumé :

A la Ferme-École de Nolhac, comme partout, le printemps a été
très sec, cette année et, au 15 mai, l'herbe des prairies n'atteignait
pas cinq centimètres de hauteur. Inquiet de cette situation, M. Chaudier a eu recours aux engrais chimiques pour activer la végétation,
si faire se pouvait, et a obtenu les résultats suivants :

Avec un engrais chimique composé de : sulfate d'ammoniaque,
20 k. ; superphosphate de chaux, 40 k ; plâtre, 40 k. ; c'est-à-dire
selon la formule C du Syndicat des agriculteurs de la Haute-Loire, il
a obtenu un rendement de 7,000 kilogrammes de foin sec à l'hectare.
Sans engrais chimiques, la même prairie n'a donné que 3,500 k.

La dose d'engrais chimiques était de 500 k. par hectare, coûtant 13 fr. 85 les 100 k., soit 69 fr. 25. Ainsi 69 fr. 25 d'engrais chimiques ont donné un surcroît de produit de 3,500 k. ou 70 quintaux de foin, ce qui met le prix de revient de ce foin à un franc le quintal.

L'opération ci-dessus portait sur 5 ou 6 hectares et, comme on le voit, elle a fort bien réussi.

Dans une deuxième série d'expériences, M. Chaudier a comparé entre eux divers engrais. Voici les résultats obtenus :

Lot de 1 are de superficie. Produit rapporté à l'hectare :

N° 1 = 1 k. sulfate d'ammoniaque, 1 k. nitrate de soude, 3 k. superphosphate de chaux. Produit 6,250 k.

N° 2 = 3 k. sulfate d'ammoniaque. Produit 7,600 k.

N° 3 = 3 k. nitrate de soude. Produit 6,700 k.

N° 4 = 9 k. superphosphate de chaux. Produit 4,500 k.

N° 5 = 30 k. plâtre phosphaté. Produit 3,900 k.

N° 6 = 20 k. fumier de ferme. Produit 4,180 k.

N° 7 = Pas de fumure. Produit 3,750 k.

Ces chiffres prouvent combien les engrais chimiques peuvent rendre de services dans la fumure des prairies, principalement dans les années peu humides. Leur grande solubilité les rend, dans ces circonstances, supérieurs au fumier de ferme. C'est du moins la conclusion à tirer des expériences de la Ferme-École relatées ci-dessus.

La Société nomme membres titulaires : MM. Boyer, pharmacien au Puy et Peyroche, maire et conseiller général de Craponne.

L'un des secrétaires,
A. LASCOMBE.

SÉANCE DU 3 AOUT 1893.

PRÉSIDENCE DE M. LE Dr MOREL.

Présents : MM. le d^r Coiffier, Cellerier, Chaudier, Dreyfus, Gratuze, Hérisson, Ph. Hedde, Habriat, Lascombe, G.-L. Martin, Martin, instituteur, d^r Morel, Menand, Vallery-Michel.

Au début de la séance, en l'absence du Président, M. le d^r Coiffier, vice-président, fait part à l'assemblée des distinctions décernées à divers membres de notre Société à l'occasion de la visite de M. le Ministre de l'Instruction publique et des Beaux-Arts ; il est heureux d'adresser, au nom de la Société, ses félicitations à ces membres qui sont :

M. Rumillet-Charretier, nommé chevalier de la Légion d'honneur ;

MM. Lascombe et Dreyfus, nommés officiers d'Académie ;

MM. Hérisson et Chaudier, nommés officiers du Mérite agricole ;

M. Éd. Gazanion, nommé chevalier du Mérite agricole.

M. Cellerier donne lecture du procès-verbal de la dernière séance qui est adopté.

A l'occasion de cette lecture, M. Cellerier signale une erreur à rectifier dans la prochaine édition du *Guide* du Puy et ses environs. La route de Vorey à Solignac est indiquée en noir au lieu de l'être en rouge, ce qui semble indiquer dans cette direction une voie ferrée qui n'existe pas.

M. Gratuze demande que l'on insiste davantage dans la prochaine édition, sur la beauté du panorama que l'on a du sommet de Ronzade ; il estime que la municipalité devrait faire établir, sur le terrain qui lui appartient, auprès du réservoir supérieur des eaux, des bancs et même un abri pour les promeneurs. L'assemblée s'associe à ce désir.

M. le d^r Coiffier, rappelant que notre Société s'est réservée le droit d'attribuer des médailles à ceux de ses membres qui se sont distingués dans le cours de l'année, estime que la Société devrait attribuer une de ces récompenses à notre collègue, M. Charles Dupuy, en raison surtout du récent accroissement de notre domaine colonial, auquel il a contribué dans ses hautes fonctions de Président du Conseil des ministres.

S'associant à cette proposition, l'assemblée décide qu'une médaille d'or sera décernée à notre collègue et compatriote, M. Charles Dupuy, Président du Conseil des ministres.

M. le Président rend compte des dispositions qui ont été prises pour le concours agricole départemental et de la race bovine du Mezenc qui aura lieu au Puy le 23 septembre 1893, au Foiral.

M. Hérisson donne divers renseignements sur les propriétés que la commission doit visiter à l'occasion de ce concours. Il y aura lieu d'opérer une rectification, dans l'ordre des cantons soumis à cette visite, lors du concours suivant.

L'assemblée confirme l'autorisation qu'elle a donnée à la commission, concernant l'achat des animaux reproducteurs et leur vente au moment du concours.

Au sujet de la vente du *Guide*, l'Assemblée autorise M. le trésorier à établir des dépôts d'exemplaires chez quelques dépositaires à son choix, à en délivrer à prix réduit aux membres de la Société désireux d'en placer en dehors du Puy, et à en envoyer quelques exemplaires à titre gratuit aux hôtels ou aux casinos des villes d'eaux.

M. G. Martin donne lecture d'une notice sur la corporation des chapeliers du Puy au xvie siècle. Il doit ces documents à l'obligeance de la famille Lobeyrac qui a bien voulu mettre ses archives à sa disposition.

M. Hedde présente un rapport d'ensemble sur les cahiers laissés par M. Coumes, ingénieur en chef des ponts et chaussées, relatifs à la météorologie du Puy, pendant les années 1874, 1875, 1876 et 1877, ainsi qu'un diagramme résumant ces diverses observations. Ce plan donne pour ces quatre années et pour chaque saison la moyenne barométrique, la fréquence de chaque vent et les quantités de pluie ou de neige. Le tableau montre que la pluie est surtout abondante au printemps et en été, conditions favorables à l'agriculture ; le climat se rapproche du climat Rhodanien de Reclus ; mais le nombre des jours de pluie, qui est de 91 par an, est inférieur à celui des diverses zones françaises. La direction moyenne de la résultante des vents est le N 75° E qui se rapproche de celle du climat Vosgien.

Un certain nombre de documents relatifs au même travail ont été envoyés par M. Coumes à M. Nicolas, alors directeur de la Ferme-École de Nolhac ; il y aurait intérêt à réunir ces divers documents.

M. Chaudier, actuellement directeur de cette Ferme-École, déclare n'avoir aucune de ces pièces en sa possession ; mais il pense qu'elles pourraient peut-être se trouver encore entre les mains de M. Bertrand-Nicolas, avoué à Brioude.

La candidature de M. Boyer, professeur spécial d'agriculture à l'école primaire supérieure de Craponne, est présentée par MM. Dreyfus et Hérisson.

L'un des secrétaires,
Ph. HEDDE.

SÉANCE DU 9 NOVEMBRE 1893.

PRÉSIDENCE DE M. LE Dʳ MOREL.

Présents : MM. Boyer (André), Cellerier, Chaduc, dʳ Coiffier, Dreyfus, Gueyffier (Edmond), Hedde, Lascombe, Martin, instituteur à Brives, Ménand, dʳ Morel, et Vallery-Michel.

M. Hedde donne lecture du procès-verbal de la dernière séance, qui est adopté.

La correspondance comprend :

1º Une circulaire du ministère de l'Instruction publique et des beaux-arts annonçant que la 18ᵐᵉ session des sociétés des Beaux-Arts des départements s'ouvrira, en 1894, rue Bonaparte, nº 14, en même temps que la réunion des Sociétés savantes, c'est-à-dire le mardi 27 mars ;

2º Une lettre de M. le maire de Langeac remerciant la Société des médailles envoyées par elle au concours agricole tenu dans cette ville, le 5 octobre dernier.

M. Lascombe lit la note suivante :

« Vous n'ignorez pas, messieurs, qu'au mois d'août dernier, la ville du Havre a organisé une exposition internationale d'hygiène. Cette exposition comprenait huit classes, savoir :

« 1º Plans, modèles matériel intéressant la bonification du sol et l'assainissement des villes ;

« 2º Plans, appareils, matériel pour le service de l'hygiène des villes ;

« 3º Plans, matériaux, modèles de constructions hygiéniques ;

« 4º Appareils et matériel pour le service hygiénique dans l'intérieur des habitations et des édifices publics et collectifs ;

« 5º Plans, modèles, appareils et institutions pour l'hygiène de l'ouvrier ;

« 6º Plans, matériel pour l'assistance publique et autres ;

« 7º Livres, atlas, photographies, lithographies, etc., de publication récente ayant rapport à l'hygiène et à la salubrité ;

« 8° Hygiène maritime.

« Grâce à une allocation que vous aviez bien voulu voter à M. Jules Gire, notre confrère a concouru dans trois classes de cette exposition, et le jury international des récompenses, appréciant le mérite de ses travaux, lui a accordé une médaille d'argent pour plans, modèles de maisons ouvrières, d'écoles et de distribution d'eau.

« A cette occasion, M. Cacheux, ingénieur à Paris, écrivant à M. Gire pour l'engager à envoyer ses travaux sur les habitations ouvrières au concours de Budapest qui aura lieu en 1894, terminait sa lettre par les lignes suivantes : « Je regrette de n'avoir pu assister « à la dernière séance du jury du Havre, car j'espérais obtenir pour « vous une plus haute récompense qu'une médaille d'argent. »

« A la suite de ce concours, notre confrère a reçu également une lettre du docteur Constantino, directeur de l'Institut d'hygiène de Pavie (Italie), lui demandant communication d'un projet de construction d'une école professionnelle combinée avec une école primaire supérieure, étudié par M. Gire pour la ville du Puy.

« Je crois être l'interprète de vous tous, messieurs, en félicitant M. Gire de l'heureuse idée qu'il a eue d'exposer ses travaux si remarqués ; l'honneur en rejaillit sur la Société dont il fait partie, et qui est fière des encouragements qu'elle lui a donnés. »

A propos d'une découverte de notre compatriote, M. Charles Maurin, M. Edmond Gueyffier s'exprime en ces termes :

« De tout temps, le problème de la couleur a fait la préoccupation constante des amateurs éclairés, des collectionneurs et des peintres.

« Au point de vue de la seule conservation des tableaux, sa solution devait avoir une importance capitale.

« Les ravages du temps accomplissent chaque jour une œuvre de destruction, contre laquelle il fallait nécessairement se prémunir.

« L'école moderne, dans ses recherches d'un coloris éclatant au moyen de couleurs vives et pures, accuse elle même cette tendance.

« Nous avons vu, au Puy même, un des chefs de l'École impressionniste, M. Dubois-Pillet, obtenir par un procédé, imparfait sans doute, des résultats qui, sans être satisfaisants, dénotaient certainement, chez cet artiste sincère, la préoccupation unique du but poursuivi : *La couleur rendue inaltérable au moyen de sa division* par un procédé à lui, aussi simple qu'ingénieux.

« Notre compatriote, M. Charles Maurin, vient de consacrer cette théorie, qui n'est autre d'ailleurs que celle du savant distingué M. Chevreul, et voici, à ce sujet, ce que disait dans le n° du 19 août dernier du journal *La Dépêche* de Toulouse, un article signé Homodéi, tout à l'éloge de notre compatriote :

« M. Charles Maurin est un des inventeurs les plus ingénieux qui
« soient en matière de recherches artistiques. Sa dernière invention,
« à coup sûr, prime toutes les autres, car elle peut avoir sur notre art
« une influence décisive.

« L'invention de Maurin consiste tout bonnement dans l'emploi des
« vaporisateurs. Rien de plus élémentaire comme on voit. Vous avez
« trois fioles, l'une contenant du rouge, l'autre du jaune, la troisième
« du bleu. Cette palette vous suffit.

« Avez-vous à obtenir un beau ton orangé ? Vous prenez votre fiole
« jaune. Un coup de vaporisateur et vous avez un pointillé jaune d'une
« ténuité dont rien n'approche. Un second coup de vaporisateur avec
« votre fiole rouge et vous avez l'orange voulu. Que dis-je, vous obte-
« nez tous les oranges voulus et n'avez même que l'embarras du
« choix. Votre jaune en effet, tournera d'autant plus au rouge, ou
« réciproquement votre rouge tournera d'autant plus au jaune, sui-
« vant que vous aurez plus ou moins vaporisé sur la surface à cou-
« vrir du liquide jaune ou du liquide rouge. A mesure que vous vapo-
« riserez toute la gamme innombrable des oranges défilera sous vos
« yeux, et vous n'aurez qu'à vous arrêter lorsqu'arrivera sous votre
« pinceau — pardon, sous votre vaporisateur — la nuance voulue.
« Autant n'en pourraient pas dire les peintres à palette qui, des jour-
« nées, des mois et des ans, chercheraient sans le trouver le ton rare
« entrevu par leur œil.

« Dire la nouveauté et l'éclat des couleurs ainsi obtenues par Mau-
« rin, cela serait impossible. Il les faut avoir vues pour s'en rendre
« compte, car les plus violents tableaux des plus violents impression-
« nistes paraissent littéralement boueux à côté des peintures de
« Maurin. On dirait qu'on éprouve à la vue de ces peintures, le même
« aveuglement qu'éprouvaient à la vue de la Loïs Fuller les specta.
« teurs des Folies-Bergères. C'est à cligner tout bonnement des yeux.

« Ce n'est-là évidemment que la moitié de l'invention de Maurin.
« Une autre difficulté lui restait à vaincre : celle d'isoler la surface à
« couvrir des surfaces voisines appelées à recevoir une couleur diffé-
« rente. Cette difficulté, le peintre l'a encore vaincue, et d'une façon
« non moins simple. Mes lecteurs ne m'en voudront pas de ne point
« trahir ici le procédé de l'artiste. Il n'est que juste de lui laisser cette
« moitié de son secret, qui le laissera propriétaire de son invention
« pour laquelle il a pris un brevet, d'ailleurs, et qui, à lui seul, permet
« d'exécuter sur une toile, sur un mur, sur un papier, sur une robe,
« sur un meuble, sur n'importe quoi enfin, telle figure, tel dessin
« décoratif qu'il lui plaira, et de l'exécuter avec la même précision et
« la même minutie que donnerait le pinceau.

« Mais en admettant même que Maurin n'eût pas ainsi complété sa
« découverte, celle-ci n'en resterait pas moins admirable — et prati-
« que. Vous jetez sur votre toile un rameau, une fleur, une brindille,
« une herbe ; vous vaporisez autour de ces feuillages une couleur
« quelconque, rouge, jaune ou bleue. Enlevez ensuite l'herbe, la brin-
« dille ou la fleur, elles se trouvent dessinées sur votre toile. Vous
« pouvez ensuite prendre une fiole quelconque et vaporiser au hasard ;
« le dessin subsistera toujours, sous la pluie de couleur nouvelle, et le
« hasard même, le pur hasard, vous fournira des trouvailles de tons
« inattendus, et toujours harmonieux entre eux. L'invention de Mau-
« rin a, en effet, ceci d'extraordinaire, c'est que, avec son procédé, les
« couleurs quelles qu'elles soient entrent toujours les unes dans les
« autres, se pénètrent tant et si bien que toujours un ton s'accordera
« avec le ton voisin.

« On devine, sans que j'aie besoin d'y insister, tout le parti que l'art
« décoratif peut tirer d'une invention semblable. Des surfaces immen-
« ses peuvent être, par le peintre, décorées en un clin d'œil. De cette
« rapidité d'exécution découle, cela va de soi, un meilleur marché
« de la main d'œuvre. Les moindres décorations de café, ou de
« théâtre, les ciels par exemple — exécutées par de vulgaires ou-
« vriers, reviennent au bas mot à 25 fr. le mètre carré, et elles attei-
« gnent même au prix de plusieurs centaines de francs, pour peu
« qu'elles aient un caractère artistique. Maurin, lui, peut exécuter
« des décorations — artistiques cela va sans dire, et, avec Maurin,
« artistiques au plus haut sens du mot — au prix dérisoire de 5 à 6
« francs par mètre.

« C'est, évidemment, une véritable révolution qui peut sortir de là,
« au point de vue de l'art décoratif. Mais ce n'est pas seulement la pein-
« ture ornementale qui est appelée à bénéficier de l'invention de Mau-
« rin. La peinture de chevalet elle-même y trouvera un procédé inédit,
« et les peintres de tableaux ne pourront que se féliciter de l'emploi de
« ce procédé. Les procédés actuels ne vont pas, en effet, sans incon-
« vénient. Le mélange de couleurs qu'entraîne peu ou prou l'usage
« du pinceau se traduit presque toujours, sur la toile, par des décom-
« positions chimiques dont souffre à la longue la peinture. Combien
« de tableaux ne tournent-ils pas au noir, sous l'influence du blanc
« de plomb, que tous les peintres sont obligés d'employer à tout ins-
« tant, ne fut-ce que pour illuminer et monter leurs couleurs? Com-
« bien d'autres ne sont-ils pas décolorés par suite d'un défaut de
« fixité de certaines couleurs?

« Avec le procédé de Maurin, rien de pareil n'est à craindre. Pas
« de mélanges d'abord et, partant, pas de décompositions chimi-

« ques. Fixité absolue des couleurs, ensuite, car rien n'est si facile
« que de trouver trois couleurs, dans les teintes rouge, jaune ou
« bleue qui présentent une absolue fixité.

« Enfin, le procédé de Maurin aura un autre résultat, essentiel
« celui-ci, ce sera de révéler aux peintres des nuances jusqu'à ce
« jour inédites, d'élargir leur vision et, qui sait? de leur ouvrir, sans
« doute. tout un monde insoupçonné de couleurs. C'est quelque chose,
« cela! et dût même l'invention de Maurin n'être pas reprise par
« quelque industriel intelligent, qu'il faudrait s'en réjouir quand
« même au seul point de vue artistique. Ce procédé marquera peut-
« être l'ère d'une peinture nouvelle, et c'est à ce titre surtout que
« je me suis plu à le signaler à mes lecteurs. »

M. Dreyfus donne communication des procès-verbaux officiels des
séances de la Société géologique de France tenues au Puy, lors de la
réunion extraordinaire en septembre dernier.

SÉANCE DU 14 SEPTEMBRE 1893, AU PUY.

Présidence de M. Gosselet, puis de M. Boule.

Les membres de la Société se sont réunis à huit heures du soir dans
la salle des groupes lapidaires du Musée, mise à leur disposition par
M. le maire du Puy.

M. Gosselet, vice-président de la Société, déclare la session extraordinaire ouverte.

Par suite des présentations faites dans la dernière séance, le Président proclame membres de la Société :

MM. le Dr Luis E. Mourgues, professeur de chimie à l'Université de
     Santiago, présenté par MM. Noguès et Munier-Chalmas.

    Boistel, professeur à la faculté de droit de Paris, présenté par
     MM. Albert Gaudry et Stanislas Meunier.

    Bertolio Sollmann, ingénieur au corps royal des mines d'Italie,
     présenté par MM. Bertrand et Cayeux.

Le Président annonce deux présentations.

M. Gosselet rappelle que la Société s'est déjà réunie au Puy,
en 1869, il évoque le souvenir des géologues du pays, Aymard,
Vinay, qui tinrent une si large place à cette réunion et il explique
les raisons qui ont décidé la Société à tenir de nouvelles assises dans
cette ville. La récente publication de la *Description géologique du
Velay* par M. Boule et de la carte géologique de la feuille du Puy par
MM. Termier et Boule, ont attiré l'attention des géologues sur un
pays aussi remarquable par la variété de ses terrains que par le
pittoresque de ses montagnes.

M. le Président remercie MM. Boule et Fabre, les organisateurs des excursions, la municipalité du Puy pour l'excellente hospitalité qu'elle a bien voulu donner à la Société, et M. Dreyfus conservateur des collections de géologie, qui n'a rien négligé pour nous faire connaître les richesses du Musée.

Il est procédé à la nomination du bureau pour la durée de la session. Sont élus :

Président : M. Boule.

Vice-présidents : MM. Fabre, Depéret, Termier et Gosselet.

Secrétaires : MM. Cayeux et L. Bertrand.

Trésoriers : MM. Bourgery et Thiéry.

M. Boule remercie ses confrères du grand honneur qu'ils lui ont fait en le désignant comme Président. Il retrace, en quelques mots, la géographie physique et la géologie du Velay, en exposant le plan général des excursions que la Société se propose de faire. D'ailleurs, un programme explicatif et détaillé avec figures est distribué à chaque membre de la Société. En terminant, M. Boule s'adresse aux habitants du Puy ; il rappelle l'accueil excellent qu'il en a toujours reçu, et les invite à venir prendre part aux réunions géologiques. Il adresse à son tour des remerciements à la municipalité et à M. Dreyfus qui a bien voulu préparer, en l'honneur du Congrès, une exposition spéciale des principaux fossiles caractérisant les divers étages du Velay.

Le Président présente et résume une note de M. de Rouville sur le *Cambrien de l'Hérault*. L'auteur y signale l'existence d'un terme *Antéparadoxidien* formé de calcaires saccharoïdes, schistoïdes, d'au moins mille mètres d'épaisseur avec une formation gréseuse à la base.

M. Haug fait observer que M. Bergeron est arrivé aux mêmes conclusions pour la Montagne Noire, dans ses explorations de l'an dernier.

La séance est levée à neuf heures et demie.

SÉANCE DU 16 SEPTEMBRE, 1893, AU PUY.

Présidence de M. Boule, puis de M. Gosselet.

La séance est ouverte à huit heures et demie du soir.

M. le maire du Puy honore la Société de sa présence. Il est prié par le Président de vouloir bien prendre place au Bureau.

Par suite des présentations faites dans la dernière séance, le Président proclame membres de la Société :

M. Dreyfus, professeur au Lycée, présenté par MM. le colonel Durand et M. Boule.

9

M. Vernière, à Brioude, présenté par MM. Albert Gaudry et
M. Boule.

M. Boule indisposé ne peut faire les comptes rendus des courses
du 15 et du 16 septembre; ces comptes rendus paraîtront dans le
Bulletin. Il prie M. Gosselet de vouloir bien le remplacer au bureau.

M. Gosselet remercie de nouveau M. le maire et la municipalité du
Puy pour l'excellent accueil fait à la Société géologique de France.

M. le maire du Puy déclare que c'est par suite de circonstances
indépendantes de sa volonté qu'il n'a pu assister à la séance d'ouverture de la réunion extraordinaire.

Il souhaite que la Société emporte un bon souvenir de son séjour
au Puy et prie ses membres d'accepter un punch d'honneur que la
municipalité leur offrira à leur retour du Mezenc.

Le Président accepte, au nom de la Société, cette cordiale invitation.

M. Depéret fait une communication *sur l'âge absolu des faunes de
mammifères pliocènes du Plateau central et des éruptions volcaniques contemporaines.*

Si l'on étudie la répartition des mammifères terrestres dans les
divers horizons du Pliocène en Italie, en France, en Angleterre, on
constate l'existence de deux faunes distinctes et successives :

1º *Une faune pliocène ancienne* répondant au pliocène inférieur
(Plaisancien) et au pliocène moyen (Astien). Elle est caractérisée par
un grand nombre de genres archaïques éteints comme l'*Hipparion*
l'*Hyœnarctos*, le *Palœoryx*, le *Dolichopithecus*, plusieurs rongeurs
(*Trilophiomys*, *Ruscinomys*) ; par de grands singes à affinités
asiatiques (*Semnopithecus*, *Dolichopithecus*) ; par l'abondance des
grandes antilopes à affinités africaines *(Palœoryx, Cordieri, Boodon)*;
par la rareté et la simplicité relative des bois des Cervidés. L'absence
des genres *Equus, Bos* et *Elephas* constitue en outre un caractère
négatif général dans toute l'Europe ;

2º *Une faune pliocène récente*, qui répond seulement au pliocène
supérieur *(newer pliocène* des Anglais). Les genres archaïques ont
disparu sauf le *Mastodon;* le cheval *(Equus stenonis)* remplace
l'*Hipparion;* les Bovidés apparaissent pour la première fois en
Europe *(Bos elatus);* les singes persistent en Italie, mais sont voisins
du Magot actuel de Gibraltar; l'*Elephas meridionalis* apparaît et
coexiste à peu près partout avec les *Mastodon Arvernensis* et
Borsoni (Italie, vallée de la Saône, Angleterre). Il convient de remarquer que cette faune récente ne correspond qu'à une portion peu
importante des dépôts marins pliocènes.

En Italie, la faune pliocène ancienne est fort mal représentée par quelques débris sporadiques; en revanche, la faune pliocène récente compte de beaux gisements dans les couches saumâtres et fluviatiles qui surmontent le pliocène marin de l'Astésan et dans les graviers fluviatiles ou *sansino* du val d'Arno.

Dans le midi de la France, les sables marins et les marnes d'eau douce de Montpellier, ainsi que les couches fluvio-lacustres qui terminent le pliocène moyen du Roussillon, nous donnent le type le plus net de la faune pliocène ancienne et permettent de préciser son niveau stratigraphique.

Dans la Bresse, la faune pliocène ancienne à *Hipparion* et *Palœoryx* se retrouve dans les couches lacustres du Pliocène inférieur et dans les couches fluviatiles du pliocène moyen (sables de Trévoux); la faune pliocène à *Elephas meridionalis, Mastodon arvernensis* et *Borsoni, Equus stenonis, Bos elatus*, est magnifiquement développée dans les *sables de Chagny*.

En Angleterre, enfin, les *nodule-Beds* de la base du Crag rouge et le Crag rouge lui-même sont le gisement de la faune pliocène ancienne à *Hipparion*, tandis que le Crag fluvio-marin contient la faune récente du pliocène supérieur avec les genres *Equus, Bos* et l'*Elephas meridionalis* associés au Mastodonte. Le *forest-bed* de Norfolk représente un horizon encore plus élevé qui pourrait être avec avantage rattaché au Quaternaire.

Si on applique ces données stratigraphiques aux gisements du Plateau central, il est facile de constater que la faune pliocène ancienne manque dans cette région. L'horizon de Perrier, des sables à Mastodontes du Puy, du Coupet, de Vialette, avec *Mastodon arvernensis, Equus stenonis, Bos elatus*, nombreux cerfs, rentre donc dans le Pliocène supérieur, malgré l'absence toute locale de l'*Elephas Meridionalis*.

La faune de Sainzelles ne diffère guère de celle de l'horizon précédent que par la présence du Mastodonte, mais présente tous les autres caractères de la faune de Perrier et ne peut être considérée que comme une simple subdivision locale du même étage.

Il résulte de ces faits que les basaltes intercalés dans les graviers de Perrier et dans les sables à Mastodontes du Puy ainsi que les brèches qui les accompagnent ne sont pas du pliocène moyen, mais du pliocène supérieur et se rattachent chronologiquement de très près aux basaltes des plateaux. Quant aux éruptions antérieures à l'horizon de Perrier (Mont-Dore, Mezenc), il n'y a pour le moment aucun moyen de préciser leur âge ni de les répartir entre le pliocène inférieur et le pliocène moyen.

M. Boule déclare que l'état de sa voix ne lui permet pas de faire une longue réponse à l'intéressante communication de M. Depéret. Il se réserve de la rédiger pour le Bulletin. Il fait pourtant remarquer qu'il ne s'agit guère ici que d'une question d'accolade, puisqu'il n'y a pas de désaccord sur la succession des faunes.

M. Boule rappelle, en outre, que la coexistence des deux genres mastodonte et éléphant, sur laquelle s'appuie M. Depéret, n'a jamais été constatée scientifiquement dans le Velay, ni sur aucun point du Plateau central. Bien au contraire, des savants locaux ayant fait de grandes collections de mammifères, tels qu'Aymard, ont toujours nié énergiquement cette coexistence.

Enfin, quelle que soit la *limite supérieure* de l'âge à attribuer aux éruptions des massifs du Mégal et du Mezenc, il n'en est pas moins démontré que la *limite inférieure* concorde avec le miocène supérieur. Il est dès lors naturel de rapporter au pliocène inférieur et au pliocène moyen la longue série d'éruptions de ces deux massifs.

M. Depéret déclare n'avoir point de documents suffisants pour être affirmatif en ce qui touche la coexistence du *Mastodon arvernensis* et de l'*Elephas meridionalis*, en Auvergne. Mais il n'y a aucune réserve à faire sur ce point pour l'Italie, l'Angleterre et pour les sables de Chagny dans la vallée de la Saône.

Sur l'invitation du Président, M. l'abbé Boulay examine rapidement les flores pliocènes du Plateau central.

La séance est levée à dix heures.

SÉANCE DU 22 SEPTEMBRE, AU PUY.

Présidence de M. Boule.

La séance est ouverte à huit heures.

A propos du passage du procès-verbal de la dernière séance, où il est dit que les divergences entre M. Boule et M. Depéret concernant l'âge des sables à Mastodontes se réduisent à une question d'accolade, M. Depéret fait remarquer que la question a plus d'importance et qu'elle intéresse la géologie générale.

La Société devant se rendre à neuf heures au punch d'honneur auquel la municipalité du Puy l'a conviée, le temps dont on peut disposer ne permet pas à M. Boule de faire le compte rendu des excursions dans les massifs du Mégal et du Mezenc. Ces comptes rendus paraîtront dans le Bulletin. Mais il se tient à la disposition des personnes qui auraient quelques observations à présenter ou des renseignements à demander.

Sur l'invitation de M. Gosselet, M. Boule résume la *succession des éruptions du Velay* afin de relier les courses faites aux environs du Puy avec les courses faites au Mezenc et au Mégal.

Il insiste particulièrement sur la continuité des éruptions volcaniques dont le Velay a été le théâtre depuis le miocène supérieur, époque de laquelle datent les basaltes des Coirons et les basaltes les plus inférieurs du Mezenc, jusqu'au Quaternaire ou pléistocène, époque à laquelle correspondent plusieurs volcans étudiés par la Société, Denise, le Mont-Jouet, la Terrasse.

M. Fabre expose les grands traits orographiques de la région que la Société doit visiter dans les départements de la Lozère et de l'Ardèche. Cette région fait partie du grand *horst* du massif central de la France, c'est même la partie de ce *horst* où les roches cristallines ont été portées aux plus grandes hauteurs par suite du jeu des failles d'âge tertiaire.

Les gneiss et les micaschistes y sont visiblement antérieurs à la venue des trois larges épanchements granitiques qui forment les massifs de la Margeride (1554^m), du Mont-Lozère (1702^m) et de l'Aigoual (1567^m). Reliant entre elles ces hautes montagnes aplaties au relief usé, s'étendent des régions plus basses; l'une, gneissique et peu érodée, constitue aux sources de l'Allier le *Haut Gévaudan*, que la Société doit traverser : l'autre, schisteuse et profondément creusée par les innombrables sources du Gardon, c'est *la Cévenne;* la troisième, enfin, comprend le curieux pays des *Causses* calcaires, ancien golfe jurassique comblé par les sédiments.

La Société aura à visiter en détail le fond de ce golfe; elle pourra voir les témoins de son extension ancienne vers l'Est, et les traces de son ancienne jonction avec le bassin du Rhône.

M. Boule invite les membres de la Société à se partager une collection de petites concrétions de silex résinite connues sous le nom de « dragées de Glavenas » que M. Vernière met à leur disposition.

M. Marcel Bertrand, informe la Société que M. Termier est d'accord avec les membres qui l'ont suivi dimanche dernier à Saint-Pierre-Eynac, pour considérer l'Oligocène de cette localité comme un dépôt de rivage. Il désire qu'il en soit fait mention au procès-verbal.

M. Hedde, au nom de ses compatriotes qui ont pris part aux excursions, remercie la Société, et particulièrement M. Boule, de les avoir accueillis avec tant de cordialité.

M. Ph. Hedde présente, au point de vue scientifique, un compte rendu des excursions qui ont eu lieu, du 15 au 20 septembre dernier, à l'occasion de la réunion extraordinaire de la Société géologique de France.

Le concours départemental et de la race bovine du Mezenc, tenu au Puy le 22 septembre dernier, a été aussi brillant que les années précédentes; malgré la pénurie de fourrages occasionnée par la sècheresse, les agriculteurs avaient présenté un grand nombre d'animaux.

On peut lire un compte rendu de ce concours dans le journal *La Haute-Loire*, du 23 septembre 1893.

La vente des animaux reproducteurs qui a eu lieu le 28 octobre dernier, a produit une somme de 710 francs.

Plusieurs membres estiment qu'il serait préférable de remplacer les taureaux de race limousine dont la Société fait l'acquisition depuis quelques années par des Tarentais ou des Aubrac. Telle est, du reste, l'opinion des propriétaires de la région. Il y aura donc lieu à l'avenir de tenir compte de ce désir.

M. Boyer, professeur d'agriculture à Craponne, est nommé membre titulaire.

Il sera statué à la séance de décembre sur l'admission de M. Picquet, conducteur des ponts et chaussées de 1re classe, présenté par MM. Cellerier et Lascombe.

L'un des secrétaires,
A. LASCOMBE.

SÉANCE DU 7 DÉCEMBRE 1893.

PRÉSIDENCE DE M. LE Dr MOREL.

Présents : MM. Maurice Aulanier, Cellerier, dr Coiffier, dr Fabre, Édouard Gazanion, Hérisson, Ph. Hedde, Lascombe, Ménand, dr Morel Louis Paul, G. Martin, Vallery-Michel.

M. Lascombe lit le procès-verbal de la dernière séance, qui est adopté.

Une demande de M. Corcelle, au sujet de l'insertion dans nos Annales d'un travail que notre collègue se propose de faire, est renvoyée à l'examen du conseil d'administration.

Parmi les ouvrages adressés à la Société, M. Lascombe signale le *Bulletin historique et scientifique de l'Auvergne*, qui contient deux notices de notre confrère, M. A. Vernière, avocat à Brioude.

La première, sous le titre de *Notes et documents concernant l'histoire d'Auvergne*, renferme une biographie de Jean Savaron accompagnée de plusieurs lettres écrites par lui aux savants de son temps. Jurisconsulte distingué, remarquable historien de l'Auvergne, bibliophile des plus éclairés, Savaron a laissé un grand nombre d'ouvrages manuscrits ou imprimés sur les antiquités historiques ou littéraires. Président et lieutenant de la sénéchaussée d'Auvergne, Savaron mourut en 1622.

La seconde notice de M. Vernière a trait aux *évêques auxiliaires en Auvergne et en Velay, antérieurement au* XVIIIe *siècle.*

« Sous l'ancienne monarchie, dit M. Vernière, certains évêques « occupés dans les conseils du roi, délégués aux assemblées géné- « rales du clergé ou employés à des missions diplomatiques, étaient « contraints de s'en rapporter, pour la direction de leurs diocèses, à « des auxiliaires gratifiés seulement d'un titre *in partibus infide-* « *lium.* » — Parmi les évêques du Puy, notre érudit confrère cite Geoffroy de Pompadour, Antoine de Chabannes et François de Sarcus qui eurent pour auxiliaires, le premier Jean de Pressuris, le second Étienne de Pressuris et le troisième Christophe d'Alzon.

M. Lascombe donne lecture d'une notice de M. Corcelle, intitulée *Notre-Dame du Puy en Savoie.*

M. Coiffier est chargé de poursuivre les démarches relatives à la reconstruction du kiosque météorologique du Fer-à-cheval.

M. Hedde demande que les observations soient communiquées à notre Société, de façon que les résultats puissent être résumés dans nos Annales.

M. Hérisson fait connaître les résultats obtenus en 1893 au champ d'expériences du Puy. La grêle du 30 juin a détruit en grande partie la culture de la lentille ; celle des pommes de terre a été aussi très éprouvée tant par la grêle que par la sécheresse. La récolte ainsi réduite de moitié a été :

	A l'hectare.
1. Richter's imperator	17,005 kil.
2. Éléphant Blanc	13,100
3. Institut de Beauvais	12,411
4. Canada	6,000
5. Pomme de terre bleue du pays	5,933

Chaque lot comprenait une superficie de 150 mètres carrés.

La fumure comprenait : nitrate de potasse, 20 kil., phosphate de chaux 50 kil., plâtre, 30 kil., la dose était de 1,100 kil. par hectare, coûtant 17 fr. les 100 kil., soit 187 fr. par hectare ; terrain basaltique, peu profond.

M. Hérisson fait remarquer que, contrairement aux expériences précédentes, la *Richter's imperator* a été supérieure à l'*Institut de Beauvais,* sans doute par suite d'une plus grande *résistance à la sècheresse* ; le même fait a été constaté au champ d'expériences de Saint-Georges-l'Agricol.

Ces deux variétés ont été jusqu'à ce jour les plus productives dans la Haute-Loire ; mais la *Richter's* étant un peu tardive, la montagne préfère, pour cette raison, l'*Institut de Beauvais.*

M. Morel donne lecture d'un prospectus reçu de Pinerolo (Italie), qui mentionne les résultats superbes obtenus par la pomme de terre *Blaue Riesen* (Géant bleu), donnant jusqu'à 100,000 kil. à l'hectare ; il propose d'affecter à l'expérience de ce tubercule une partie du reliquat destiné à l'achat des graines.

L'assemblée décide qu'on en fera venir 50 kil.

M. Picquet est nommé membre titulaire de la Société.

La candidature de M. le Dr P. Boyer est présentée par MM. le Dr Fabre et Lascombe.

M. Gazanion réclame la priorité pour un procédé de destruction de la cuscute au moyen de la suie, procédé qui a été présenté dernièrement par un journal sous un autre nom.

M. Lascombe présente un rapport de M. Boffy, instituteur à Saint-Haon, sur les récoltes du champ d'expériences de cette localité.

L'expérience porte sur la pomme de terre *Institut de Beauvais,* cultivée dans un sol volcanique profond, divisé en cinq parcelles de 1/2 are chacune.

	tubercules.
Parcelle n° 1. — Fumier de ferme, 300 kil..............	65 kil
Parcelle n° 2. — Engrais chimique complet, 6 kil......	52
Parcelle n° 3. — Engrais minéral, 5 kil..............	33
Parcelle n° 4. — Matière azotée, 2 kil................	32
Parcelle n° 5. — Pas de fumure....................	25
Total................	207 kil.

Si l'on avait employé seulement le fumier de ferme, on aurait obtenu 65 × 5, soit........................ 325

Par conséquent un bénéfice de.................... 118 kil.

Le seigle de Schlandstedt a produit un rendement de 20 pour 1.

L'avoine de Brie a aussi très bien réussi.

Malgré la sècheresse, la récolte de fourrage a été moyenne en quantité et très bonne en qualité ; le plâtre a produit d'excellents effets.

M. le trésorier rend compte de la situation financière de la Société ; MM. Hedde et Breschet fils sont délégués pour examiner les comptes du trésorier et présenter un rapport dans la prochaine séance, au nom du conseil d'administration.

Dans la séance prochaine, il sera procédé au scrutin pour la nomination d'un vice-président de la Société et d'un membre du conseil d'administration.

L'un des secrétaires,
PH. HEDDE.

MÉMOIRES

MÉMOIRES

ÉDOUARD FLOUEST

Les associations scientifiques et littéraires de nos provinces regardent comme un devoir, quand des hommes supérieurs, nés dans les localités où elles sont établies, viennent à disparaître, de rendre à leur mémoire un hommage mérité. Nous avons pensé qu'une notice nécrologique sur un enfant du Puy, qui a été un magistrat éminent, en même temps qu'un archéologue d'une grande érudition, avait sa place indiquée dans le recueil des Mémoires de la Société agricole et scientifique de la Haute-Loire.

Il est des âmes d'élite dont il faut respecter les sentiments intimes, même après qu'elles ne sont plus parmi nous. Notre regretté compatriote, Édouard Flouest, avait autant de modestie que de mérite. Nous nous contenterons donc de reproduire les principaux faits de sa vie, sans aucun commentaire. Ils ont, du reste, une éloquence qui dispense de toutes appréciations, pouvant paraître flatteuses. Nous n'aurons point, ainsi, à redouter l'improbation d'outre tombe, de celui dont l'existence entière, les rares qualités et les talents, font honneur aux siens et au pays natal.

Édouard Flouest vint au monde, le 18 avril 1820, rue Grange-vielle au Puy, où son père occupait, alors, la charge de greffier du tribunal civil. Ses études commencées au collège de notre vieille cité (1), continuées à Dieppe et terminées au collège Henri IV, furent marquées par d'honorables succès.

Impressionné, dès son enfance, par les phénomènes volcani-

---

(1) Nous étions son condisciple dans cette première partie de ses études.

ques, dont le Velay montre partout la trace, il s'éprit de bonne heure d'un goût irrésistible pour l'étude de la géologie. Sa famille était liée d'amitié à celle de M. Félix Robert, très versé, comme on le sait au Puy, dans cette science.

Le jeune Édouard Flouest trouva chez ce savant, dont les travaux sont appréciés, d'utiles conseils et des encouragements précieux. Il est très probable qu'il se fût adonné complétement aux recherches géologiques, si la mort prématurée de son père ne l'eût obligé à quitter nos montagnes, ce merveilleux champ d'exploration. Mᵐᵉ Flouest, avec ses deux fils, regagna l'ancienne Normandie. La famille de son mari, fixée de vieille date à Dieppe, s'était constamment livrée à l'industrie des armements maritimes, que ses générations successives avaient exercée, jusqu'aux premières années de ce siècle.

Les événements de février 1848 amenèrent, ensuite, M. Édouard Flouest à Aix-en-Provence, où il suivit les cours de la faculté de droit. Il comptait revenir à Paris, pour prendre ses dernières inscriptions et passer les examens de licence ; mais de bienveillants conseils l'ayant déterminé à rechercher son admission dans la magistrature provençale, il fit, à Aix, son stage au barreau et son noviciat judiciaire.

Nommé en octobre 1854, à Brignoles, en qualité de substitut du procureur impérial, il resta dans cette position jusqu'en 1856, époque où une promotion l'appela à Aix. Quatre ans après, il devenait chef de parquet à Forcalquier. En quittant ce poste, on lui confia, successivement, les mêmes fonctions à Saumur, à Châlon-sur-Saône et à Nîmes. Partout, il se montra laborieux, bienveillant et fit preuve d'autant de modération que de talent.

Mais nous vivons à une époque où la politique se mêle à tout. Nous voyons, alors, l'esprit de parti pénétrer jusque dans les rangs des plus respectables corporations et même dans les administrations instituées pour rendre, avec impartialité, la justice. Les agissements passionnés, pour ne pas dire révolutionnaires, de la « Ligue du midi » l'ayant fait déposséder de son siège, en novembre 1870, il eut l'honneur de s'y voir réintégrer, en mars 1871, à la demande collective des catholiques et des protestants, également confiants dans sa prudence et son équité.

Nommé, en 1873, aux fonctions d'avocat général près la cour

d'appel de Lyon, il s'acquit, dans le parquet de la seconde ville de France, une véritable notoriété parmi la magistrature debout et devint, en 1877, procureur général près la cour d'appel de Chambéry. Édouard Flouest passa, ensuite, en la même qualité, aux cours d'appel de Nancy et d'Orléans.

Dans cette dernière résidence, les progrès de l'intolérance politique réagirent, une seconde fois, sur sa carrière : le 13 janvier 1880, il fut admis, prématurément, à faire valoir ses droits à la retraite.

A l'occasion de l'installation de son successeur, M. Oger du Rocher, voici en quels termes M. l'avocat général Gauthier exprimait le regret de la cour d'appel d'Orléans du départ de son Procureur général :

« Messieurs,

« Avant de présenter à la cour le décret de M. le Président de
« la République qui place à notre tête un magistrat éminent,
« éprouvé par de longs services judiciaires, qu'il me soit permis,
« fidèle à une tradition constante, de me faire l'interprète de
« nos sympathies pour l'homme excellent qui nous quitte.

« J'ai le sentiment de ne manquer, en cela, à aucune convenance. Notre ancien procureur général, en s'inclinant, plein de
« calme et de dignité devant la décision souveraine de l'autorité
« publique, nous eût rappelé lui-même à la soumission et à la
« déférence, si quelqu'un de nous eût été tenté de s'en départir.

« Aussi, je n'éprouve nul embarras à rendre hommage aux
« précieuses qualités qui distinguaient M. Flouest. Laborieux et
« éclairé, éprouvé à tous les devoirs de la hiérarchie, il avait su,
« au milieu des devoirs professionnels les plus absorbants, for-
« tifier son esprit par de sérieuses études historiques et littéraires.
« D'un abord toujours facile, il possédait à un rare degré ce
« qu'on appelle *le don si précieux et si puissant de la sym-
« pathie.*

« On ne saurait oublier les savantes discussions par lesquelles
« il éclairait vos débats, ni cette politesse exquise, cet empresse-
« ment à rendre service, qui lui gagnaient rapidement les cœurs.

« Rien n'avait pu altérer la sérénité parfaite de son esprit, ni

« les soins d'une administration compliquée et délicate, ni les
« préoccupations domestiques qu'une santé qui lui était chère ne
« cessait de lui donner (1).

« Qu'il me soit permis de dire combien seront affectueux les
« souvenirs que nous laissera son passage au milieu de nous. »

Le Premier Président de la cour d'appel d'Orléans, M. Dumas,
prit ensuite la parole et fit ainsi l'éloge du magistrat distingué mis
si inopinément à la retraite, dans la plénitude des forces physiques et des plus heureuses facultés :

« Il appartenait à M. l'avocat général Gauthier, son collabo-
« rateur le plus intime et le plus étroitement lié à ses travaux, de
« dire ce qu'a été M. le Procureur général Flouest dans le gou-
« vernement de sa charge ; de signaler ce qu'il y a d'aptitudes
« remarquables dans cet esprit qui s'élève, *sans effort, aux vues*
« *les plus hautes d'une direction d'ensemble,* en même temps
« qu'il s'applique, sans relâche, aux plus humbles détails d'une
« administration minutieuse ; de rappeler de quel œil investiga-
« teur, incessamment ouvert, ce chef consciencieux semblait
« pénétrer, à la fois, dans chacun des parquets du ressort, pour
« y apporter et y laisser, tour à tour, un encouragement, un con-
« seil et un ordre.

« Mais il n'est pas un seul membre de cette compagnie qui
« n'ait pu apprécier cette intelligence ouverte aux connaissances
« humaines les plus variées et toujours prête à se les assimiler
« avec une rare sagacité ; ce savoir juridique fécondé par qua-
« tre années de labeur, qui avaient donné une flatteuse notoriété
« à l'avocat général de Lyon ; cette parole élégante et facile,
« pleine d'élévation, aux accents si honnêtes qu'elle imposait le
« respect à ceux-là mêmes dont elle contrariait les desseins et
« savait donner des grâces jusqu'à ses refus.

« Je ne relèverai pas de secrets épanchements ; mais j'expri-
« merai vos propres pensées, Messieurs, si j'ajoute que chez
« lui toutes les distinctions de l'esprit cèdent encore le pas aux
« délicatesses du cœur. Il a le don si rare d'être simple avec
« dignité, sévère avec douceur. Pour ce vrai magistrat, c'est
« déshonorer la justice que de n'y pas joindre la douceur, les

_____

(1) M. Flouest eut la douleur de perdre sa digne compagne le 13 janvier 1881.

« égards et la condescendance. La bienveillance, qui souvent
« n'est qu'une parure de la politesse, est naturelle en lui. On
« confond à tort la politesse avec la bienveillance.

« La politesse n'a que des formes ; quelques phrases de conven-
« tion semblent exprimer l'intérêt ; elles cachent, parfois, le mau-
« vais vouloir ou dissimulent l'indifférence. La bienveillance ne
« se réduit pas à de vaines paroles et à des apparences ; elle est
« active, elle suppose une disposition favorable de la volonté. —
« Celle que nous avons éprouvée de la part de M. Flouest avait
« ce caractère à un haut degré ; et pour tout dire, Messieurs, je
« n'ai jamais rencontré d'homme plus sincèrement bienveillant.

« Faut-il s'étonner si sa sollicitude affectueuse pour tous ses
« subordonnés lui interdisait d'exposer, jamais, leur responsa-
« bilité, sans engager la sienne propre, et s'il a toujours dédaigné
« de satisfaire un intérêt personnel, au prix de ce qui lui appa-
« raissait comme une méconnaissance des droits de la justice ou
« de la vérité? Sans doute, il serait téméraire de prétendre qu'il
« ne s'est jamais trompé ; qui de nous a toujours été en garde
« contre l'humaine faiblesse? qui de nous est infaillible? Mais
« j'affirme que M. Flouest n'a jamais trompé personne.

« Il y a deux ans à peine qu'il nous appartenait. Après avoir
« parcouru une carrière déjà longue, non exempte de vicissitudes
« et de traverses, il avait espéré trouver, ici, son port de refuge
« et il s'était donné tout entier. L'homme public et l'homme privé
« étaient à nous. L'amour de son état le possédait à ce point qu'il
« semble qu'une alliance étroite de l'homme et du magistrat s'était
« formée en lui. On ne sait, lorsqu'on a vécu dans son intimité,
« lequel de l'un ou de l'autre s'était le plus enrichi par cette
« communauté. Il y avait comme un reflet de son caractère et de
« son âme dans sa vie judiciaire, et on trouverait, partout, dans
« les habitudes de sa vie privée, jusque dans la familiarité plus
« douce de ses relations intimes, l'empreinte de la plus aimable et
« de la plus impartiale justice.

« Cette alliance, nous en avons été les témoins émus, Mes-
« sieurs ; elle a survécu à sa disgrâce. C'est avec toute la dignité
« du magistrat qu'il s'est dépouillé de cette toge qu'il aimait tant
« et qu'il était si justement fier de porter. En sortant de ce palais,
« où il laisse tant de regrets et d'unanimes sympathies, il n'a eu

« ni un murmure, ni une plainte. Que dis-je? N'a-t-il pas fait
« entendre l'éloge le plus généreux du magistrat désigné, tout
« d'abord, pour occuper sa place? N'est-ce pas de sa bouche, que
« la cour a reçu, à l'occasion de ce choix, les premières et les
« plus sincères félicitations? Un tel exemple de respect et de sou-
« mission envers le gouvernement qu'il a toujours loyalement et
« honnêtement servi, — il s'offenserait qu'on en pût douter, — une
« si haute leçon méritait d'être relevée. Elle n'a pas pu surprendre
« ceux qui, connaissant le fond de son âme, savent bien qu'il est
« capable de toutes les abnégations et supérieur à la fortune.

« Nul dans ce palais, nul dans la cité ne contredira ces loyales
« affirmations. Je n'ai pas entrepris, Messieurs, un banal pané-
« gyrique commandé par je ne sais quelle courtoisie de circon-
« stance; je suis sollicité par des sentiments plus dignes de
« M. Flouest et de moi-même, et leur expression, même affaiblie,
« ne saurait être déplacée dans cette enceinte où nous rendons à
« tous une consciencieuse justice. L'amitié qui me lie à lui a été
« cimentée par des joies et par des douleurs ineffaçables; rien
« ne pourra jamais l'altérer; mais elle n'a pas dicté mes paroles.
« Cette amitié me donne seulement le droit de souffrir plus que
« tout autre d'une séparation douloureuse; elle m'impose aussi le
« devoir, j'allais dire la pudeur, de restreindre un éloge que
« chacun de vous saura bien compléter. »

Si nous avons donné, *in extenso,* l'opinion de deux magistrats
éminents, résumant, d'une manière aussi éloquente que sincère,
la carrière brillamment parcourue par M. Édouard Flouest, c'est
que nous n'aurions pu le faire avec la même autorité et la même
compétence.

Trois mois après sa mise à la retraite, « La France », compagnie d'assurances, fondée en 1837, lui confia la direction du service des assurances sur la vie qu'elle venait de créer. Après
dix ans de service, M. Flouest ayant rencontré une certaine
résistance à ses vues, chez l'un des principaux membres du conseil d'administration, n'hésita pas à se démettre d'une position,
nécessaire, cependant, au bien-être de sa famille, afin de ne pas
nuire aux intérêts de la Compagnie par un défaut d'entente regrettable entre tous les administrateurs. Il se retira vers la fin de 1889.

L'assujétissement à des obligations professionnelles, toujours

délicates et souvent pénibles, le portait à chercher un élément de
détente dans des travaux contrastant avec ceux de la fonction.
M. Flouest obéit de bonne heure à ce besoin.

Sa mission judiciaire l'ayant conduit dans des régions peu
propices aux études géologiques, il s'intéressa vivement aux
investigations de l'archéologie. Il devait, bientôt, se faire une
place distinguée parmi les Celtophiles.

L'énumération des notices et mémoires qu'il fit paraître dans
divers recueils et notamment dans le *Bulletin de la Société des
antiquaires de France*, sur l'archéologie de la Gaule autonome,
sont très nombreux ; nous en citons plus de soixante-dix dans la
« Nouvelle bibliographie du Velay » que nous avons entreprise.
De tels travaux donnent la mesure de son érudition, comme les
titres honorifiques qu'ils lui ont mérités témoignent des succès
de ses publications.

Nommé chevalier de la Légion d'honneur en août 1869, pour
ses services judiciaires, il prenait rang, l'année suivante, parmi
les lauréats de l'Institut et recevait du Ministre de l'Instruction
publique les palmes d'officier d'académie.

En 1876, à la suite de nouvelles œuvres dont la portée s'étendait à la Gaule Cisalpine, il était promu officier de l'Instruction
publique. Le roi Victor-Emmanuel lui envoya, en même temps,
les insignes de son ordre des Saints Maurice et Lazare.

Nommé correspondant du Ministère de l'Instruction publique
pour les travaux historiques et scientifiques, il devint par l'élection, quelque temps après, l'un des quarante-cinq membres
résidents de la Société des antiquaires de France, qui le choisit
en 1890, pour son vice-secrétaire. A partir de cette époque, il
rédigea les comptes rendus des séances, jusqu'au jour où une
mort soudaine vint interrompre, dans sa soixante-troisième année, le cours de sa belle et laborieuse existence, plonger ses
enfants dans la plus vive affliction et ses nombreux amis, dans de
profonds regrets. Entouré de tous les soins que la plus tendre
piété filiale peut inspirer, il rendit son âme à Dieu, le 4 juin
1891 (1), avec une sérénité puisée dans de fermes convictions

1. Voici en quels termes M. Corroyer, président de la séance du 10 juin, annonça
la perte que venait de faire la Société des antiquaires de France, dans la personne de
M. Flouest.

chrétiennes. Selon le vœu qu'il en avait exprimé, il a été inhumé à Lenglay (Côte-d'Or), auprès de celle qu'il avait tant aimée.

M. Flouest appartenait, soit à titre de membre honoraire, soit à titre de membre correspondant, à de nombreuses sociétés savantes, telles que l'Académie des sciences, arts et belles lettres de Lyon, l'Académie de Nîmes, la Société archéologique de l'Orléanais, la Commission départementale de la Côte-d'Or, la Société historique et archéologique de Langres, la Société archéologique du midi de la France, etc., etc.

« Depuis notre dernière séance, un nouveau deuil est venu frapper notre Société : M. Édouard Flouest s'est éteint le 4 juin, et, à la tristesse bien naturelle d'une mort si rapide, s'ajoute encore le regret de n'avoir pu lui rendre publiquement le témoignage d'estime et d'affection que méritait l'homme aussi bien que le savant et auquel tous ceux qui l'ont connu auraient voulu s'associer. Mais, la modestie de notre confrère regretté lui ayant fait refuser les honneurs suprêmes qui lui étaient dus, nous devons nous borner à rappeler, dans l'intimité de nos séances, les services qu'il a rendus à notre Société.

« M. Flouest était, parmi nos confrères, un de ceux qui s'étaient le plus exclusivement consacrés à l'étude de nos antiquités nationales; avec plus de dévouement que personne, il réalisait le type de l'*antiquaire de France*.

« Il n'y a pas aujourd'hui à entrer dans l'appréciation détaillée des nombreux travaux qu'il a publiés sur divers monuments des régions où ses fonctions l'appelèrent, dans le Gard, la Provence, l'Orléanais et enfin dans la Bourgogne. Dès 1869, il devient l'un des collaborateurs les plus zélés de la commission de topographie des Gaules, qui a rendu de si grands services à l'archéologie nationale. Au moment des fouilles du camp de Chassey, de l'oppidum de Nages, des tumulus de la Côte-d'Or et de la Haute-Marne, il a fourni des indications précieuses. Plus tard, il s'est occupé particulièrement de mythologie gauloise et il a rédigé à ce sujet des notes nombreuses qui seront, sans doute, mises en lumière par des amis et conserveront le souvenir de son passage parmi nous. Nous savons que dans les derniers jours de sa vie, sa pensée se reportait souvent sur notre Compagnie et qu'il a fait connaître à l'un de nos confrères ses intentions au sujet des notes et des dossiers que la mort ne lui a pas laissé le temps de mettre en œuvre.

« M. Flouest était l'exemple de l'homme droit et dévoué à ses amis. A plusieurs reprises, il a donné des preuves d'une délicatesse de conscience bien rare aujourd'hui, notamment en sacrifiant une brillante carrière et plus tard une position élevée aux convictions qui dominèrent toute sa vie. Nommé associé correspondant national, le 3 novembre 1869, puis élu membre résident, le 5 mars 1884, M. Flouest n'a cessé d'apporter à notre Compagnie le concours le plus éclairé et le plus dévoué. Personne n'oubliera qu'il était un de nos confrères les plus exacts, toujours actif et, avec une bienveillance et une courtoisie parfaites, toujours prêt à mettre les ressources de son érudition au service de tous ceux qui s'intéressent à nos travaux.

« Nous sommes certains d'être l'interprète de vos sentiments, Messieurs et chers confrères, en adressant à la famille de notre regretté confrère, M. Flouest, avec nos compliments de respectueuse condoléance, l'expression de l'estime et des sympathiques regrets de la Société nationale des antiquaires de France. »

Il fit partie, comme membre non résident, de la Société d'agriculture, sciences, arts et commerce du Puy. M. Flouest présidait la Société littéraire et archéologique de Lyon, lorsque le Ministre de l'Instruction publique décerna à cette Société, en 1877, l'un des trois prix annuels affectés, alors, au concours des Sociétés savantes des départements.

Nous citerons :

Parmi ses principales productions judiciaires : De *l'esprit de conservation et de discipline,* discours prononcé à l'audience solennelle de rentrée de la cour d'appel de Lyon, le 3 novembre 1875;

Ses différents discours d'installation, en qualité de procureur général, près les cours d'appel de Chambéry, de Nancy et d'Orléans;

Parmi les mémoires archéologiques se rapportant aux civilisations primitives :

Notice archéologique sur le camp de Chassey (Saône-et-Loire), 1869. (L'Institut de France décerna à l'auteur une deuxième mention honorable);

Le Tumulus du bois de Langres;

Les sépultures antéhistoriques de Vauxhaulles (Bulletin de la Société des sciences historiques et naturelles de Semur);

L'oppidum de Nages, entre Nîmes et le Vidourle;

Archéologie cévenole; compte rendu des *recherches sur l'ancienneté de l'homme dans les grottes du Vivarais, 1870;*

Sépulture antique découverte au Mas d'Agon, en Camargue;

Note sur un autel de Laraire, dédié aux Dioscures, découvert à Bezonce, près Nîmes;

Les fouilles de Magny-Lambert (Côte-d'Or);

La stèle funéraire de C. J. Successus, découverte au Cours neuf de Nîmes;

Épitaphe de Frotoardus, dans l'église de Saint-Gilles (Gard);

Les tumulus des Mousselots, près Châtillon-sur-Seine (Côte-d'Or);

Le bel âge du bronze lacustre de Suisse, par E. Desor et J. Favre; étude critique;

Pierres sculptées de l'époque gauloise conservées au musée Calvet à Avignon;

Un casque en fer et des bouteroles de fourreau d'épée en bronze de l'époque gauloise;

Une inscription votive du temple des sources de la Cave, à Essarois (Côte-d'Or);

Signes lapidaires ou marques de tâcherons de la chapelle de la Correrie, commune de Lenglay (Côte-d'Or);

Les graffiti de la chapelle de Saint-Étienne à Saint-Hilaire d'Ozilhan (Gard);

De l'exploration des Tumulus;

Antiquités gauloises découvertes dans le département de la Haute-Marne;

Plat antique à couverte noire, recueilli à Saint-Flour (Cantal);

Une cause exceptionnelle de la conservation des objets antiques en fer;

Autel mérovingien de Favarie (Bouches-du-Rhône) ;

Bas-relief du XIIe *siècle de l'ancienne chapelle de Saint-Vincent près Digne, (Basses-Alpes) ;*

Le Tumulus du bois Bouchet commune de Chamesson (Côte-d'Or) ;

Note sur un poignard en bronze, recueilli à Briois-sur-Ource, (Côte-d'Or) ;

Observation sur l'exploration de quelques sépultures de l'âge de bronze dans le Finistère par le P. Duchatellier ;

Deux pierres tombales du canton de Recey-sur-Ource (Côte-d'Or) ;

• Observations à l'occasion du vase à Griffons de la Cheppe, sur l'imitation par les potiers gaulois des poteries étrangères ;

Observations à l'occasion d'une note de M. Linas sur le signe symbolique en S ;

Observations sur les images votives de pieds humains ;

Opinion nouvelle sur la destination du disque d'or, recueilli à Auvers (Oise) ;

Cachet d'oculiste gallo-romain ;

L'autel gallo-romain d'Aubignos (Basses Alpes) et sa dédicace à Silvain ;

Solea en fer et autres antiquités découvertes à Vertaut (Côte-d'Or) ;

Les Protohelvètes par le Dr V^{or} Gross, étude critique ;

Les fouilles d'Armentières, 7e fascicule de l'album Caranda, par F. Moreau ;

L'époque gauloise dans le département de la Marne ;

Le port feminin du Torques, étude critique ;

Antiquités gauloises de la collection Fourot, découvertes dans la Haute-Marne ;

Le char de la sépulture gauloise de Bauvaudan, commune de Somme-Tourbe (Marne) ;

Observation sur une situle ombrienne, signalée par Gaidoz ;

La Tène, oppidum helvète par le Dr V^{or} Gross, compte rendu ;

Deux stèles de Laraire et le signe symbolique S ;

Observations sur une roue de char en bronze découverte à Langres, conservée dans la collection Jul. Gréau ;

Statuette en bronze de Mercure et statue en pierre d'un Cataphractaire découvertes dans les Basses-Alpes ;

Notes sur quatre sépultures ayant fourni des parures semblables dans un tumulus à Cusey (Haute-Marne) ;

Note sur une sépulture sur pierre de style oriental, découverte à Pact (Isère) ;

Note sur un torques en bronze découvert dans un tumulus, dans la forêt de Châtillon (Côte d'Or) ;

Note sur trois bronzes de la haute antiquité découverts dans le département de la Drôme ;

De la valeur en archéologie des termes celtiques et gaulois ;

Note sur un bracelet de bronze avec inscription en caractères inconnus, découvert à Eschilleuse (Loiret) ;

Note sur l'épitaphe d'un décurion Lingois mort à Lyon ;

Le Dieu gaulois au marteau ;

Anneau sigillaire de l'époque mérovingienne découvert à Saint-Montan (Ardèche) ;

Note sur des vestiges d'un Breviarium Lingonense, acquis par la Bibliothèque nationale ;

Tumulus de Mont Saugeon (Haute-Marne), en collaboration avec MM. C. et J. Roger de Langres ;

Autel de Laraire découvert à Nîmes et se rattachant au culte de Mithra ;

Outil de potier en os et poids en bronze Semi-as, découverts dans la Drôme ;

L'autel de Mayence (Revue archéologique, mars-avril 1890) ;

Le tumulus de Gruffy ;
Les autels gaulois (Société des antiquaires, avril 1890);
Les bas-reliefs antiques de la place Lenche, à Marseille, 1891.

M. Édouard Flouest préparait un grand travail sur le dieu gaulois au marteau, quand la mort l'a surpris. Les manuscrits de cette œuvre, accompagnés de nombreux dessins, ont été confiés à M. H. Gaidoz, directeur à l'École pratique des hautes études, qui, de son côté, avait réuni une multitude de notes sur la même divinité. Les deux savants n'étaient pas en parfaite conformité d'opinions, sur certains points. Néanmoins, il a été convenu que le survivant utiliserait les pages de son confrère, restées inachevées, en citant l'auteur, chaque fois qu'il lui ferait des emprunts, en sorte que la dernière œuvre de M. Édouard Flouest ne sera pas perdue.

Il laisse de nombreux albums de dessins représentant les plus beaux spécimens de toutes sortes d'antiquités gauloises, connues et éparses dans les musées et dans les collections particulières. Ces dessins exécutés par lui seul, avec une précision remarquable, sont coloriés et donnent bien le ton de la matière dont ils sont faits. Ils serait à désirer que ces dessins fussent publiés dans un recueil spécial, avec les annotations qu'ils comportent.

Depuis que cette notice a été écrite, Mademoiselle Flouest, fidèle observatrice des volontés de son vénéré père, a fait don au Musée de Saint-Germain-en-Laye de cette remarquable collection de dessins, relatifs aux temps préhistoriques et celtiques, aux divinités, aux cultes, aux sépultures, à la céramique, aux outils, instruments, vases métalliques, armes, parures, costumes, ex voto de la Gaule ; aux ex voto et sépultures de l'époque gallo-romaine et à des monuments de l'époque romaine. D'autres dessins se rapportent aux époques mérovingiennes et carlovingiennes. Toutes ces aquarelles avaient été exécutées par M. Flouest, avec une remarquable exactitude et teintées avec la même précision, en vue de travaux restés à l'état de projets. (Voy. *Intermédiaire des chercheurs et des curieux,* n° du 20 octobre 1892, t. XXVI, p. 86.)

Louis PASCAL.

UN TOMBEAU

DE

L'ANCIENNE ÉGLISE SAINT-JEAN-LA-CHEVALERIE AU PUY

L'ancienne église de Saint-Jean-là-Chevalerie, située au Puy à l'extrémité du faubourg Saint-Jean, subit en ce moment une transformation complète. Destinée à servir d'habitation particulière; elle a été divisée par de gros murs et, pour les établir, on a creusé le sol à une grande profondeur. Son propriétaire actuel, M. Jean Cavard, en enlevant les dalles qui constituaient le pavé de cette église, a mis à découvert un caveau où reposait depuis cent trente trois ans un chevalier de Malte, Jean-Philibert de Fay de la Tour Maubourg, grand bailli de Lyon et Devesset.

Cette tombe, formée de moellons et de pierres de taille de grandes dimensions, renferme encore les ossements du défunt. Une dalle rectangulaire extraite des brèches volcaniques de Corneille et mesurant 1 mètre 84 de longueur sur 0 m. 75 de largeur, recouvrait la dépouille mortelle du chevalier. A sa partie supérieure, on voit, encastré dans une croix de Malte, et surmonté d'une couronne de comte, un écusson aux armes des Latour Maubourg : *de gueule à la bande d'or chargée d'une fouine d'azur*. Au dessous se lit, en capitales romaines, l'inscription suivante :

CI GIT ILLVSTRE
JEAN PHILIBER DE
[FAY] DE LATOVR
MAVBOVRG CRAND
BALIF DE [LYON]
DE LORDRE DE MALTE

AGÉ DE 80 ANS
DÉCÉDÉ LE 4
FEVRIER 1759
REQVIESCAT IN
PACE. AMEN.

Jean-Philibert de Fay de La Tour Maubourg était fils de Jacques de Fay, comte de La Tour Maubourg et d'Éléonore-Palatine de Dio Montperroux, mariés le 8 mars 1671. (1) Il mourut au Puy le 4 février 1759, dans la maison du marquis de Nérestang, sise place du Fort, ainsi que l'atteste l'acte mortuaire ci-après, copié sur les registres de la mairie du Puy (2):

« L'an 1759 et le 6ᵉ février a été inhumé par transport dans « l'églize de Sᵗ Jean la Chevalerie frère Jean-Philibert du Fay « Delatour de Maubourg, chevalier de l'ordre de Malte, grand « bailly de Lyon, agé d'environ 85 ans (3) habitant à la place du « Fort dans la maison de M. le marquis de Nerestang, parroisse « de Sᵗ George, y étant décédé le 4 février, muni des sacre- « mens de l'églize ; ont assisté au convoy Mʳˢ Louys-Marcellin « Lobeyrac et Guilhaume-Antoine Bertrand, vicaires soussignés :

« BERTRAND. LOBEYRAC. DELOM, curé. »

Cette pierre tumulaire est brisée en son milieu. La cassure a fait disparaître plusieurs lettres de l'inscription : elle est également usée sur les bords et, par suite, quelques mots sont effacés. Il a été néanmoins facile de les restituer et nous les faisons figurer entre crochets.

Ce monument, qui rappelle le souvenir d'une des plus illustres familles du Velay, est momentanément à l'abri des outrages du temps et de la main des hommes et nous ne saurions trop féliciter M. Jean Cavard de l'avoir transporté dans son jardin et adossé au mur de sa maison. Nous pensons néanmoins qu'il a sa place marquée au musée du Puy, dont les La Tour Maubourg ont été les bienfaiteurs et nous exprimons le vœu qu'il y soit transporté le plus tôt possible.

Un article de M. l'abbé Payrard inséré dans le nº 23 des *An-*

---

(1) *Tablettes historiques du Velay,* 8ᵉ année, page 480.
(2) Archives municipales, E. 72.
(3) L'inscription lapidaire porte 80 ans.

nales de l'œuvre des Séminaires du diocèse du Puy, page 378,
porte ce qui suit :

« 4 février 1759. — Mort de M. le commandeur de Maubourg,
« grand bailli de Lyon qui a élu sa sépulture dans l'église de
« Saint-Jean de Jérusalem au Puy. Mlle de Séneujols a invité le
« chapitre aux obsèques et lui a offert 150 livres. MM. du chapitre
« consentent à se rendre à cette invitation « à cause de la véné-
« ration qu'ils portent au grand bailly ».

« M. le curé de Saint-Jean s'oppose à ce que le chapitre vienne
« assister en corps « à raison des privilèges de son église et de son
« exemption de toute juridiction ». Le chapitre persiste et décide
« qu'il passera outre, ayant des privilèges pour officier dans
« toutes les églises de la ville.

A. LASCOMBE.

THÉODULFE ET SES ŒUVRES

Messieurs,

Parmi les ouvrages qui vous ont été présentés à la dernière séance figuraient les *Mémoires de la Société archéologique et historique de l'Orléanais* (Tome XXIV). Cet ouvrage contenait un remarquable travail intitulé « Théodulfe, évêque d'Orléans, sa vie et ses œuvres », par M. Ch. Cuissard, sous-bibliothécaire de la ville d'Orléans. La lecture de cette œuvre intéressante m'a engagé à vous en présenter une analyse très sommaire. En effet, rien de ce qui concerne ce grand personnage de la cour de Charlemagne ne saurait vous être indifférent, puisque les Archives de notre cathédrale partagent avec la Bibliothèque nationale l'honneur de posséder chacune un des deux principaux manuscrits provenant de cet évêque, avec cette nuance que la Bibliothèque nationale ne possède le sien que depuis un temps relativement court (xviie siècle d'après M. Léopold Delisle), tandis que le nôtre a traversé toutes les phases les plus critiques de notre histoire locale, gardé avec un soin jaloux pendant plus de mille ans, depuis l'époque où, conformément à l'unanimité de nos traditions locales, il fut offert à Notre-Dame du Puy par Théodulfe.

Je n'entrerai pas dans la description ni dans l'historique de cette Bible, travail déjà fait et bien fait, d'abord par M. Philippe Hedde (1), puis par M. Léopold Delisle (2), M. Charles Rocher (3),

(1) *Annales de la Société d'agriculture, sciences, arts et commerce du Puy.* Années 1835-1836.

(2) *Académie des inscriptions et Belles-Lettres* (17 avril 1878).

(3) *Mémoires de la Société des amis des sciences, de l'industrie et des arts de la Haute-Loire.* Année 1878, p. 143.

et M. Isidore Hedde (1). Disons seulement que cet ouvrage a été qualifié par M. L. Delisle de magnifique spécimen de la calligraphie carlovingienne. Je me propose aujourd'hui de faire ressortir à vos yeux l'importance du rôle que joua en France l'illustre auteur de cet ouvrage, au moyen d'extraits empruntés à M. Cuissard, et, en même temps, de rectifier deux de ses allégations. Ces critiques ne sauraient abaisser la valeur de son Mémoire; elles ont simplement pour but de ne pas laisser s'accréditer des erreurs qui tendraient plus tard à faire loi et, par suite, à infirmer les allégations concordantes de nos anciens chroniqueurs.

En premier lieu, M. Cuissard (p. 177), parlant de la Bible du Puy et du mystère qui règne encore sur l'époque exacte et les conditions de son entrée dans le trésor de notre cathédrale, se demande comment, après avoir appartenu à l'église d'Orléans, puisque au folio 346 se trouve une charte d'un évêque d'Orléans, comment, dit-il, ce livre précieux disparut-il pour revenir au chapitre du Puy, etc.... Or, cette allégation est fausse, attendu que la dite charte ne se trouve pas plus sur le folio 346 que sur aucun autre des 347 feuillets de la Bible. Une confusion s'est produite avec un autre exemplaire d'une Bible de Théodulfe, ainsi qu'en fait foi M. L. Delisle dans sa communication de 1878. Aucun doute ne saurait donc subsister à cet égard; une lettre de protestation a déjà été envoyée à ce sujet par notre collègue M. Lascombe.

La seconde allégation, contre laquelle nous devons encore nous élever, sans avoir plus de fondement, a néanmoins pris une certaine consistance : elle tendrait à établir que notre Bible n'appartenait pas au trésor de notre ville en 1511. Cette allégation repose sur une inscription grecque écrite à cette date par le chanoine Rostan, lors de la restauration de la Bible. Ce chanoine, sans doute chargé de cette restauration, avait profité de l'occasion pour inscrire sur la Bible quelques pieuses sentences avec son nom, mais sans aucune mention de propriété; il en agit de même à Lyon pour un ouvrage appartenant à la bibliothèque de cette ville, alors qu'il avait été chargé de la mettre en ordre. La coïncidence de ces deux faits de même nature prouve qu'en agissant ainsi le chanoine voulait seulement établir une date de

____

(1) *Paléographie des tissus* (Bible de Théodulfe). In-8 de 32 pages.

présence aux deux ouvrages dans lesdites bibliothèques ; ce qui est un véritable service rendu à la chronologie. Ce fait avait été du reste déjà signalé et réfuté précédemment par M. Charles Rocher. Nous espérons que M. Cuissard comprendra et reconnaîtra le bien fondé de nos réclamations.

Les investigations nouvelles auxquelles s'est livré M. Cuissard n'ont apporté aucune lumière nouvelle sur le voile qui couvre encore l'origine précise de la donation de notre Bible. Par contre, aucune raison probante n'a encore été donnée qui puisse infirmer l'antique possession dont nous nous prévalons. Notre savant et regretté collègue M. Aymard a fait justice depuis longtemps des objections qui avaient été présentées à ce sujet.

Voici cependant deux observations qui pourraient peut-être mettre sur la voie de la solution de ce problème historique. La première est l'hypothèse émise par M. Cuissard, basée sur la richesse et la correction incomparable de l'exemplaire du Puy, qui a pu être destiné par son auteur à l'empereur lui-même. S'il en était ainsi, ce précieux manuscrit ne pourrait-il pas être regardé comme un hommage impérial à Notre-Dame d'Anis, lors du passage de ce monarque, voyage dont nos chroniques ont gardé le souvenir ? — En second lieu, nous apprenons par M. Cuissard que Théodulfe était Espagnol d'origine et que ce prélat conserva toujours un vivant souvenir de ce pays, dont il parle souvent en termes émus dans ses vers. Fidèle aux coutumes de ses compatriotes d'alors, dont nous connaissons les relations fréquentes avec le pèlerinage de Notre-Dame d'Anis, il a sûrement été amené à suivre leur exemple, ainsi que le répètent nos chroniqueurs. Personne n'a encore déchiffré les quatre mille vers composés par Théodulfe qui traitent, tant des événements de sa vie que des coutumes des lieux qu'il a parcourus ; peut-être l'un d'eux fait-il au moins allusion à ce pèlerinage : la confirmation de ce fait par un pareil témoignage mettrait fin à toutes les objections ; la donation du manuscrit se trouverait naturellement liée à la preuve du voyage. — De ces deux opinions, la dernière, qui est conforme à nos chroniques locales, nous paraît la plus probable.

Puisque nous sommes sur ce sujet, ajoutons que la Bible conservée au trésor de notre cathédrale est toujours l'objet des plus grands soins et que, si on a effectué la séparation des précieux tissus intercalés entre les feuillets pour les préserver, en les réunissant dans un autre album, c'est d'après le conseil des hommes de l'art qui avaient cru reconnaître au contact de ces tissus une altération plus grande que pour les feuillets non protégés. Cette disposition séparée permet, en outre, d'étudier plus facilement ces antiques et précieux tissus, dont l'historique a été fait avec la plus grande compétence par M. Philippe Hedde (1).

C'est à Théodulfe qu'est due la première charte connue de l'instruction populaire en France ; à ce titre seul la France moderne devrait lui être reconnaissante d'avoir semé les premiers germes des libertés publiques. En même temps que l'Anglais Alcuin, Théodulfe avait été appelé de Rome en 781 par Charlemagne, afin de relever l'étude des lettres dans la Gaule. Tandis que le premier, qui était laïque, s'occupa surtout des grands, le second, nommé évêque d'Orléans en 783, plus tard (802) abbé de la savante abbaye de Fleury, s'adonna surtout à subvenir aux besoins intellectuels et moraux du peuple ; c'est pour cette raison que, bien à tort il est vrai, il fut moins remarqué par les historiens anciens. Mais le rôle important qu'il joua à cette grande époque a été relevé par les travaux modernes ; les Bénédictins, Guizot, Fauriel, Mgr Baunard et, en dernier lieu, M. Cuissard ont constaté tour à tour que Théodulfe fut un novateur hardi et puissant dans toutes les branches du savoir. Les recherches des premiers de ces savants ne portaient que sur des points spéciaux ; M. Cuissard a tenté une étude d'ensemble ; c'est cet ouvrage qui a valu à son auteur une médaille d'honneur au concours de l'Orléanais en 1890, récompense toute spéciale pour cette œuvre regardée comme la plus importante de toutes les œuvres couronnées.

L'auteur débute par une étude approfondie de la géographie du diocèse d'Orléans à cette époque lointaine : puis il fait de nombreuses citations des œuvres de Théodulfe, qui mettent en relief son érudition profonde, son caractère admirable, son esprit d'observation, sa justice, sa charité et son amour des arts.

Nourri à l'école de Virgile et d'Ovide, de Pline et de Varron,

(1) *Annales de la Société d'agriculture, sciences, arts et commerce du Puy.* Années 1005-1000.

ainsi que des meilleurs auteurs chrétiens, Théodulfe possédait
une éducation à la fois romaine et chrétienne ; Rome et la Gaule
se partagent son cœur ; la première lui fournit la langue, la
seconde l'inspiration, la religion forme le trait d'union ; aussi
mérita-t-il cet éloge contenu dans les *Annales bénédictines :*
« Théodulfe fut la gloire de la Gaule et le plus grand ornement de
l'Église entière. » Parmi ses œuvres nous citerons ses *Capitu-
laires* ayant pour but la réforme du clergé, qui servit de code
pour la discipline ecclésiastique dans plusieurs diocèses et contrées éloignées ; puis son *Pénitentiel*, qui forme le complément
du premier ouvrage, où il expose les cas de conscience. On le
voit ensuite (798) envoyé avec l'évêque de Lyon, Leitrade, comme
missus Domini, pour rétablir la justice, de Marseille aux Pyré-
nées. Ces hauts fonctionnaires avaient, comme on le sait, une
mission à la fois judiciaire, civile et politique, et servaient de
contrepoids aux prérogatives des grands. A son retour, Théodulfe signala l'inégalité des châtiments et la vénalité de la justice ; il inspira sous Charlemagne un idéal de justice qui, après
un long intervalle, ne devait reparaître qu'au xiiie siècle, sous
saint Louis.

Au moment où Charlemagne avait préparé de son vivant le
partage de son empire entre ses trois fils, l'évêque d'Orléans
proteste hautement contre cette mesure, qui, après le règne
suivant, causa la perte de la grandeur de l'empire franc. — Con-
sulté par Charlemagne au sujet de l'addition du terme « *filioque* »
dans le symbole des apôtres, addition contre laquelle s'élevait
l'Église grecque, Théodulfe, bien que ce terme ne figure pas
dans sa Bible, n'hésite pas à reconnaître que les livres des
Pères de l'Église établissent que l'Esprit saint procède du Père
et du Fils : en conséquence, cette addition fut sanctionnée par les
évêques réunis en concile, et cet usage adopté par les Églises de
France et d'Espagne, plus tard par l'Église Romaine. Aucune
question de dogme, de morale ou de discipline ecclésiastique ne
fut adoptée sans sa participation. Après la mort de Charlemagne,
il reçut à Orléans la visite de son successeur Louis le Débon-
naire ; mais, impliqué sans raison dans la révolte de Bernard
neveu de ce prince (817), il fut dépossédé de son évêché et
relégué dans un monastère d'Angers. C'est là qu'il composa

l'hymne « *Gloria, laus et honor* » qui est encore chantée à la fête des Rameaux. L'empereur, désirant le remettre en fonctions, voulut lui faire au moins avouer sa culpabilité, humiliation à laquelle le généreux prélat ne voulut jamais consentir. Aussi croit-on qu'il mourut dans sa prison en 821, sans être remonté sur son siège épiscopal.

Non seulement poète, il se montra encore architecte novateur. C'est lui qui remplaça le dôme des Grecs par le clocher central dans sa belle basilique de Germigny, usage qui ne tarda pas à être suivi.

En même temps qu'Alcuin il donna ses soins au recensement de la Bible, grâce aux nombreux manuscrits et aux coopérateurs habiles qu'il avait réunis dans son abbaye de Fleury. La comparaison entre les Bibles d'Alcuin et de Théodulfe montre que, tandis que les premières conservaient l'ordre adopté par les Grecs et les Latins, les secondes conservent l'ordre hébraïque, tout en n'abandonnant rien de ce que contiennent les exemplaires grecs et latins. Il fut donc obligé d'ajouter à la Vulgate de Saint-Jérôme les passages qui y manquent et se trouvent dans les Septante. Par suite la recension de Théodulfe, par l'amalgamation des textes originaires, a apporté une certaine confusion dans leur suite respective. Jusqu'à la fin du xe siècle les Bibles d'Alcuin furent suivies de préférence ; mais, à partir de cette époque, le texte de Théodulfe prévalut.

Sons l'influence de Théodulfe, les curés, au ixe siècle, ont donné l'essor au grand mouvement populaire et ont forcé les rois et la noblesse à donner au peuple la liberté : ils lui apprirent, mille ans avant la déclaration des droits de l'homme, ses droits et en même temps ses devoirs : ils enseignaient à ces hommes encore barbares la soumission volontaire et l'obéissance chrétienne aux lois de l'autorité. Les curés étaient nommés, non par l'évêque mais par le clergé de l'endroit avec le concours des fidèles ; néanmoins ils devaient prêter serment d'obéissance et de fidélité à l'évêque.

Théodulfe pourvut également aux besoins matériels de son peuple, car il fonda à Orléans un hospice qui pourrait encore aujourd'hui servir de modèle et qui portait comme inscription : « La maison que voici, toute modeste qu'elle est, suffit aux besoins

de la vie : le pauvre affamé y trouve à manger, celui qui est
altéré s'y rafraîchit ; le voyageur fatigué y trouve un lit, le
malade un remède et le malheureux la joie. Vous qui passez dans
cette maison, n'oubliez pas Théodulfe qui l'a construite. »   .

N'oubliez pas, disait-il à ses prêtres, que les dîmes et les oblations des fidèles constituent le trésor des pauvres et des pèlerins ;
vous ne devez pas en user comme de biens propres ; c'est un
dépôt qui vous est confié et dont vous aurez à rendre à Dieu un
compte sévère. — Il exige que tout ce qui concerne le culte soit
gratuit. — Telle est la haute et sage doctrine de ce prélat dont les
services étaient naguère hautement reconnus à la Chambre
des députés par le ministre de l'Instruction publique, M. Spul-
ler (8 novembre 1887). Cette ligne de conduite peut se caracté-
riser ainsi : l'Église avec le peuple, le peuple avec l'Église. C'est
de l'institution des écoles de campagne par Théodulfe, sous la
direction de son clergé, que date l'établissement d'une langue
populaire, berceau de la langue française. Le paysan, en sortant de ces écoles, obtient des places élevées qui excitent l'envie
des nobles restés dans leur ignorance primitive et les engage à
rechercher également les bienfaits de l'instruction. De là, l'établissement d'une école des nobles qui conduit sans interruption à
la création de l'Université d'Orléans (1305). — Une novation de
Théodulfe fut de faire représenter dans ses écoles, dans le double
but de rendre l'étude moins ennuyeuse et de faire une élégante
démonstration de l'appui mutuel des sciences, la représenta-
tion des sept arts libéraux, dont il donna lui-même un charmant
modèle. Cette idée fut continuée après lui et c'est sans doute à
elle que nous devons la peinture remarquable, découverte par
Mérimée en 1850 dans l'ancienne salle de l'Université de Saint-
Mayol, peinture remontant au commencement du XVIe siècle, par
conséquent presque à la découverte de la peinture à l'huile.
Cette peinture murale est, dit Mérimée, une œuvre capitale ;
il n'en connaît pas de plus remarquable en France. Sa conservation est surprenante.

Cette peinture ne contient, à la vérité, que quatre figures
principales : la Grammaire, la Logique, la Rhétorique et la
Musique ; mais une étude savante de M. Aymard nous a permis de savoir que les trois dernières, la Géométrie, l'Arithmé-

tique et l'Astrologie existaient dans un panneau voisin ; et, malgré leur altération complète, notre savant collègue a pu nous en donner la description, grâce à un passage très clair des Mémoires de Médicis.

L'intelligence éclairée de Théodulfe lui fit même présager les découvertes futures. C'est ainsi qu'il admettait la rotondité de la terre que les savants de son époque représentaient carrée. Les manuscrits de cette époque montrent qu'à l'abbaye de Fleury, on enseignait le droit Théodosien, la médecine d'après Gallien et Hyppocrate ; on y cultivait également l'étude de l'histoire et de la géographie.

En outre de ce qui est relatif à l'instruction, Théodulfe fait dans ses écrits le tableau des vertus et des vices ; il s'élève contre les traitements barbares de l'époque ; il les réprouve, disant qu'il faut garder le fer pour combattre les ennemis.

Sous sa haute influence, la Raison, dominée par la Théologie, marchait d'un pas tranquille et sûr. Aussi, pendant le règne de Charlemagne ne signale-t-on aucune hérésie.

Associé à ceux que l'empereur avait choisis pour former sa cour, orner son palais et exécuter les projets conçus par son génie, Théodulfe fut donc le fondateur des écoles qui devinrent l'Université, le promoteur des écoles de campagne, architecte, ami et protecteur des Beaux-Arts, théologien profond, savant exégète et versificateur habile.

Une vie si utile et sa fin qui fut si digne devraient inspirer à la reconnaissance publique l'idée de lui élever à Orléans une statue sur laquelle on écrirait :

A THÉODULFE,

ÉVÊQUE, POÈTE ET MARTYR.

PH HEDDE.

VOL DE 50,000 LIVRES

DES DENIERS DE LA RECETTE DES TAILLES DU PUY

ARRIVÉ LE 8 SEPTEMBRE 1708

SUR LA ROUTE DU PUY A YSSINGEAUX

C'est en ces termes que les relations et les Mémoires contemporains qualifient l'acte de banditisme que nous allons raconter.

Les grandes routes du Velay n'offraient pas la moindre sécurité au commencement du xviiie siècle. Ce n'étaient, chaque jour, qu'arrestations à main armée, assassinats, pillages de marchandises.

Les États, effrayés de l'audace des malfaiteurs, décidèrent entr'autres mesures de répression qu'une prime de 24 livres serait accordée à tout particulier, qui arrêterait un voleur et le conduirait dans les prisons de la sénéchaussée. Rien n'indique que le trésorier du diocèse ait eu à payer une seule fois cette prime.

En 1703, les mêmes États croyant mettre un terme aux entreprises de la « troupe brigande » qui opérait de préférence sur la route du Vivarais et du Languedoc et avait pour spécialité l'attaque des convois de muletiers, chargèrent les trois commissaires du pays d'acheter les bois de Chabanelles qui, entre Bizac et Costaros, servaient de refuge à la bande, et de détruire, au moins sur les bords immédiats du chemin, cette autre forêt de Bondy.

Cette recrudescence de la criminalité tenait surtout à l'absence presque complète d'une force armée capable d'imposer aux malandrins une crainte salutaire. Le petit corps de la maréchaussée du diocèse avait alors pour chef Honoré d'Authier de Saint-Sauveur, honnête homme, s'il en fût, animé des meilleures intentions et même, à l'état latent, d'une noble ardeur, mais d'un âge avancé, ne payant que rarement de sa personne et ne disposant que d'une troupe insuffisante.

En effet, d'Authier, qui avait acquis en 1697, au prix de 18,000 livres, l'office de prévôt de la maréchaussée, n'avait sous ses ordres que huit archers, vétérans des grandes guerres, qu'il commandait à la *papa* et, qui au lieu de patrouiller, de battre souvent l'estrade, préféraient de beaucoup, surtout en temps de « *burle* », passer leurs soirées à faire « le quart » dans quelque taverne du faubourg du Breuil ou de Saint-Laurent.

Vainement, en 1706, les États portèrent leur nombre de huit à seize ; comme les carabiniers d'Offenbach nos bons archers n'en continuèrent pas moins à laisser filer les escarpes qui eux, au contraire, semblèrent redoubler d'audace.

Le 8 septembre 1708, une bande de neuf à dix brigands exécuta sur la route du Puy à Yssingeaux l'habile coup de main dont nous allons parler. L'événement causa une profonde émotion dont nous trouvons l'écho dans les lettres suivantes de l'Intendant de la province au Contrôleur général des finances.

A M. le Contrôleur général des finances (1).

« MONSIEUR,

« J'ai appris que dix hommes à cheval ont volé à une heure et « demie du Puy une voiture de 50,000 livres que le receveur des « tailles envoyoit à Lyon pour l'armée du Dauphiné. Ils ont tué le « valet de ce receveur et blessé l'autre. Il a eu grand tort, dans « un pays comme celui-là, où il y avoit déja quelque huit de ces « voleurs, d'avoir hasardé une pareille voiture sans escorte. J'ay « envoié des ordres de toutes parts, et j'ay écrit dans toutes les « provinces voisines pour tacher de connoitre les voleurs. La « voiture étoit tout en argent blanc, ce qui me fait espérer qu'il « sera plus facile de la retrouver. Cependant le sʳ Sartre m'a dit

(1) Le Contrôleur général des finances était à cette époque Nicolas Desmarets, neveu de Colbert et précédemment Ministre d'État. Il avait succédé à Chamillard.

« qu'il a supplée à cette somme afin que l'armée ne manquât de
« rien.

« Je suis avec respect, etc.

« DE LAMOIGNON DE BASVILLE (1).

Montpellier, 14 septembre 1708 (2). »

Ces premières informations de la justice n'éclairent que bien
faiblement la situation.

« MONSIEUR,

« Quelque diligence que j'aie pu faire sur la voiture de 50,000 li-
« vres qui a été enlevée à 2 heures du Puy, je n'ay pu avoir
« d'autres lumières si ce n'est que le s^r Sartre aiant mandé au
« s^r Cambacérès (3) de faire partir promptement la voiture, le
« s^r Cambacérès l'avoit faite partir à cinq heures du soir par le
« nommé Paradis, voiturier, n'aiant d'autre escorte que celle de
« son valet, d'un muletier, d'un paisan et d'un petit ecolier, pour
« aller coucher au lieu du Pertuis distant du Puy de trois grandes
« lieues. Ils virent venir 9 cavaliers bien montés. Un d'eux tua
« d'abord le valet du voiturier, un autre tira un coup de pistolet
« au paisan dont il est mort ; ils lièrent le 3e valet et l'écoiler.
« Les voleurs coupèrent les sangles des mulets et enlevèrent
« l'argent, à la reserve d'un sac. Ils prirent le chemin d'Yssin-
« geaux. On croit que ce sont des gens de Lyon, parce qu'un
« muletier, les a vus à deux heures de ceste ville qui a dit que ce
« sont les mêmes qu'il avoit vus au Puy, qu'ils étoient tous bien
« montés et bien vêtus. On croit encore que ce sont les mêmes
« qui ont volé, il y a quelque temps, le courrier de Lyon. Je ramas-
« seray toutes les procédures qui ont été faites pour vous les envo-
« yer. Il m'a paru que le sieur Cambacérès avoit fait deux fautès
« considérables, la première, de faire marcher ceste voiture de

____

(1) L'un des meilleurs intendants qu'aient eu nos anciennes provinces. Il était fils
du célèbre premier président du Parlement de Paris.

(2) *Archives nationales* G¹ 310.

(3) François Cambacérès, conseiller du roi, receveur de la taille, originaire de Montpellier et l'un des ancêtres de l'archi-chancelier de l'empire.

« nuit, ce qui est déffendu par toutes les ordonnances, et la
« seconde sans escorte dans un païs où on parloit de voleurs. J'ay
« écrit d'abord que j'ay heu la nouvelle aux intendants des pro-
« vinces voisines et de toutes parts ; mais cela n'a pu encore rien
« produire. Je suis peu content des diligences que le prévot du
« Puy a faites, quoi qu'il soit monté à cheval avec sa compagnie,
« mais un peu trop tard. Avant de vous porter plainte de sa con-
« duite, j'ay cru devoir encore l'examiner. Je suis avec res-
« pect. etc.

« DE LAMOIGNON DE BASVILLE.

« A Montpellier, le 23 septembre 1708 (1). »

Malgré toute l'activité et le zèle déployés par le lieutenant criminel, Charles de Pralas de Rosières, magistrat dont la fermeté et
la clairvoyance ont été longtemps proverbiales au Puy, les cou-
pables n'étaient pas arrêtés ni leur butin retrouvé. Un mois plus
tard, la cour des Comptes aydes et finances de Montpellier
chargea M. Pierre Fizes, un de ses conseillers d'ouvrir une nouvelle information de l'affaire.

M. Fizes, assisté de Jean-André Daché, substitut du procureur
général, de Lacroix et Hugonenc, huissiers près la même cour, se
mit en route le 8 octobre pour le Velay. Le procès-verbal de son
enquête (2) contient de curieux détails sur la façon dont voyage
la délégation, sur son itinéraire et les réceptions qui lui sont faites
par les autorités des villes où elle passe.

Les magistrats sont portés en litière, escortés de plusieurs
laquais. Le premier jour ils vont coucher à Sommières, au logis
du *Luxembourg ;* le deuxième à Alais, le troisième à Villefort, à
l'*Écu de France ;* le quatrième à Langogne, à *La Levrette ;* le
cinquième, ils arrivent au Puy et prennent gîte au logis où pend
pour enseigne *Saint-Georges.*

Le lendemain, 13 octobre, ils reçoivent la visite des Consuls
revêtus de leur livrée consulaire et accompagnés d'un grand
nombre de notables, puis celle de MM. de Rosières, lieutenant
criminel, Colomb, président du présidial, Ferrebeuf, lieutenant

---

(1) *Archives nationales.* G¹ 310.
(2) *Id.,* O¹ 011.

principal, Chabanacy, procureur du roy, de la communauté des procureurs, etc.

Le 17, après avoir pris communication de la procédure déjà faite par M. de Rosières, ils se mettent en route pour se rendre d'abord au Pertuis où ils font procéder par les sieurs de Bellengreville, père et fils, tous deux chirurgiens, à l'autopsie des victimes du crime du 8 septembre. Ils entendent, chemin faisant, un grand nombre de témoins, s'arrêtent à Yssingeaux où ils logent à l'*Écu de France;* à Monistrol, au logis de l'*Étoile;* à Aurec de Nérestang, à celui de la *Cuisse;* à Saint-Étienne, à l'*Aigle d'or;* à Saint-Chamont, à Lyon, à *La pomme de Pin*.

Dans cette dernière ville, ils prennent des mesures pour faire arrêter divers gens sans aveu véhémentement soupçonnés du crime du Pertuis. De là, ils rentrent, toujours enquêtant, à Montpellier, par la vallée du Rhône.

Pendant ce temps, le receveur des tailles Cambacérès, soucieux de dégager sa responsabilité assez gravement compromise, comme on l'a vu plus haut, faisait imprimer et distribuer aux magistrats de la Cour des Aydes un mémoire (1) qui résume d'une façon très exacte les diverses enquêtes faites sur le pillage de la recette. En voici le préambule :

« Le s^r Cambacérès, receveur des tailles du Puy, reçut ordre du commis du trésorier de la Bourse, de faire voiturer l'argent de la recette à Lyon, ainsi que cela se pratique ordinairement. Il fit voir cet ordre au s^r Lagarde qui faisoit l'exercice pour le s^r Fargues, qui est aussi receveur des tailles de ce même diocèse. Lesdits sieurs Cambacérès et Lagarde s'adressèrent le 7 7bre au nommé Paradis, muletier de Montfaucon, employé depuis plus de 40 ans à la conduite des voitures d'argent du Puy à Lyon.

« Il se trouva 50,000 livres d'espèces qui furent mises dans cinquante sacs qu'on rangea dans des caisses. Paradis les fit emporter à son hotellerie, le 8, environ midy. Il fit partir ses mulets conduits par Julien, son associé, à 4 heures, pour aller coucher au Pertuis à 2 lieues du Puy. Il y avoit avec la voiture,

---

(1) *Mémoire concernant le vol de 50,000 livres des deniers de la recette des tailles du Puy arrivé le 8 7bre 1708.* (5 pages grand in-8°), *Archives nationales,* G⁷ 311.

outre ledit Julien, un autre homme et un garçon de 13 ou 14 ans. Il devoit joindre à la sortie de la dite ville le valet de Mathieu Liougier, hôte et muletier du Pertuis qui conduisoit les mulets de son maistre. Ils se joignirent à un quart de lieue de ladite ville et allèrent ensemble jusques auprès du Pertuis où ils furent attaquez par 7 ou 8 voleurs à cheval, bien armés. Pierre Julien et Antoine Jousserand qui estoient avec la voiture d'argent furent tuez, les caisses enfoncées et 49 sacs de mille livres emportés; le cinquantième resta dans les débris des caisses.

« Ce vol est un coup prémédité par un nombre de voleurs, qui selon les apparences, avoient demeuré à Lyon ou aux environs et s'estoient attachés à découvrir le temps des voitures d'argent, leur route, la manière de les conduire, et avoient sur cela pris des mesures pour réussir dans leur projet.

« Il résulte des procédures que ces voleurs partirent de Lyon, le 4 ou le 5 7bre au nombre de 7 ou 8 à cheval, bien équipez et armez. Ils suivirent un nommé Gilles, dit Cantaire, muletier, qui voituroit des marchandises et de l'argent de Lyon à Marvejols ; mais heureusement pour luy ces voleurs ne savoient pas qu'il portât de l'argent, et ce fut ce qui le garantit. D'ailleurs il paroit que leur projet estoit de voler Pierre Paradis qui voituroit l'argent des recettes, et pour cela, ils demandèrent de ses nouvelles dans les hotelleries de la route et quel chemin il tenoit ordinairement, en allant du Puy à Lyon.

« Ils arrivèrent au Puy le 7 septembre et logèrent séparément dans 3 hotelleries. Le 8 ils se donnèrent des mouvemens, sans doute pour découvrir ou estoit logé Paradis. Ce jour là mesme les espèces, jusques au montant de 50,000 livres, furent mises dans les caisses et, après qu'on les eut fermées, embalées et clouées suivant l'usage, Paradis les fit porter de midy à 2 heures à son hotellerie. La voiture partit avant quatre heures. Un des témoins a déposé que ce fut entre trois et quatre.

« Dans le temps du départ un inconnu alloit et venoit aux environs de l'hotellerie et quand elle fut partie, on ne le revit plus. La voiture arriva à Montferrat, environ les six heures. Les muletiers y mangèrent une salade, ce qui ne les arrêta qu'un quart d'heure. De Montferrat au Pertuis, il n'y a qu'un quart de lieue, et ce fut entre ces deux villages que les voleurs firent leur coup, environ vers 6 heures.

« Le sieur Dufour, curé du Pertuis, et son clerc ont déposé qu'il estoit 8 heures lorsqu'on le vint appeler pour confesser Antoine Jousserand blessé à mort par les voleurs. Il leur avoit fallu du temps pour commettre l'action, couper les sangles et poitrails, enfoncer les caisses, en tirer l'argent, le mettre dans leurs valises ou sacoches,

« Après cela, ils attachèrent P. Benoit et P. Julien qu'ils avoient tué d'un coup de pistolet et leur lièrent les bras par derrière. Ils en firent autant à Claude Filtrame et Antoine Jousserand blessé à mort. Ils leur crièrent de rester dans le même état jusqu'à ce qu'ils fussent détachés par quelque passant, et que, s'ils faisaient le moindre mouvement ils les tueroient. Ils s'éloignèrent ensuite ; mais après avoir marché un certain temps, l'un d'eux revint sur ses pas pour voir s'ils estoient encore dans le mesme état et pour les obliger d'y demeurer longtemps dans la crainte que quelque autre ne revint. Ce ne fut que longtemps après qu'ils se furent éloignés que P. Benoit ayant trouvé le moyen de couper les cordes alla détacher les autres. »

M. Cambacérés conclut en disant que son messager n'a pas voyagé à une heure indue, que l'escorte était suffisante, que l'on ne saurait le taxer d'imprévoyance. Il cherche à établir que l'on se trouve en présence d'un cas de force majeure, puis il rejette la faute sur le prévôt et sa troupe. « Le mauvais état des compagnies des prévotz est encore une des causes de ce malheur. Quand le vol fut arrivé, le prévôt du Puy se trouva hors d'état de marcher. Il fit semblant de suivre les voleurs qui firent peu de chemin pendant deux jours. Il auroit pu les envelopper dans le lieu d'Aurec et au passage de la Loire ; mais sa négligence ou le mauvais état de sa compagnie composée de 4 ou 5 archers très mal montez fut la cause qu'il les laissa échapper. »

La cour des Comptes, à la suite de ces explications, délivra à M. Cambacérès un *quitus*.

En définitive, le pauvre M. de Saint-Sauveur fut, en cette affaire, la seule victime, ainsi que nous l'apprend Arnaud en nous donnant l'épilogue de ce drame qui, pendant plusieurs mois, passionna singulièrement nos pères.

« Lors de la tenue des États au mois de mars 1709, le sieur
« Jerphanion, syndic du pays, exposa que le vol de la somme de
« cinquante mille livres provenant de la recette des derniers
« royaux, conduite à Lyon et enlevée par sept hommes sur la
« grande route à deux lieues du Puy, le 8 de septembre précé-
« dent et en plein jour, devait être attribué principalement à l'au-
« dace et au nombre considérable des voleurs et brigands qui
« n'étaient pas réprimés par la maréchaussée du diocèse dont le
« prévot, sieur de Saint-Sauveur, fort honnête homme d'ail-
« leurs, était trop avancé en âge, et les archers peu en état de
« servir, vieux, mal equipés et montés, se livrant même à des
« occupations étrangères à leur service. Le syndic proposa en
« même temps qu'il fut nommé un prévot à la place du sieur
« de Saint-Sauveur, à qui on rembourserait le montant de l'achat
« de sa charge, un exempt, un procureur du roi de la maréchaus-
« sée et un greffier. Les États accueillirent sa proposition et
« nommèrent sur l'heure prévot du diocèse du Puy le chevalier
« d'Ozon, sieur de Ville, ancien militaire, et exempt, le sieur Flo-
« ransac (1). »

Notre annaliste omet une autre cause de la tiédeur excessive
apportée par la maréchausée dans l'exercice de ses fonctions. A
cette époque, par suite des embarras financiers de la province,
ce corps protecteur du repos public ne touchait que très irrégulièrement sa solde, ou même ne la touchait pas du tout, s'il faut en
croire les doléances que son chef suprême adressait à ce sujet au
Contrôleur général des Finances.

Monseigneur,

« Je prends la liberté de vous représenter la cruelle situation où
se trouve la maréchaussée du Languedoc, et moi en particulier.
Nous ne sommes pas payés de nos gages. J'ai fourni à mes
archers tout ce que j'ai pu pour exercer leurs charges. Ils seront
obligés de vendre leurs chevaux. Il est de grande conséquence

______

(1) Arnaud, *Histoire du Velay*, t. II, p. 244.

pour le roy et le public qu'ils soient en état de servir et moy aussi. J'ai l'honneur, etc.

« DE MALASSAGNE,
« *Prévot général de la province de Languedoc.*

« Montpellier, 9 février 1710 (1). »

Environ un demi-siècle plus tard, l'impuissance de la maréchaussée fut plus manifeste encore, lorsqu'il s'agit de mettre un frein aux exactions et aux violences du fameux Mandrin qui, pendant un an, terrorisa le Velay comme les provinces avoisinantes. L'on sait que, pour faire cesser le fléau, les pouvoirs publics durent faire intervenir des troupes régulières, qui eurent difficilement raison de cette bande à l'organisation si redoutable.

HENRY MOSNIER.

(1) *Archives nationales,* G 7. 313.

LA CORPORATION DES CHAPELIERS DU PUY

AU XVIᵉ SIÈCLE

—

Si, promeneurs oisifs, amateurs des beaux sites, vous avez gravi la colline de Ronzon, s'étageant mollement avec ses bassins superposés sur un des côtés de notre ville, votre vue a certainement été frappée par une grande cheminée se découpant sur la droite d'un immense bâtiment aux allures manufacturières. C'est là, paraît-il, que doit s'installer dans quelque temps une fabrique de coiffes de chapeaux. Saluons en passant cette industrie que je n'appellerai pas nouvelle dans un pays, où, au xviᵉ siècle, on connaissait la corporation des « maistres garnisseurs de chapeaux et chappelliers ».

Assurément leurs boutiques, au portail de bois, surmontées d'un immense auvent, étriquées, obscures, enfoncées, n'avaient rien de l'allure grandiose des manufactures modernes. Mais il est bon d'étudier ces humbles, ces laborieux du passé, parfois trop délaissés dans l'histoire locale, malgré leur intérêt actuel, en un siècle où l'on se plaît à faire l'histoire de la classe du travail.

Les « maistres garnisseurs de chappeaux et chappelliers » faisaient travailler « à double chappeaux de toutes façons » fabriquaient « Courdons, houppes, escofions et ceintures en broderies bonnets carrés, bonnets plissés et autres servant pour le jour et pour la nuit, le tout de drap de soye et autres marchandises ».

Voilà l'industrie des chapeaux dans toutes ses parties ; aussi la corporation des chapeliers était-elle représentée au Puy d'Anis. A quelle époque précise remontent l'origine, l'éclosion de cette association? Nous l'ignorons, Mais des documents inédits nous apprennent que sur la fin du xvie siècle la société des chapeliers fut grandement troublée. Même le roi dut se mêler au débat et donner à cet effet, en 1576, des lettres patentes.

Voici l'événement d'après un extrait que nous avons sous les yeux.

Le roi avait appris que « les bailles et chappelliers qui exerçaient le dict mestier de chappelliers pour et en l'honneur de Dieu, nostre créateur, et de la benoite Vierge Marie, et du saint Esprit, ayant accoustumé de faire une confrairie tous les ans, huict jours apprés la Pentescote, à l'église des Cordelliers, et là, tous les dicts chappélliers, convoqués et appelés pour mainctenir la dicte confrairie et préhéminans d'icelles, s'y doibvent trouver et ung chacung des dicts chappelliers contribuer, pour sa part et portion, et aultre qu'il ne soit permis à aulcung chappellier ne faire ne exerçer le mestier de chappellier, sauf ce que ponctuellement ils soient approuvés idones et suffisant à l'exercice par les maistres bailles et les maistres jurés du dict mestier et autres chappelliers experts à ce cognoissant et qu'ils ayent payé à nous une fois ou à notre ordinaire de la cour commune du Puy un franc d'or ».

Ah! ce maudit franc d'or; il fut la cause d'un grand trouble dans la corporation. L'avarice, plus funeste qu'une « fièvre caussonne », — pour parler le langage du chroniqueur Médicis, — avait envahi l'âme de certains chapeliers qui, dans le but de se soustraire à cet impôt, usèrent du stratagème suivant : « se sont transportés au lieu d'Aiguilhe, près le Puy, ung traict d'une arbaleste, pour éviter de payer à nous ou à nostre receveur au dict lieu du Puy le dict franc d'or, et ung franc d'or pour ung cierge, et non estre contribuables à la dicte confrairie et de l'exercice divin d'icelle, et aussy du cierge qui est acoustumé porter pour les dicts chappelliers à l'honneur du saint Esprit, le jour de la feste Dieu ; et se sont pareillement efforcés et efforcent lever bouttique au dict lieu d'Aiguilhe, et là, faire chappeaux de mauvaise laine et d'autres laines que n'ont acoustumé faire les chappelliers. »

Il y avait bien là de quoi troubler les honnêtes chapeliers fidèles aux statuts et règlements de la corporation. Combien durent-ils craindre de voir la bonne renommée des chapeliers ponots com-

promise par des intrus établis à Aiguilhe, assez près du Puy,
pour leur nuire grandement, assez loin cependant pour ne pas
tomber sous le coup des règlements du métier !

Le roi comprit la situation, s'émut du trouble « des maistres
garnisseurs de chappeaux » de sa bonne ville et ordonna comme
il suit :

« Faictes faire expresse deffance de par nous, sur certaines et
grand peines à nous à appliquer aux dicts chappelliers que ainsy
vouldroient lever bouttique nouvelle, tant au dict lieu du Puy
que audict lieu d'Aiguilhe, qu'ils n'ayent doresnavant à lever
bouttique, sans ce qu'ils soient premièrement approuvés et passés
maistres, ne vendre aucuns chappeaux en nostre dicte ville du
Puy, qu'ils ne soient visittés par les dicts bailles et gardes du
dict mestier, ainsy qu'ils ont acoustumé faire, et qu'ils ayent aussy
payer à nous ou à nostre dict receveur le dict franc d'or. »

Fiers de cet appui royal, « les maistres garnisseurs de chappeaux et chappelliers » se réunissaient, l'an 1598 et le vingt-cin-
quième jour du mois d'août, passaient les articles dont nous
allons nous occuper.

Quel fut le but de leur assemblée ? — « Pourvoir sur le resta-
blissement de l'ordre et privilège du dict mestier que par la
malice du temps avoit été perverti. »

Les premiers articles étaient consacrés à l'ordonnance de
différentes messes que la corporation devait faire célébrer dans
un grand nombre de couvents. Puis on s'occupait du mode d'élection des bailles, chargés de faire respecter les privilèges et statuts.

Les membres de la corporation étaient tenus d'accompagner la
dépouille de tout membre défunt, à peine d'amende d'une livre de
cire.

Chaque maître, enfin, devait verser 22 sols par mois pour
subvenir aux frais divers de l'association. Nous passons brième-
ment sur ces différents articles qui se retrouvent dans les autres
statuts des anciennes corporations de la ville du Puy, pour nous
étendre sur le sixième ; le voici textuellement : « Et pour ce qu'on
voit souvant que la misère du temps ou longueur des maladies
desquelles il plaist à Dieu quelque fois nous visiter, les personnes
devenant en telle pauvreté qu'ils n'ont moyen de se nourrir et alli-
menter, a esté advisé et arresté que ou aucun des maistres du

dict mestier tomberoit en telle extrémité pour les assister et les soulager, les dicts bailles seront tenus donner ce que par eux et par les autres maistres sera advisé, comme aussi au mesme les compagnons du dict mestier pauvres passant qu'ils ne pourront s'arrester en cette ville, et le tout suivant l'advis des dicts maistres ».

Il y a quelques mois nous vous exposions les articles et statuts des maistres bastiers. Ils connaissaient la méthode des secours mutuels, mais ne l'avaient jamais étendue aux compagnons pauvres de passage au Puy d'Anis. Ce détail nous paraît intéressant, actuel, bon à saisir parmi ces différents articles des maîtres chapeliers, pour le rapprocher du mode de secours usité dans les syndicats modernes.

Le septième article s'occupait du stage nécessaire pour l'obtention du titre de maître. Il exigeait trois ans d'apprentissage et trois ans de stage ; après six années révolues, on pouvait faire un chef-d'œuvre et lever boutique.

Cet article sévère se retrouve dans les statuts des autres corporations de notre ville. Les bastiers exigeaient dix années de stage. Cette longue attente devait rebuter bien des travailleurs, et d'ailleurs les maîtres parvenus semaient à plaisir les difficultés pour les apprentis ; la corporation devenait un milieu fermé, accessible aux seuls fils des maîtres.

Le procureur de la cour commune du Puy fit observer « aux maistres garnisseurs de chappeaux que leur dict mestier n'est pas si difficile qu'il y falhe employer six ans qu'est le meilleur de l'âge de la jeunesse, au moyen de quoy le dict article doit estre réduict, scavoir le temps de l'apprentissage à dix-huict mois, et le service à autres dix-huict mois que sont trois ans, apprès lesquels doibvent demeurer libres pour continuer à servir ou passer maistres ».

Le procureur refondait également le huitième article, qui exigeait des « maistres chappelliers » un délai de quatre ans révolus pour changer d'apprenti : il le réduisait à dix-huit mois.

Ajoutons que les articles neuf et dix favorisaient l'admission des fils de maîtres dans la corporation, les exemptait de stage et de chef-d'œuvre. La veuve d'un maître pouvait également tenir boutique tout le temps de sa viduité. Nous avons ainsi un aperçu

complet des articles passés en 1598 par les « maistres garnisseurs de chappeaux et chappelliers ».

Nous pouvons voir combien les corps d'état étaient fermés, et
nous le regrettons vivement. Il nous est, d'ailleurs, loisible de
saisir le zèle apporté par les maîtres à la conservation des privilèges. Ils éloignent toute concurrence, toute fabrication capable
de causer un préjudice à la bonne renommée des marchandises
de la bonne ville. Mais le passage qui nous dépeint le mode des
secours dans ces sociétés du passé, voilà ce qui nous intéresse
vivement.

Nous sommes heureux de pouvoir recueillir lentement quelques pièces, heureux débris, qui nous révèlent l'existence humble
mais laborieuse de la classe ouvrière de cette ville. Espérons
qu'avec le temps nous pourrons déchirer complètement le voile
qui nous dérobe les noms, la vie de ces artisans dont nous
admirons les travaux échappés, en si petit nombre hélas! des
étreintes destructives du temps.

Nous ne saurions terminer cette notice sans adresser tous
nos remercîments à la famille Lobeyrac pour son obligeance à
notre égard. Ces documents ont été puisés dans ses archives, où
des mains savantes ont entassé une foule de pièces à l'aide desquelles on aime revivre le passé de la ville du Puy, dans ce qu'il
a de plus intime et de plus intéressant.

Germain MARTIN.

LA DENTELLE DANS LE VELAY

Dans les pages qui vont suivre, nous n'avons pas la prétention de présenter une histoire complète de la dentelle dans le Velay. Nous avons réuni un assez grand nombre de textes, nouveaux ou peu connus, qui serviront à indiquer les principales étapes de cette industrie et à préciser le grand et ancien rôle qu'elle a joué dans la vie économique du pays du Velay et du département de la Haute-Loire. Cet essai d'histoire locale n'avait pas encore été tenté. Les histoires générales de la province sont presque muettes sur la dentelle : nous n'avons sur ce sujet capital que des travaux de détails. Il nous a semblé utile de combler cette lacune. Nous avons suivi pas à pas la dentelle : nous l'avons vu naître au XVIe siècle, se perfectionner au XVIIe. et s'épanouir en une magnifique floraison au XVIIIe siècle. Enfin, nous avons retracé son existence à notre époque. Nous avons écarté les détails techniques et ceux d'ordre purement descriptifs. On les trouvera dans les livres que nous avons mentionnés en note et surtout dans certains ouvrages devenus classiques, comme l'*Histoire de la dentelle* de Mme Bury Palisser ou de Seguin, l'*Art dans la parure* de Charles Blanc, les rapports sur les arts décoratifs en 1851 et 1878 de F. Aubry et de Didron. Enfin E. Lefébure, dans *Broderies et dentelles*, publié dans la bibliothèque de l'enseignement des Beaux-Arts, a présenté un élégant résumé des faits épars dans des livres spéciaux.

I

Ses origines.

La dentelle est la plus grande et la plus ancienne industrie du

Velay. C'est elle qui a enrichi nombre de familles et a permis l'achat des bijoux et la construction des « vignes », ces deux péchés mignons de la petite province. Et cependant, malgré la grande place tenue par la dentelle, il est très difficile d'écrire son histoire.

Les renseignements recueillis par les érudits sur cet intéressant sujet sont peu nombreux et cela rend notre tâche fort délicate. La pauvreté des documents est, du reste, le cas ordinaire en ces sortes de questions. Nos anciens chroniqueurs notent dans leurs registres, les batailles, les crimes, les brûleries du Martoret, les menus incidents de la rue avec de longs commentaires. Ils gardent le silence le plus complet sur la vie économique du peuple. Ce sont là détails dont ils se soucient peu. Médicis nous racontera tout au long l'entrée d'un roi de France dans la bonne ville, nous ne nous en plaindrons pas; mais nous lui reprocherons de ne point s'occuper en détail des métiers qui faisaient vivre ses contemporains. Je sais bien qu'il énumère les différentes corporations qui existaient de son temps; mais notre curiosité, difficile à satisfaire, demanderait mieux.

A quelle époque parut la dentelle? En quelle année entendit-on pour la première fois la musique des fuseaux? On ne peut donner aucune date précise. Les débuts furent sans doute très modestes, et personne ne songea à remarquer le premier essai. Aussi, pour rester dans la vérité, ne faut-il rien préciser. Plus tard, dans un dépôt d'archives ou dans les minutes d'un ancien notaire, on trouvera peut-être la clef du mystère. Nous avions demandé, sur cette question difficile, l'avis d'un des hommes qui connaissaient le mieux l'histoire du Velay, pour l'avoir étudiée avec passion dans ses plus intimes recoins, M. Chassaing. Il ne croyait pas à la possibilité d'arriver à un résultat définitif.

Cependant tous les historiens de la dentelle, et ils sont nombreux, affirment que son origine en Velay remonte au xve siècle. Un érudit, qui fait autorité, M. Havard, dans son grand *Dictionnaire de l'ameublement*, qu'il vient d'achever, s'exprime ainsi à l'article dentelle : « Il est facile de prouver que trois cents ans avant Colbert, il existait, dans notre pays, des centres considérables de fabrication. Dès le xve siècle, en effet, aux environs du Puy, on faisait déjà de la dentelle. Des titres anciens y mentionnent la présence de cette industrie en 1408. Et un savant belge, le docteur Van Holsbeck, a établi qu'elle avait eu pour berceau le Velay, petit pays du Languedoc, formant aujourd'hui le département de la Haute-Loire. Du Velay ces précieux tissus s'étaient promptement répandus dans tout le midi du royaume. L'inventaire dressé en 1607 par Grégoire Beaunom, négociant à Bordeaux, des marchandises existant dans ses magasins, ne mentionne pas moins de vingt-quatre sortes de dentelles différentes dont les prix varient de 3 sols 6 deniers jusqu'à 4 livres l'aune. »

Sur les origines de la dentelle nous ne trouvons rien chez les chroniqueurs locaux. Cependant, il est juste d'observer que dans les énumérations de corps de métiers transmises par Médicis, il ne faut point s'étonner de ne pas rencontrer la dentelle. Outre que le mot dentelle était à peine employé, celles qui exercent le métier de dentellières sont éparses dans les villages. Elles sont à la fois ménagères et ouvrières, elles travaillent au carreau à leurs heures. En outre, les femmes ne se syndiquent pas volontiers, et il n'est pas de règle de les voir former des confréries. Ce fait seul nous permet d'affirmer que la dentelle a pu exister dans le Velay, avant qu'il en soit fait mention dans l'histoire.

Nous le croyons d'autant plus volontiers que la corporation des merciers était nombreuse et très respectée au Puy. Elle figure en bonne place dans les processions. Dans les boutiques de merciers on devait certainement trouver au XVIe siècle de nombreux paquets de dentelles. Gentilshommes et nobles dames en portaient beaucoup alors. La mode en faisait mettre dans toutes les parties du costume.

Les dentelles venaient en partie de l'Italie. C'est l'Italie aussi qui nous envoie des livres de patrons, commodes pour s'initier aux mille fantaisies d'un art délicat et variable. Ces livres de patrons peuvent très bien avoir développé chez nous des initiatives heureuses. Vous en connaissez au moins un : celui qui a pour titre : *Les singuliers et nouveaux pourtraicts pour les ouvrages de lingerie*, par le seigneur Federic de Vinciolo, Vénitien, à Paris, chez Jean le Clerc le jeune, 1587. Vous pouvez voir un des rares exemplaires de l'ouvrage dans l'une des vitrines de la salle des dentelles du musée. Dans le titre, Vinciolo parle des

ouvrages de lingerie (1). Médicis peut très bien avoir employé
le mot mercerie dans un sens analogue (2).

Le Vénitien a dédié son livre à la reine et au roi de France,
Henri III, un efféminé qui avait des coquetteries de femme et qui
aimait à se parer de leurs ornements. Un fait à rappeler, c'est
que depuis François Ier, nos rois appelaient à Paris des ouvriers
d'élite, qu'ils logeaient au Louvre. Cet usage existait encore
au temps de Colbert, et il contribua grandement à la création
d'industries nouvelles.

L'érudit dont nous parlions tout à l'heure, M. A. Chassaing,
avait trouvé, dans un acte notarié de 1616, une mention certaine
de la dentelle. L'anecdote est curieuse : un de Rochebaron et sa
noble dame s'étaient réfugiés au Puy, pendant la période trou-

(1) Le titre complet du livre est à retenir : Les singuliers et nouveaux pourtraicts
pour les ouvrages de lingerie, nouvellement augmentés de plusieurs différents por-
traicts servant de patrons à faire toutes sortes de poincts couppé, lacis et autres reseau
de poinct conté, dédié à la royne, le tout inventé, au proffit et contentement des
nobles dames et demoiselles et autres gentils esprits, amateurs d'un tel art, par le
seigneur Federic de Vinciolo, Vénitien, 1587. — Sur la première feuille on lit : Ce livre
appartient à moi Reynauld Hubert. L'écriture est fort ancienne et permet de croire que
le premier possesseur de cette sorte d'atlas de la dentelle était un contemporain de
l'auteur. A certains signes, elle semble appartenir au commencement du XVIIe siècle.
Le livre passa ensuite dans la bibliothèque de Gabriel Colomb, puis dans celle du
séminaire et enfin dans celle de la ville.

(2) Th. Falcon, dans sa *Galerie pour l'histoire de la dentelle*, fondée au musée du
Puy, justifie presque cette hypothèse, p. 7 : «'Au nombre des anciennes et belles pièces
de dentelles qui font partie de ma collection, je signalerai surtout une sorte de guipure
en fils d'or et d'argent trouvée au Puy dont le dessin en entrelacs parfaitement accen-
tués rappelle l'époque de la Renaissance et une robe du XVIe siècle, en soie de
couleurs variées, dont le travail plein de difficultés est d'un fini extrême. » Je
lis : « M. Aymard signale des inventaires de 1410, 1432 et 1444 où, parmi les joyaux
et reliques de l'église cathédrale, il est parlé d'ornements entourés *duabus parvis
retis deauratis, ab utraque parte cum reta rubra* — cité par Turgan, *Grandes usines
de France.*» — Sur les merciers du Puy et leur importance, voir notamment : *Chroniques de Estienne de Médicis,* bourgeois du Puy, éd. Chassaing, T. I, page 305 et
suivantes: « sur bendes de mestiers. » Je remarque p. 315 un passage sur les « Bone-
tiers » ayant habits *decopés*... Enfin un fait qui prouve qu'au commencement du
XVIe siècle la dentelle était portée en France : « 1532. Yvoire représentant une sage
femme, portant baptiser un enfant couvert d'une belle tavayolle de poinct couppé. »
Inventaire des objets d'art composant la succession de Florimond Robertet, ministre
de François Ier, dressé par sa veuve le quatrième jour d'août 1532 et publié par
M. Eug. Grésy dans les *Mémoires de la société imp. des antiquaires de France,*
3e série, T. XI, 1868 p. 53. — Enfin, dans les corps de métiers, figurent toujours des
« broudiers ».

blée de la Ligue. Le Velay était alors dangereux à habiter. Les campagnes étaient sans cesse ensanglantées par les batailles furieuses des catholiques contre les huguenots. On pillait et on brûlait fréquemment les maisons et les châteaux. Nos de Rochebaron se sentaient en sûreté derrière les solides murailles du Puy, alors forteresse redoutable, sur les remparts de laquelle se dressaient deux cents canons. Ils y vécurent longtemps, menèrent joyeuse vie et firent des dettes. Les huissiers, qui à cette époque lointaine existaient déjà, saisirent leur mobilier : dans l'inventaire des vêtements, il est fait mention de petites dentelles du Puy, placées au col des vêtements.

Ainsi les débuts de l'industrie dentellière ne peuvent être fixés d'une manière précise. Ils ont sans doute été peu bruyants et cela seul suffit pour nous expliquer pourquoi on n'a point songé à en parler. C'est le bruit seul que nous remarquons, ce sont les gens qui crient bien fort qu'on regarde de préférence (1).

(1) Nous devons à l'obligeance de M. Lascombe, conservateur de la Bibliothèque municipale et directeur du musée, communication d'un dossier sur l'histoire de la dentelle au Puy, dossier qui avait été réuni par M. Aymard, ancien archiviste de la Haute-Loire, qui fut un géologue hardi et un archéologue distingué. Nous ferons au dossier quelques emprunts qui compléteront heureusement les documents que nous avons recueillis. Sur l'origine de la dentelle, je lis cette note : « L'inventaire du mobilier laissé au château d'Espaly par Pierre Gogueil, évêque du Puy (1327), mentionne des étoffes diverses pour le service religieux ; je n'y trouve pas d'indices positifs de l'usage des dentelles, à moins qu'on en reconnaisse un dans ces mots : « aliam toallham altaris *cum modica operatura.* » C'est dans les églises que furent employés les premiers tissus ouvragés.

J'ajoute qu'au début la dentelle n'avait point cette finesse de dessin et cette richesse d'exécution qui la caractérisera plus tard. On la désignait sous le nom de *passement,* terme général qui désignait en même temps les galons, les cordonnets d'or, d'argent, de soie, de lin, de coton, de laine. Ces primitifs passements ou dentelles différaient peu d'un galon ou d'un lacet : ils étaient faits de fils passés ou entrelacés les uns dans les autres ; de là le nom de passement. Peu à peu, on varia le dessin, le fil employé fut plus fin, l'exécution plus soignée. Le passement devint la dentelle. Le mot même de dentelle n'apparaît guère qu'au début du xviie siècle. Le dictionnaire de l'Académie le définit ainsi : dentelle, sorte de passement à jour et à mailles très fines, ainsi nommé parce que les premières qu'on fit étaient dentelées. — Voir Mme Bury Palliser, *Histoire de la dentelle,* nombreux détails sur les livres de patrons du genre de celui de Vinciolo. Lefébure, *Broderies et dentelles,* p. 183 et suivantes. Voir sur ce mot dentelle au t. IV des *Mémoires de la Société agricole,* p. 376, une note curieuse sur un inventaire de 1595 où le mot est employé (Jacotin).

II

La dentelle au XVIIe *siècle.*

La dentelle s'est développée chez nous dans la grande période de l'ancien régime, après le règne réparateur du bon roi Henri. Cela ne veut pas dire qu'il est facile d'en indiquer l'importance, d'apprécier la valeur des produits. A cette époque, la statistique n'était pas inventée et elle ne soupesait pas, avec ses chiffres, tous les objets sortis de la terre ou des mains des hommes.

La dentelle française, qui avait à lutter contre la dentelle vénitienne, fut protégée par Richelieu. Un édit lui fut consacré, qui lui assura désormais le marché national. Les guerres de tarif ne sont pas d'aujourd'hui. Nul doute qu'alors, dans tout le pays du Velay, la dentelle ne fut fabriquée dans toutes les chaumières. Elle permettait aux manants de vivre indépendants. Ils restaient chez eux, n'allaient pas offrir leurs services aux nobles ou aux bons bourgeois. L'aisance était partout dans les montagnes.

Ce qui nous le montre c'est le texte classique consacré à la dentelle par le chroniqueur Jacmon. Nous le citerons en entier ; il mérite d'être lu avec attention, car il est plein de renseignements :

« Du décriment des dentelles tant de soie, filet blanc, que clin-
« quant d'or et d'argent. La dicte année 1640 étant venue une
« ordonnance de la cour du Parlement de Toulouse, et par per-
« mission de sa majesté, on fit la publication d'icelle dans l'audi-
« toire de Monsieur le sénéchal du Puy et de là par les carrefours
« de la dite ville, à son de trompe, qu'il n'eusse aucune personne,
« de quel sexe qualité et condition qu'ils soient, qu'ils n'aient à
« porter sur leurs habits, robes, manteaux et rabats, d'aucune
« sorte de dentelle, tant de soie que de filet blanc, ensemble pas-
« sement, clinquants d'or ni d'argent fin ou faux, et d'y obéir dans
« huit jours prochain, à compter de ce lundi, avant-dernier jour
« de janvier du dict an 1640. Sur les peines telles que de droit et
« grosses amendes, et ce, à cause que l'on ne trouvait point de
« serviteurs et servantes pour être servis. Car, petits et grands
« faisaient des susdites dentelles, et même il n'y avait point de
« distinction des grands avec les petits. Cela faisait enchérir les

« toiles blanches, parceque les fils s'en allaient à faire des den-
« telles, et aussi ne se trouvait point d'or ni d'argent pour faire
« battre monnaie et plusieurs autres raisons. Et ce, au grand
« regret de plusieurs marchands qui les vendaient et de ceux qui
« les portaient et encore plus de ceux qui les faisaient, qui
« vivaient de cela (1). »

Le texte que nous venons de transcrire est d'une importance
capitale et peut fournir des renseignements nombreux. Il permet
d'affirmer qu'au milieu du xviie siècle, l'industrie était très prospère en Velay. Sur toutes les portes, on voyait vieilles et jeunes
femmes, demoiselles et petites filles faisant voltiger d'une main
agile les fuseaux sonores du modeste carreau à dentelles. La dentelle était déjà l'industrie maîtresse du pays : elle était le centre
de toute l'activité économique de la province.

Elle employait comme matière première surtout le fil, l'argent
et l'or. Nous remplaçons l'or par le cuivre. Nous sommes beaucoup moins coquets ou plutôt la dentelle, objet de grand luxe
autrefois, s'est singulièrement « démocratisée ». Nos aïeux
disaient que tout ce qui brille doit être en métal précieux. Ils
prisaient surtout ces dentelles massives, aux tons chauds, à
l'éclat vif qui rehaussaient heureusement leurs pourpoints de
couleur sombre. Voyez les costumes des gens de cour : ils sont
admirables d'élégance, et combien pâles nous sommes avec nos
habits secs et sans floritures. (Voir quelques échantillons dans la
galerie Falcon.)

---

(1) Antoine Jacmon, *Mémoires*, p. 150. — Dans un essai sur l'histoire de la dentelle,
nous ne pouvons passer sous silence le rôle qu'on attribue en cette circonstance au
père jésuite François-Régis, qui a été canonisé, et auquel on a gardé dans la Haute-Loire
un culte tout spécial, en raison des grands services qu'il aurait rendus au pays. L'ordonnance du Parlement de Toulouse plongea les marchands de dentelles et les
ouvrières dans une profonde désolation. « Le père Régis, qui se trouvait alors au Puy
où il inspirait beaucoup de confiance et de vénération, consola les ouvrières réduites à
la mendicité ; il leur fit espérer le prochain rétablissement de la fabrication, puis alla
à Toulouse où il obtint la révocation de cette ordonnance ridicule. Il ne se contenta
pas de ce bienfait : sous son inspiration les Jésuites ouvrirent au commerce des dentelles de ce pays des débouchés en Espagne et dans le Nouveau-Monde. Aussi les
ouvrières de ce pays ont-elles saint François-Régis en grande vénération et l'ont-elles
pris pour patron. » Voir Félix Aubry, *Rapport sur l'exposition de Londres, 1851*.
Cette intervention de François-Régis, si elle n'est pas prouvée par des documents
authentiques, représente du moins une tradition vivace et respectable.

Les fils employés par nos dentellières, d'où venaient-ils? Deux textes, récemment trouvés par M. Chassaing et publiés dans *La Haute-Loire*, nous fournissent une réponse précise. Les textes sont de l'année 1667. Le premier est relatif à un achat « de fil d'olande à faire dentelles ». L'achat a été fait à Jean Pays, muletier au Puy. C'était un commissionnaire, qui allait du Puy à Lyon, avec ses bêtes de somme. Il se fournissait de fil d'olande chez Geraud de Lyon. Le brave Pays muletier ne savait pas lire, et l'acte de vente fut dressé devant deux témoins dont l'un était Sabatier, praticien. L'achat était important, si l'on tient compte de la valeur relative de la monnaie en 1667. Il montait à la somme de 316 livres et 19 sols. Dans une industrie où la matière première n'a qu'une importance très secondaire, cet achat nous indique un état de grande prospérité. (Minutes de Jean Thivel, notaire royal, registre de 1667-68, fol. 15.)

Le second texte (15 avril 1667) se rapporte à une vente faite à des étrangers. Il nous montre que les produits de l'industrie ponote étaient déjà répandus au loin. Deux marchands de Saint-Paul-du-Var, dans les Alpes Maritimes, les frères Isnard, confessent devoir à sire Jacques Genestet, marchand bourgeois de la ville du Puy, la somme de 500 livres tournois. Cette somme est destinée à payer des marchandises et dentelles de fil d'Hollande, qui étaient alors fort à la mode. Le paiement de cette grosse somme devait être fait à trois mois, dans la maison de sire Pierre Gauthier, marchand, où pend pour enseigne le signe de la Sainte-Croix. (Minutes de Jacques Espanhon, notaire; Haute-Loire, série E.)

Ainsi, voilà des preuves certaines, — et on en trouvera d'autres dans ces trésors inconnus, les archives notariales, — que l'industrie dentellière était en pleine floraison. On vendait des dentelles de tous côtés, et nul doute que les gracieux passements du Puy ne fussent bien représentés dans le fameux magasin du Palais-Royal, dans l'étalage duquel on admirait de grands cols, des manchettes à revers ajourés, des gants à poignets de dentelles, des pourpoints, des hauts de chausses, des bottes d'ordonnance, parées de ces tissus légers et diaphanes que nous réservons aux toilettes féminines.

Déjà à cette époque partaient du massif central des nuées de colporteurs qui s'éparpillaient aux quatre coins de l'horizon, allaient dans les grandes foires, à celle de Beaucaire notamment, vendre les produits de la montagne. Ces modestes négociants contribuaient à répandre par tous pays la dentelle, et fondaient sa réputation au loin. Elle est du reste une marchandise peu encombrante et se prêtait bien aux transactions rudimentaires d'alors.

Un autre élément de prospérité qu'il ne faut pas oublier, c'est la présence au Puy de nombreux étrangers. On se plaint maintenant de la pénurie de voyageurs dans la capitale du Velay. Autrefois, elle était envahie par une foule compacte de pèlerins. On les voyait en longues théories monter à travers les rues pentueuses de la Haute-Ville et aller prier à l'autel de la Vierge noire. Tous ces pèlerins, soyez-en bien sûr, faisaient, avant de partir, un petit tour dans les boutiques de la rue Grangevieille ou descendaient dans l'étroit corridor de Raphaël. Ils achetaient des dentelles de fil de Hollande. Et vous aviez ainsi, par le seul fait de ces petits achats multipliés, un vif courant d'exportation.

L'édit de 1640 n'avait donc eu aucune influence sur l'industrie de la dentelle. Les cris de détresse poussés par ceux qu'il ruinait, furent entendus, et le gouverneur rapporta la malencontreuse mesure. Les mesures économiques de Colbert eurent aussi une grande influence. Il est souvent question des dentelles dans ses lettres et instructions publiées dans la collection des *Documents inédits de l'histoire de France*. En 1698, un intendant du Languedoc, Lamoignon de Basville, pouvait écrire cette phrase : « On fait des dentelles au Puy qui produisent des sommes énormes, que l'on porte en Espagne, en Allemagne et dans tous les pays étrangers. Le commerce fait subsister la meilleure partie du peuple. » Retenez bien cette phrase dont nous allons avoir à nous servir encore. Elle nous permet de dire qu'au moment où elle était écrite, en tenant compte de l'optimisme officiel, le Velay traversait une période de grande prospérité.

Le chroniqueur, qui nous a déjà fourni sur la dentelle un texte si précieux, le bourgeois du Puy, Antoine Jacmon (1), parle une seule fois d'un marchand dentellier, mention précieuse que nous n'avions pas rencontrée chez les autres chroniqueurs

---

(1) *Mémoires d'Antoine Jacmon*, éd. Chassaing, p. 220 et suivantes.

locaux : « Enorme forfait de François Mallon, à l'encontre de sa femme. Ce dimanche 26 nouvambre audict an 1645, au soir, ledict maistre François Mallon, *marchant dantelher de Sainct-Paulhan, à présent habitant en la rue Sainct-Jacques du Puy,* s'estant marié en segondes nopces avec une nièce de Monsieur le chanoine Guonnot, il n'y avoict que huict jours, donc arive que ledict Mallon comme fou et insensé et rempli de jalousie qu'aux actes appert, s'estant retiré dans une chambre de la maison du sieur Guonnot où ils couchaient encore, la fantésie le prit sans dire mot, de saisir un chandelher et le rue sur la tête de sadicte femme, l'ayant fort blessée et tombée par terre...» Le dentellier jaloux fut condamné aux galères par la cour commune du Puy, il en appela à Toulouse et fut relaxé au bout de trois ou quatre mois. Il fut chansonné et traité d'« Auvergnat » (1).

(1) V. Levasseur, *Histoire des classes ouvrières en France,* passim. *Les industries dans les provinces sous Colbert.* — Dans les notes d'Aymard je lis l'anecdote suivante : « Le mardi 28 mai 1679 la maison du sieur Jacques Rousset, dit Paret, du Monastier, la moitié du mur d'icelle croula, qui écrasa une maisonnette et y tua une fille de Pierre Arnaud, et fracassa une autre fille, lesquelles y travaillaient ensemble à la dentelle. Ce fut par un adoucissement de temps et de pluie. »

Dans « *Les lettres, instructions et Mémoires de Colbert,* publiés par P. Clément : mentions nombreuses sur la dentelle, t. II, lettre à l'archevêque de Lyon, exemption du droit de 30 sols pour once d'or de toutes dentelles qui sortiront du royaume.

Efforts de Colbert pour faire de la dentelle une industrie française, p. 621, 725. Il voudrait voir introduire dans les manufactures le passement de Flandre et d'Angleterre. Il veut faire venir des ouvriers étrangers, si cela est nécessaire, pour arriver à ce résultat (janvier 1682-juillet 1682). Édit du roy, 18 septembre 1664, portant réduction et diminution des droits de sorties et entrées sur les denrées et marchandises : « En l'année 1654, il fut estably un autre droit de la levée d'un quart de la valeur des passements, dentelles, points-coupés et autres ouvrages de fil et de 10 0/0 sur les différentes espèces de marchandises entrant dans notre royaume. »

Un texte très intéressant sur le commerce avec l'Espagne, p. 799, M. de Villars, ambassadeur en Espagne, à Colbert, Mémoire sur les marchandises qui se consomment en Espagne. Mercerie et quincaillerie. « En cette sorte de marchandises, comme sont les *dentelles* de toutes façons.... la France est la plus abondante et *en fait grandissime commerce en Espagne et aux Indes occidentales.* » T. VII, p. 425, arrêt du conseil qui commet le sieur Barrillon, intendant de Picardie, pour informer contre l'introduction des dentelles et autres marchandises fines venant de l'étranger. Colbert s'est efforcé de développer l'industrie de la dentelle et lui a permis de lutter contre la concurrence étrangère.

III

La dentelle au XVIIIe *siècle.*

Au XVIIe siècle l'industrie de la dentelle s'est solidement établie dans le Velay, grâce surtout à l'intelligente protection dont l'avait entourée Colbert. Dans le siècle suivant, elle a étendu au loin son domaine géographique et a répandu dans les deux mondes ses merveilleux produits.

Elle dut cependant traverser, à la fin du règne de Louis XIV, une crise assez grave qui s'explique par les malheurs qui assaillent alors la France. Les guerres étaient continuelles ; le désordre le plus profond régnait dans les finances. Pour rendre un peu de vitalité à l'industrie et arracher à la misère une nombreuse population, un arrêt du conseil d'État du 6 août 1707 abaissa les droits d'entrée des dentelles du Puy Velay et Auvergne, à cinq sous par livre pesant. C'était une amélioration sur l'édit de 1664 que nous avons cité. Ces droits étaient fort gênants, ils se payaient non seulement à la frontière, mais encore à l'intérieur du royaume, divisé en cinq grosses fermes (1). Cette amélioration fiscale ne ramena pas la prospérité dans le Velay, et le « malaise de la manufacture des dentelles » continua, comme le prouve le texte suivant (2) : « En l'année 1709, les blés étaient extraordinairement chers, les récoltes ayant été très mauvaises, grande disette. L'an 1710, le quatorzième jour de janvier, les trois commis du pays de Vellay tenaient séance dans l'hôtel de Polignac. Le sieur Jerphanion sindic, expose que ce qui contribue le plus à la misère dont les habitants de ce diocèse sont accablés, *c'est que la manufacture des dentelles y est entièrement tombée faute de débit, en sorte qu'ils seraient réduits à l'aumône...* sur quoi il a été délibéré que le sieur Jerphanion sindic présentera requête à M. de Basville, intendant de cette province, pour qu'il permette l'emprunt de 20,000 livres laquelle servira de fonds pour acheter du fil et payer la façon des dentelles par les personnes

---

(1) V. Aymard, *Album d'archéologie religieuse,* notamment p. 113 et suivantes.

(2) Registre des délibérations des trois commis du Vellay, cote B, 32e délibération (Aymard). Procès-verbaux des États du Velay (Aymard).

qui seront préposées à cet effet, jusques à ce que le commerce se
soit rétabli. » En 1716, on constata officiellement une reprise
d'affaires. Une séance des trois commis du Velay fut tenue dans
la salle de l'évêché. Les sieurs Jerphanion et Laval rappellent le
traité passé avec eux par les trois commis réunis à Montpellier
le 30 décembre dernier, au sujet de l'emprunt de 60,000 livres
pour achat de dentelles du Puy. Ils pensent qu'il n'était pas nécessaire que ce traité subsiste plus longtemps. Les marchands achè-
tent à présent une assez grande quantité de dentelles. Un peu
plus tard, en 1721, nouvelles plaintes. On était alors à la fin de
l'aventure de Law. Le système qui devait donner la fortune à la
France venait de faire banqueroute à ses promesses brillantes.
Les monnaies étaient extrêmement rares et le commerce de la
dentelle s'en trouvait gravement incommodé. Les affaires se
traitent, en effet, par petites sommes : le négociant a besoin de
monnaies pour payer ses ouvrières ; chacune n'a qu'une petite
somme à recevoir et ne peut faire crédit. Les trois commis se
réunirent, le 17 août, dans la salle du doyenné pour remédier
à cette crise monétaire. Le sieur Jerphanion dit que les marchands
de dentelles de la ville, se voient dans l'impossibilité de continuer leur commerce par la rareté des espèces. Ils veulent envoyer
une députation à l'intendant pour le prier de faire changer en
espèces leurs billets de banque de « mil livres » pour une certaine
somme chaque mois, afin de pouvoir payer aux ouvriers le prix
de la facture des dentelles qui consiste en un grand détail.

La crise fut passagère, les dentelles aux fuseaux arrivèrent
alors à leur apogée de perfection (1). On voit accourir en foule
les marchands espagnols. Ils font de fortes emplettes et expé-
dient nos dentelles dans leurs immenses colonies de l'Amérique
du Sud. Aussi les fabricants s'ingénient-ils à varier leurs modèles, à inventer des dessins nouveaux. Dans les nombreux carnets
d'échantillons, reliés en parchemin, que Théodore Falcon
a collectionnés pour le musée de la ville, on retrouve les
preuves vivantes du génie des industriels du xviii⁰ siècle. On
peut y admirer surtout des *blondes* à grands dessins, d'un
élégant et pur style qu'il y aurait profit à mieux connaître et

____

(1) Voir, pour plus de détails, Lefébure, *Broderies et dentelles*, p. 276 et suivantes.

auxquelles la mode ferait bien de revenir. Une autre preuve de l'ingéniosité des dessinateurs est tirée d'un inventaire de dentelles trouvées dans le magasin de veuve Ranquet et Pierre Pons. Après faillite on dressa la liste des marchandises. Cette liste, qui a déjà été publiée, est cependant peu connue et mérite d'être reproduite en partie. Elle est de l'année 1730.

« Dentelles cousues : Brides de *Langeac*, grands milans, petits chicourbés, grands roseaux à fleurs, éperons rhavre, serpent fin, fatrasses, demy cartouche à Bagnolet, garay, bouquet, intendantes, laussonnes, matagons, demi cunes, grand ramage, grand roseaux, miroir, *Fay* à dent de rat, candales deux rangs, vittres, dets à raisin, Saint-Jacques, petites suisses, os de mort jardinière, roubade, violette, ville, chomelines, paterz, .mercières, tête de mort, œils, echelettes, rode, chenille, villes à dragées, fers à coquille, rosillons, françoises, treffles, fleurs de lys, emboullades, virolets, etc. Unies : *Monistrolles*, esses, de l'ô, *Brives*, françaises, percées, bouquets de *Vorey*, violon, un rang, fers, montagnes, marnas, rasoirs, fleurs nouvelles, grenoüilles etc. (1). »

Nous avons souligné, dans cette liste, un certain nombre de mots : ce sont autant de localités existant encore dans la Haute-Loire. Ces différents bourgs étaient des centres industriels particuliers, ayant dans cet art si capricieux de la dentelle une spécialité. Leurs ouvrières exécutaient avec une grande perfection un dessin et avaient ainsi illustré leur lieu d'origine. Ces noms, par leur situation géographique, nous indiquent bien que la dentelle s'était répandue dans le Velay et pays circonvoisins. Il est bon d'observer aussi qu'on fabriquait surtout des dentelles cousues, plus chères et plus artistiques que les autres. Elles se prêtent à des assemblages plus riches (2).

Les grands marchands faisaient de rapides et brillantes fortunes, à cause de la belle renommée de l'industrie ponote. Mais l'argent si vite amassé ne restait pas longtemps dans les mêmes

---

(1) Turgan *(Les grandes usines de France, La dentelle)* donne une liste de noms bien différents de 1759. Nous y relevons : Merlin à mouche de Retournac, Blondes à pendants, Treines du Béage, Modes d'Allègre, Neige de Saint-Paulien, Blondes nouvelles à merlin.

(2) Lefébure, *Broderies et dentelles*, p. 204. La blonde.

mains. Le goût du luxe s'était répandu dans la ville du Puy. Les orfèvres étaient nombreux, leurs affaires très brillantes. Les cafés existaient déjà et on y faisait volontiers de longues stations après la conclusion d'un gros marché. On se ruinait gaiement dans trois d'entre eux. Le plus célèbre et le mieux achalandé était le « Café suisse ». Il ne reste plus trace aujourd'hui de ces belles tavernes de l'ancien régime.

La fin du xviiie siècle est marquée par une décadence assez profonde de notre industrie. Un de ses grands marchés disparaît peu à peu : l'Amérique latine s'appauvrit de jour en jour, la contrebande anglaise y devient très active et nos marchandises ne trouvent plus acheteurs. La concurrence étrangère est devenue plus vive, et les industriels doivent changer leur genre de fabrication.

Cela ressort d'un rapport extrêmement précis écrit en 1771 par de Fages, commissaire principal du roi à l'assiette du Puy. Sous la rubrique « Dentelles » nous lisons des renseignements très curieux : nous les reproduisons ici, ils méritent d'être cités dans toute histoire de la dentelle vellave.

« Le commerce des dentelles de fil blanc avait été, pendant un
« temps considérable, la principale branche de commerce de la
« ville du Puy. Elle s'étendait jusques dans l'Amérique ; mais
« cette partie est presque totalement déchue, soit par des nou-
« veaux établissements en Italie et en Espagne, où il s'en faisait
« une consommation immense, soit par l'inexactitude et les fail-
« lites des Espagnols, commissionnaires des marchands du Puy,
« soit enfin par le droit excessif de 10 sols sur chaque livre de
« dentelles de fil vendue dans l'intérieur du royaume ou à l'étran-
« ger. On fixe l'époque de la décadence de ce commerce aux der-
« nières guerres d'Italie. — C'est en 1746 que nos armées péné-
« trèrent en Piémont et furent battues en plusieurs rencontres.
« Depuis lors, le produit de cette marchandise, qui avait été
« jusqu'à 3 millions de livres (9 millions de notre monnaie) est
« réduit à 1,500,000 livres.

« Cette perte est réparée par la fabrication des dentelles de
« soies blanche et noire appelées *blondes*, qui occupe non seule-
« ment les habitants de la ville du Puy, mais encore ceux de tout
« le diocèse. Les marchands de Lyon fournissent aux négociants

« du Puy les soies ; ils tirent les blanches de Pékin et de Nang-
« Kin. Les noires devraient être livrées de la Provence, de
« Valence en Espagne, et de Messine, mais ils y mêlent de celles
« qu'ils prennent à Nîmes, mélange qui rend ces dentelles infé-
« rieures à celles qui sont fabriquées à Caen et à Paris, et qui
« discréditera à la suite, ce commerce si essentiel pour le diocèse
« du Puy.

« On ne peut fixer ni la quantité des dentelles fabriquées, ni le
« nombre des ouvriers employés, par la raison qu'il n'y a pas
« d'entreprise générale, que ce sont les particuliers qui les fabri-
« quent la plupart pour leur compte et qu'ils viennent les vendre
« au Puy. »

Ce dernier paragraphe est à retenir. Il nous montre bien que le
caractère principal de l'industrie dentellière a toujours été la
dispersion. Il n'y a pas un centre unique de production. Le moindre des villages est à sa manière une usine indépendante. Cependant, tous les hameaux se réunissent au Puy. Tous les petits
ruisseaux viennent converger au pied du rocher Corneille. C'est
dans ces magasins, composés d'une boutique un peu noire et
d'une porte vitrée, qui s'ouvre au milieu d'une large arcade, que
s'entassent les produits du carreau. Les jours de marché, —
chacun sait que les foires et les marchés ont toujours eu au
Puy une très grande importance — on s'écrase dans ces petites
boutiques, chacun apporte sa pièce de dentelle, enroulée autour
d'un morceau de bois sculpté. Nous en avons vu de bien curieux
de ces morceaux de bois, ornés de dessins d'une naïveté charmante. Les jeunes gens les offraient à leurs fiancées pour se concilier leurs bonnes grâces.

Mais les communications n'étaient pas toujours faciles dans le
Velay, à une époque où nous n'avions pas des routes bien empier-
rées. Chaque ouvrière ne pouvait apporter au chef-lieu ses dentelles. Nous voyons paraître toute une armée féminine, qui sert
d'intermédiaire entre le petit fabricant et le grand marchand.
C'est la corporation très importante des leveuses de dentelles.

On les voit courir par monts et par vaux, pénétrer dans toutes
les maisons. La petite voiture qu'elles mènent dans les sentiers
pierreux, renferme les dentelles achetées et les matières premières qu'elles distribuent aux ouvrières. En général, elles don-

nent rendez-vous aux ouvrières dans un endroit déterminé, sur une place de marché. Les maisons sont très dispersées dans le Velay, et elles ne pourraient aller frapper à toutes les portes.

Mais ces intermédiaires faisaient payer très cher leurs services, les sachant indispensables. Les leveuses de dentelles pressuraient le pauvre peuple : elles pratiquaient l'usure et prélevaient des commissions exorbitantes. Il y eut des plaintes très vives. Nous en trouvons l'écho dans un règlement du xviiie siècle écrit par Mgr. Joachim de Saillant, évêque de Saint-Flour, règlement que le savant conservateur de la bibliothèque du Puy, M. Lascombe, a publié dans les *Tablettes du Velay* (1). L'évêque de Saint-Flour avait alors dans sa juridiction une partie du département de la Haute-Loire, notamment le beau pays de Langeac.

Il leur défend de prendre de trop gros bénéfices pour porter et vendre au Puy, les pièces de dentelles de 12 aunes. Il fixe leur salaire : « 2 sols pour accommoder et empaqueter les pièces, et 2 sols pour les vendre, et non 10 sols qu'elles prennent, sous prétexte d'avances faites aux ouvrières avant achèvement. Il doit y avoir des prix variant avec la largeur et la finesse de l'objet vendu. » Les leveuses ne se contentaient pas d'une commission exagérée : elles ne déclaraient pas toujours le prix de vente et frustraient d'une partie de leurs gains les ouvrières. Le règlement prévoit bien d'autres actes tyranniques. Il défend de survendre les denrées apportées du Puy et de contraindre les dentellières de prendre ces denrées au lieu d'argent.

Chacun des articles du règlement correspond à un abus réel. Un révérend père avait fait une enquête sérieuse, et c'est pour protéger et défendre les intérêts du petit peuple, que cet excellent pasteur avait pris ces mesures sévères (2).

---

(1) *Tablettes du Velay*, T. III, p. 512 et suivantes.

(2) Ces abus ne disparurent pas sans doute malgré les sages prescriptions de l'évêque de Saint-Flour. Ils reparurent au xixe siècle. On nous permettra une citation littéraire. Je la tire d'un roman, *le Marquis de Villemer*, écrit en 1860 par Georges Sand et où revit le Velay avec sa physionomie si caractéristique : « Les femmes font toutes ces merveilleuses guipures noires et blanches. On est étonné de voir ici, dans la montagne, des ouvrages de fées sortir des mains de ces pauvres créatures, et le peu qu'elles gagnent scandalise le voyageur. Elles donneraient avec joie pour vingt sous ce que l'on nous vend à Paris, vingt francs, s'il leur était permis de traiter avec le consommateur ; mais cela leur est strictement interdit. Sous prétexte qu'il fournit la soie, le fil, les modèles, le trafiquant accapare et taxe leur travail. C'est en

En somme, le milieu du xviii⁰ siècle a été peut-être la belle époque de la dentelle du Puy. Cependant, sous Louis XVI, la décadence est venue pour les blondes L'abbé Laurent, dans son curieux almanach de 1787, le constate et nous dit que vingt-cinq mille ouvrières seulement étaient occupées au carreau. Mais il ne faudrait point exagérer cette note pessimiste et se souvenir des constatations faites par l'inspecteur général des manufactures, Roland de la Platière; son voyage est de 1778. L'industrie de la dentelle était encore florissante et fournissait des salaires abondants à plus de soixante mille ouvrières. L'abbé Laurent, en 1787, dans son almanach, donne un chiffre moins élevé, mais qui n'est pas en contradiction absolue avec celui de Roland de la Platière. Il ne s'occupe, en effet, que des environs immédiats du Puy (1).

IV

La dentelle sous la Révolution et l'Empire.

Avec la Révolution de 1789 commence une longue crise commerciale. Au milieu du bouleversement d'idées et d'institutions

vain que vous offrez à une paysanne de lui fournir les matériaux et de la payer cher. La pauvre femme soupire, regarde l'argent, secoue la tête et répond que pour profiter de la libéralité d'une personne qui ne l'emploiera pas toujours, que peut-être elle ne reverra jamais, elle ne veut pas risquer de perdre la pratique de son maitre. » Le raisonnement n'est point sot. Du reste ces abus ont disparu depuis que les communications sont devenues plus faciles.

(1) L'activité du commerce de dentelles au xviii⁰ siècle donna une importance considérable aux marchands qui centralisaient dans leurs magasins les produits de tout le Velay. Ceux-ci voulurent conquérir un rang honorable dans les corporations de métiers de la ville qu'ils contribuaient à enrichir pour une bonne part : ils eurent des contestations avec le procureur qui figurent au second rang dans l'ordre indiqué par Jacmon pour l'année 1646 (Jacmon, *Mémoires*, p. 230). Leurs prétentions furent en parties acceptées : « N⁰ 3638. Arrest du 12 septembre 1759 pour les syndics de la communauté des procureurs au sénéchal et siège présidial du Puy contre le syndic de la communauté de la même ville. » S. ind. in-folio, pièce. Relatif aux marchands dentelliers « qui ne pourrons être portés et élus consuls qu'en un rang inférieur ausdits procureurs». Extrait du catalogue de la bibliothèque de feu M. Louis Chaleyer, bibliophile forezien, rédigé par Joseph Maissiat, Raymond Guély, avec une introduction par J.-B. Galley, T. I, p. 436. Saint-Étienne, Ch. Boy, 1893, trois vol. in-8. Je trouve ailleurs cet extrait des registres du Conseil d'Etat du roi de 1783 : « Les fabricants de dentelles et de blondes, vu l'importance et le développement qu'a pris ce genre de commerce, sont éligibles, sous certaines conditions, à la place de second consul, sans avoir à passer par celle de cinquième qui lui est ordinairement assignée » (Turgan).

qui caractérise cette période, les hommes n'ont plus assez de calme pour développer le commerce de la nation et perfectionner l'industrie. Les productions de luxe surtout ont à souffrir au milieu des orages politiques, et, circonstance aggravante, les guerres de tarifs, violentes et implacables, éclatent de tous côtés.

Les marchands de dentelles étaient encore fort nombreux. L'abbé Laurent nous le dit : « Le commerce de la ville du Puy consiste principalement en *blondes* ou dentelles qui s'y fabriquent ou aux environs. Le commerce, autrefois bien plus considérable, surtout pour les dentelles de fil qu'on *expédiait pour l'Amérique*, occupe encore environ vingt-cinq mille ouvrières...... D'après un relevé pris sur les rôles de la taxe de l'industrie, il y a au Puy environ cent quatre-vingts marchands dentelliers. Mais les magasins vraiment considérables sont en bien moindre nombre (1). » Ces marchands font parler d'eux en 1789 : un procès-verbal du tribunal de commerce, découvert par M. Monier, mentionne une pétition qu'ils envoyèrent à Paris pour obtenir l'entrée en franchise des fils retors de Hollande. On fit droit à leur demande, cette matière première étant indispensable à l'industrie dentellière (2).

(1) Abbé Laurent, *Almanach historique de la ville du diocèse du Puy*, pour l'année 1787, pages 92, 93.

(2) Le texte se trouve aux Archives nationales. Procès-verbaux du Conseil du commerce, F 12, 107. — « Séance du 26 mars 1789. — M. de Tolozan a lu un mémoire des fabricants de dentelles du Puy en Velay, par lequel ils demandent main levée provisoire des fils retors de Hollande arrêtés au bureau des fermes d'Héricourt, en vertu de la décision du 13 décembre 1788, qui en prohibe l'entrée, et en attendant que le conseil pourvoye aux moyens ultérieurs d'admettre dans ce seul pays la matière première nécessaire à un genre de fabrique qui concourt à le faire subsister. Délibéré d'accorder provisoirement main levée des saisies faites des fils retors destinés pour le Velay. » Les dentelliers demandèrent quelques jours plus tard franchise de tous droits de douane pour les produits destinés à l'exportation et pour ceux vendus en France alors divisée en cinq grosses fermes. « Séance du 14 mai 1789. — M. de Tolozan a lu un mémoire des fabricants de dentelles du Puy en Velay qui demandent l'exemption absolue de droits sur leurs dentelles, tant à la destination de l'étranger qu'à celle de l'intérieur. Les députés du commerce qui ont été consultés disent, dans leur avis du 28 avril dernier, qu'il convient de réduire le droit actuel de 15 sols par livre pesant au simple droit indicatif d'un sol ou de 5 livres par quintal. Délibéré de mettre à néant ladite demande, attendu, d'une part, le reculement des barrières, et d'autre part que les dentelles du Puy étant, ainsi que toutes les autres qui s'exportent du royaume, assujetties à un droit uniforme, il faudrait accorder la même faveur à toutes indistinctement. »

Mais le déclin arrive : sous la Convention, c'est presque la mort. La coquetterie n'était guère de mise alors, et les véritables patriotes s'abstenaient d'inutiles dépenses. Frout de Fontpertuis, dans son *Résumé des Procès-verbaux du Conseil général de la Haute-Loire*, constate qu'on ne fabrique que des dentelles grossières. On ne se préoccupe plus du fini. Il y a oubli des traditions artistiques et retour violent en arrière. L'art de la dentelle retomba dans l'enfance, on ne confectionne plus en Haute-Loire que de petits modèles sans élégance.

Le réveil semble s'être produit vers l'an VIII. Nous possédons, entre autres témoignages, celui de deux voyageurs bien oubliés, les citoyens J. Lavallée et Briou (1). Ils vinrent au Puy qu'ils trouvèrent bien bâti. Ils ne font pas grand éloge des habitants, qui conservent beaucoup de vieilles routines et ont très peu d'expérience. Ils évaluent à quatre-vingt mille le nombre des dentellières et citent les trois grands centres de production : Le Puy, Monistrol, Montfaucon.

A partir de ce moment, les grandes étapes de l'industrie dentellière sont marquées par les expositions universelles, qui sont une des inventions de notre siècle, et une invention féconde en résultats. Je prends l'exposition qui eut lieu le 21 brumaire an XI. Elle ne fut pas très étendue et paraîtrait presque ridicule à côté de celles que vous avez vues organisées dans ces dernières années. La fabrique du Puy y obtient de nombreuses récompenses ; nous retrouvons dans la liste des médaillés des noms connus du Puy, comme Assézat, Roland père, François Guichard, Portal.

Les récompenses qu'ils avaient obtenues leur furent remises par la mairie du Puy en grand costume, dit la relation officielle, accompagnée de la musique militaire. Ce fut une occasion de réjouissance publique. On ne s'arrêta pas là : dans toutes les communes, on annonça les distinctions obtenues, devant la porte de l'Hôtel de ville, au son de la caisse. Le compte rendu officiel de ces fêtes fut publié, et on y trouve les considérations justifiant les honneurs extraordinaires accordés aux personnages

____

(1) Voyage dans les départements de la France, par les citoyens J. Lavallée et Briou.

couronnés. Je lis : « Considérant que cet *hommage national* rendu aux fabriques du Puy, mettant en concurrence les dentelles qui en proviennent avec celles des fabriques les plus renommées de Valenciennes et de l'Aigle, en même temps qu'il récompense glorieusement l'industrie, le dévouement et le zèle des artistes estimables du département.... que sous ce rapport, il ne saurait être donné trop de publicité au procès-verbal du Jury national, etc. » De nos jours nous sommes moins exubérants, et les récompenses d'exposition ne sont point annoncées aux sons harmonieux de la caisse municipale. On crierait bien vite à la réclame gratuite. Il est vrai que nous avons remplacé le tambour par le journal, qui doit dire très haut, surtout ce qui intéresse la prospérité véritable du pays.

La situation s'aggrave encore : la France va être sans cesse en guerre avec l'Europe jusqu'en 1815. Il n'y aura que de légères accalmies, trop courtes pour permettre une reprise sérieuse des affaires. Cependant, en 1806, à la veille du blocus continental, qui devait donner le signal d'une horrible lutte économique, une exposition générale des produits de l'industrie française fut organisée à Paris.

Le Puy y fut dignement représenté. Parmi ceux qui exposèrent les produits originaux du pays (les outres ou sacs à vin, les peaux blanches de chevreaux et d'agneaux, les sonnettes, grelots et timbres), nous relevons les noms qui appartiennent à la fabrique de dentelles : « Échantillons de dentelles de soies noires : MM. Rolland père, Robert cadet, Guichard-Portal. Échantillons de dentelles de fil : MM. Jacques Robert, Laurençon, Hedde-Martin, Champagnac, et veuve Dulac. » Yssingeaux était représenté par MM. Pipet, Ravaisse et Rocher. De la Chaise-Dieu était venu M. Mary-Vacher.

Les notices explicatives qui accompagnaient les envois et qui ont été publiées, donnent de précieux renseignements. Voici les principaux : « La fabrication s'est étendue successivement à toutes les parties du département de la Haute-Loire et à quelques cantons des départements limitrophes. Elle occupe dans la Haute-Loire environ 30,000 ouvrières : le seul arrondissement du Puy en emploie 12,000 dont 10,000 pour la dentelle de fil et le surplus pour la dentelle de soie. » Sur les matières premières : « On évalue à 360,000 francs la valeur des fils de Hollande, absorbés par la fabrication de la dentelle de fil, et 80,000 francs les soies que consomment les ouvrières en dentelles noires et qui sont fournies par les fabricants de Lyon, Saint-Chamond et Nîmes. »

La situation créée au commerce d'exportation par les guerres est très bien décrite : « Les débouchés extérieurs de la dentelle sont entièrement fermés par la guerre et principalement par la guerre maritime. La consommation se borne aux départements du Nord et de l'Ouest et à une partie de l'Italie. L'article est débité par plus de six cents voyageurs qui viennent former au Puy leurs assortiments pour les colporter ensuite. Ce débit produit à l'arrondissement 1,400,000 francs de valeur industrielle qui ne rend pas au-delà de 25 à 30 centimes par jour aux ouvrières employées à la fabrication. Avant la guerre, la dentelle du Puy, dont la valeur industrielle s'élevait à un cinquième de plus, se consommait dans les colonies françaises ; elle commençait d'avoir un débit avantageux dans l'Amérique septentrionale, les Espagnols et les Anglais en établissaient aussi des demandes annuelles et conséquentes pour leurs colonies respectives. »

La chambre consultative des arts et manufactures du Puy demande, pour relever l'industrie, ce qu'on demande encore de nos jours : des droits sur les dentelles venues de Suisse et de la Saxe, un dégrèvement complet sur les matières premières, qu'on tirait alors de Haarlem, et d'excellentes conditions dans les traités de commerce à conclure avec les nations voisines. C'est toujours un peu la même histoire. On veut fermer ses portes, mais on voudrait bien que le voisin ouvrît les siennes toutes grandes. Il est vrai que la Chambre consultative fait valoir de sages raisons. « La Haute-Loire, par sa position géographique, n'est pas à bonne portée pour se procurer un autre genre d'industrie pour alimenter sa population sans nuire à l'agriculture, que la nature du sol escarpé et montagneux rend extrêmement pénible sans fournir aux habitants qui s'y adonnent tous les moyens d'entretien et de subsistance que leur procure la fabrique des dentelles à laquelle on exerce les filles dès l'âge le plus tendre. »

Ce sont là de très judicieuses considérations : on ne saurait parler avec plus de bon sens. On ne put, du reste, tenir compte de cette demande si bien justifiée. La lutte des tarifs allait devenir plus âpre. Au milieu de la conflagration générale, la pauvre dentelle fut bien maltraitée et, vers 1815, la situation était lamentable dans le Velay. Le marché intérieur était bien réduit. Le grand marché extérieur, l'Allemagne, l'Italie, l'Angleterre, les colonies américaines, était perdu. Des centres nouveaux, notamment en Saxe, nous faisaient concurrence. Elle était bien loin la prospérité radieuse du xviiie siècle !

V

La dentelle depuis le premier Empire jusqu'à nos jours.

Au moment où l'Empire disparaît, l'industrie dentellière existe dans le Velay, mais elle est retombée dans l'enfance. Elle a perdu ses traditions artistiques. Elle avait créé au siècle précédent d'admirables dessins, merveille de délicatesse et d'harmonie. On en revint aux tracés élémentaires et peu compliqués. C'était par nécessité absolue. Chacun sait que l'apprentissage est très long pour arriver à former une fine ouvrière. Il faut acquérir une agilité de doigt très grande pour s'attaquer aux beaux modèles. Cela tient vraiment du prodige, la sûreté de main qu'il faut déployer pour faire trotter sans hésitation de nombreux fuseaux. On n'y arrive pas en un jour. Là, comme partout, l'hérédité d'habitude joue un grand rôle.

Sous la Restauration, nous eûmes à subir des traités de commerce très draconiens. Nos voisins arrêtaient nos marchandises aux frontières par des tarifs prohibitifs. Aussi l'industrie reste-t-elle dans le marasme. Ce qui nous le montre c'est qu'en 1822, les salaires étaient encore bien minimes. Le prix moyen de la journée des ouvrières en dentelles, dit Déribier, dans sa *Statistique de la Haute-Loire*, est de 0,35 centimes, celui des ouvrières pour la dentelle de soie de 0,25 centimes. L'avilissement des prix était dû au manque de débouchés. On faisait pour les colonies de petits envois de dentelles blanches, dites à dents; pour la Suisse, la Savoie et le Piémont de dentelles de soie noire.

Mais déjà Déribier constate qu'il se produit un réveil. La prospérité est revenue avec la paix, et les demandes sont plus actives. C'est alors qu'on voit apparaître un grand nombre de ces maringottiers, qui s'en allaient avec leurs voitures bourrées de dentelles, aux quatre coins du pays. C'étaient de grands colporteurs qui avaient remplacé la balle légendaire par un vigoureux attelage. Grâce à eux la dentelle se défendit et surmonta toutes les épreuves. Elle triompha même de la concurrence que vinrent lui faire les tulles brodés d'invention récente. Beaucoup de maringottiers, gens actifs et entreprenants, réalisèrent de brillants bénéfices et se retirèrent avec des rentes solides.

Un homme allait rendre à l'industrie dentellière sa primitive splendeur. C'est Théodore Falcon : il chercha à lui restituer son cachet artistique qu'elle avait perdu (1). Il a dit cela lui-même, et nous ne saurions mieux faire que de lui laisser la parole : « C'est en 1823 que j'entrai en qualité de dessinateur chez M. Charles Robert-Faure au Puy. Les succès qu'obtint cette ancienne maison aux expositions nationales de 1825 et 1829 éveillèrent mon émulation, et en 1830, j'établis, d'après un mode nouveau, une fabrique de dentelles dans le pays, aux environs de Craponne. Je la dirigeai moi-même sur les lieux, en parcourant les villages et de maison en maison. Ces rapports journaliers m'apprirent que les ouvrières avaient l'intelligence de leur travail et que, bien dirigées, elles pourraient apporter des perfectionnements dans cette industrie. De mon côté, je sentis que pour obtenir de féconds résultats, je devais étudier l'art de fabriquer la dentelle, comme on étudie celui de la peinture et de l'architecture (2). » Théodore Falcon se rendit à Paris, la capitale du goût et de la mode. Il se livra à de minutieuses investigations dans les musées et dans les collections particulières, se présenta dans toutes les grandes maisons de commerce.

« Elles me firent l'honneur de me recevoir comme un artiste. J'explorais leurs cartons, leurs archives, ainsi que les plus brillants étalages. J'y trouvai des dentelles de toutes les époques et de tous les pays. Chaque année, je renouvelai ce voyage, et toujours là, comme à Lyon et à Marseille, je découvris des éléments nouveaux pour la transformation de ma fabrique. Ces per-

(1) V. *Annales de la Société académique du Puy*, 1852, p. 71, un intéressant rapport d'Aymard sur la dentelle et sur les perfectionnements apportés à cette industrie par Th. Falcon.

(2) Théodore Falcon, *Galerie pour l'industrie de la dentelle*, 1854, p. 15.

sévérantes recherches m'initièrent aux procédés modernes d'exécution, aussi bien qu'aux secrets des tissus anciens. Les onze
médailles qui m'ont été accordées, soit à Paris, soit dans les
expositions du Puy, sont la généreuse récompense de ce long et
fructueux travail. »

Théodore Falcon avait tenté deux choses : rendre à la Haute-
Loire sa prospérité passée, et donner à la dentelle du Velay un
cachet particulier d'élégance et de bon goût. Il a eu cette satisfaction, rarement accordée aux hommes, de voir son rêve réalisé. Il
créa une industrie presque nouvelle, développant surtout la
fabrication de la guipure de soie « très recherchée par la mode,
expédiée dans toutes les capitales du monde, qui a pris son origine dans le Velay, qui est restée un honneur et un profit pour
lui (1) ».

Puis il eut cette ambition très haute, trop haute peut-être, de
donner à l'industrie une direction nouvelle. Il voulut exécuter
les modèles les plus compliqués. On fit alors dans la Haute-Loire
ces valenciennes au réseau si tenu et si élégant. On exécuta sous
sa direction d'admirables points à l'aiguille, qui imitaient à s'y
méprendre l'ancienne guipure de Venise. On peut en voir de
beaux échantillons dans les vitrines du musée de la ville. Il dut
déployer à la fois beaucoup d'ingéniosité d'esprit et de ténacité
pour satisfaire ses goûts artistiques. Il ne réussit pas aussi bien
qu'il aurait voulu, car son exemple ne fut pas suivi par les
autres fabricants.

Mais toujours pénétré de l'importance qu'il y avait pour un
fabricant à avoir autour de lui des ouvrières d'élite, il créa à
Craponne un centre de premier ordre, surveillant lui-même l'exécution des dessins, prodiguant les conseils, encourageant le zèle
et le talent. Il ne resta pas étranger à la fondation d'une école de
dentelles pour les enfants pauvres du Puy, école organisée par
les Dames de la Miséricorde (2).

Grâce à ces efforts multipliés, Théodore Falcon réussit à sus-
citer une véritable rénovation dans les modes de fabrication de la
dentelle. Du reste, il n'épargnait point sa peine : on le voyait,

____

(1) Voir aussi Lefébure, *Broderies et dentelles*, p. 279, et figures 121 à 125.
(2) Th. Falcon, *Rapport sur la situation actuelle de l'école de dentelles*, 1856.

nous dit un de ses biographes, M. Pascon, parcourir à cheval les villages, muni de nouveaux dessins, piqués et composés par lui, pour les confier directement aux ouvrières, qu'il aidait de ses instructions et des avis de son expérience, stimulant le zèle des plus habiles par des primes d'argent, substituant chaque jour, au modèle ancien un article nouveau de goût plus ingénieux (1).

Véritable privilégié de la fortune, Falcon eut l'heureuse chance de voir ses efforts appréciés à leur juste valeur. Les honneurs vinrent à lui en foule. Il eut des récompenses dans toutes les expositions. En 1839, on remarqua surtout ses blondes et ses dentelles noires. Il reçut à la suite de ces succès des commandes royales. Quelques années plus tard, c'était la croix de la Légion d'honneur qui lui était décernée, et toute la ville applaudissait.

L'œuvre de Th. Falcon aurait été éphémère, s'il n'avait pas eu l'idée d'en perpétuer le souvenir par une création vraiment heureuse, digne d'un esprit à idées larges. Il est le créateur de ce *Musée des dentelles*, une des gloires du gracieux monument Crozatier. Il en a très bien défini le rôle et l'importance : « Dans cette salle, archives des dentelles, viendront se classer tous les documents utiles à la fabrique, ceux que j'ai recueillis moi-même : dessins, cartons et échantillons de différents genres, depuis les plus anciennes dentelles du Velay que nous ont conservées les vieux carnets, jusqu'aux plus nouvelles. Chaque fabricant voudra augmenter cette collection, enrichir cet écrin de notre industrie et y étaler ses nouveautés à mesure qu'elles se produiront. » Ce musée de la dentelle devrait être comme le livre d'or de la principale industrie de la Haute-Loire (2).

Th. Falcon ajoute encore : « Ce que j'ai cherché pendant trente ans de ma vie, les jeunes gens le trouveront là, rassemblé et joint aux productions de mes concitoyens, et, à tout ce que le temps y apportera des fabriques étrangères. Ils puiseront, dans cet ensemble, les renseignements relatifs aux différents procédés de fabrication, et surtout à l'art du dessin appliqué à la dentelle. La dentelle, charmant tissu porté par les femmes, à qui il doit sa fortune..... »

(1) Pascon, *Nécrologie de Théodore Falcon*, 1856. Extrait de *l'Annonciateur*, p. 1-24.
(2) *Annales de la Société académique du Puy*, 1868, t. 29, p. 206, article sur le musée de dentelles, nombreuses indications sur les principales pièces; quelques textes curieux.

Nous avons insisté à dessein sur l'œuvre de Th. Falcon, parce qu'elle nous paraît remarquable et qu'elle a été féconde en conséquences heureuses pour la Haute-Loire. Dès lors, en effet, l'industrie dentellière prit un essor rapide : ses produits furent appréciés partout. Le goût de plus en plus répandu du luxe vint encore surexciter sa prospérité. Les salaires des ouvrières augmentèrent dans de notables proportions. Les enfants, sans doute, gagnaient 0,50 centimes, mais les ouvrières habiles arrivaient à 2 et 3 francs. On compta jusqu'à cent trente mille personnes occupées à la dentelle dans le département. Il ne faut point se tromper sur la valeur de ce chiffre que toutes les géographies ont reproduit sans contrôle. Dans ce nombre considérable d'ouvriers et d'ouvrières figurent des enfants, de toutes petites fillettes à qui on donne un carreau très simple, de braves ménagères, qui utilisent quelques heures inoccupées et peuvent confectionner, dans la semaine, quelques mètres de dentelles. Si la statistique avait voulu avoir le compte des journées de travail, le chiffre aurait dû être fortement diminué.

Depuis la renaissance provoquée par Th. Falcon, l'industrie dentellière a eu des périodes de prospérité et a dû subir des crises terribles. C'est le sort habituel de toutes les industries de luxe. Lorsque la mode se portait de son côté tous les fuseaux entraient en danse, et les carreaux, petits et grands, ne chômaient pas. Mais la mode faite par les femmes est volage. Elle se détourne sans raison des dentelles pour adopter un autre ornement. Puis la roue tourne encore une fois. Du reste l'ingéniosité de nos fabricants est très grande. Eux aussi, suivant l'exemple de leurs aînés, s'efforcent d'attirer l'acheteur par la variété, par la nouveauté imprévue des combinaisons. Ils vont au-devant de la mode, et essayent d'étendre leurs débouchés ou tout au moins de conserver ceux qu'ils possèdent. Une supériorité de la fabrique du Puy, un de ses caractères originaux, c'est, comme on l'a très bien remarqué, la merveilleuse aptitude qu'elle a pour changer la nature et la grosseur des fils à employer. On travaille alternativement et sans hésitation, le lin, la soie, la laine, le poil de chèvre. On a même essayé d'utiliser les fils de ramie.

Aussi, dans les expositions universelles, les marchands de la Haute-Loire remportèrent souvent d'honorables et glorieuses récompenses. A l'exposition de Londres de 1851, ils firent très bonne figure. Trois maisons se distinguèrent, M. Séguin, Mlle Julien et Ch. Robert-Faure. Le rapporteur, M. Aubry, dit qu'ils montrèrent ce qu'on peut obtenir de plus joli en dentelles de laine. Les guipures et les passementeries étaient d'une exécution parfaite, ainsi que les dentelles noires, fond d'Alençon. Les progrès notés par le savant rapporteur de l'exposition de Londres, se continuèrent dans la Haute-Loire et éclatèrent aux yeux de tous à l'exposition universelle de 1862. M. Charles Robert-Faure se distingua particulièrement et, avec les prix ordinaires, obtint la décoration de la Légion d'honneur.

La maison Robert-Faure mérite du reste une mention toute spéciale. En 1862, elle occupait à elle seule quatre à six mille ouvrières et distribuait pour 600,000 francs de salaire (1). Elle a travaillé, comme Th. Falcon, à la renaissance de la dentelle. Le chef de la maison « inspiré par son activité industrielle, son intelligence et les observations variées qu'il avait rapportées de ses voyages, transforma les produits de sa fabrique et les fit arriver progressivement au point de perfection dont on vit à Londres les magnifiques échantillons ». Au mois de mai 1862, il envoyait à Londres un choix de dentelles et de guipures, parmi lesquelles tous les habitants du Puy ont admiré un magnifique châle exposé dans une salle du musée. La presse en parla avec éloge. Je relève cette phrase : « On admirait les pointes de guipure de M. Robert-Faure, autre sorcier qui ombre ses fleurs, comme si elles étaient peintes. » Le rapport officiel signale surtout les guipures noires notamment un châle d'une perfection tout à fait supérieure. Il est remarquable par le mélange des diverses natures de soie, ce qui a permis de faire une gerbe de fleurs naturelles, avec de profondes nervures qui lui donnent l'aspect d'une sculpture en dentelle. Ce châle est sans contredit le morceau capital en dentelle aux fuseaux de l'Exposition universelle par la perfection du travail et des difficultés vaincues. » Ce témoignage en faveur de l'industrie dentellière nous paraît précieux à recueillir. Il met bien en relief le caractère artistique de l'industrie du Velay. On croit, en

____

(1) V. Le *Moniteur de la Haute-Loire*, 27 janvier 1863, article signé Cl. Perroud. Rapport du jury. p. 217. *Le Temps*, 20 octobre 1862, art. de Maurice Bloch.

général, que le département de la Haute-Loire ne peut produire que la dentelle à bon marché, d'une exécution grossière. C'est une erreur qu'il est bon de faire diparaître. Sans doute, les dessins ordinaires sont exécutés par la majorité des ouvrières ; mais, à côté de ces articles courants, il ne faut pas oublier que des carreaux peuvent sortir de véritables objets d'art.

Nous en trouvons une dernière preuve dans les expositions récentes. Nous voyons que, dans la Haute-Loire, on lutte avec courage pour maintenir intacte l'ancienne réputation. Sans parler de l'exposition de 1878 et de celle trop récente de Chicago, nous rappellerons qu'à Paris, en 1889, la ville du Puy fut dignement représentée. Neuf maisons firent une exposition collective : MM. Hippolyte Achard, Eugène Robert, Ignace Vidal, Ferry-Bonnon, Durieu-Achard, Florimond Dulac, Pontvianne, A. Moiselet, Arnaud-Grasset. L'examen des vitrines a montré qu'il y avait tendance à reprendre les anciens modèles, qui firent la réputation du Puy. On remarqua notamment un dessin de coussin de dentelle blanche, avec des fleurs mates, qui rappelait ces admirables blondes du xviiie siècle, gloire incontestée de la fabrique du Puy. Il y avait des dentelles torchon, des dentelles guipures, des guipures pour ameublement. Le rapport officiel, signé E. Lefébure, fait une particulière mention de l'exposition de MM. Farigoules frères : « Seuls MM. Farigoules frères ont une belle vitrine de dentelles or : ce sont des volants, des galons, des brodures à grandes dents. Les dessins sont variés, bien choisis et habilement travaillés, comme on peut en juger par leur métier garni de ses fuseaux, l'exécution ne le cède en rien à la beauté de la matière employée (1). »

(1) Lefébure, *Rapport, 1891*. Imp, nationale. Il renferme de précieux renseignements et d'excellents conseils, je cite ceux-ci : « Il faut multiplier *les cours de dessin*, de peinture et de sculpture. Il faut seconder de toutes façons la formation des artistes de l'industrie à tous les degrés. On doit mettre sous leurs yeux, par des bibliothèques et des musées spéciaux, les plus beaux monuments du passé. Il faut enfin créer des cours, des conférences où des voix autorisées apprennent à tous, ouvriers, fabricants et acheteurs, à distinguer ce qui est vraiment beau..... L'exposition actuelle (1889) prouve que nous gardons toujours notre supériorité dans les industries d'art, mais la lutte est ardente ; les étrangers fondent à l'envi des écoles et des musées. Un pays comme le nôtre ne doit pas se laisser devancer ni négliger aucun de ces moyens, dont l'utilité est incontestable, pour triompher encore une fois sur les champs de bataille de l'industrie. »

L'industrie dentellière du Velay a, il est vrai, de terribles ennemis. Les progrès de la mécanique lui ont porté un rude coup. A Saint-Pierre lés Calais, à Caudry, à Nottingham elle a des concurrents redoutables, et les pauvres ouvrières ont à supporter une lutte inégale engagée entre leur aiguille ou leurs fuseaux, et ces machines perfectionnées qui, en quelques heures, produisent d'innombrables mètres d'élégants tissus. Elles la soutiennent avec courage et triomphent souvent. Des travaux de la machine l'art est absent, on ne sent pas, derrière l'œuvre de cette main de fer, vibrer une intelligence personnelle. Une régularité mathématique remplace ces hésitations pleines de charme qui trahissent l'effort, surtout d'une main de femme.

Un autre danger menace encore la dentelle vellave : à l'étranger on assiste au réveil d'anciens centres de fabrication : la Suisse veut rattraper le temps perdu ; l'Allemagne et l'Angleterre ne restent pas inactives ; la Belgique cherche à retrouver son ancienne prospérité. Et cependant la dentelle vit toujours dans la Haute-Loire, et elle a encore devant elle, nous le souhaitons du moins, une glorieuse carrière. Elle est bien l'industrie qui convient à un pays montagneux. Elle n'exige pas un gros outillage : quelques douzaines de fuseaux et d'épingles à tête rouge, un carreau, et voilà l'atelier établi. Il n'est point compliqué ; il n'est point coûteux. Que deviendraient les villages, sans le bavardage des fuseaux, les assemblées sur la place et les longues veillées d'hiver, lorsque le vent fait rage au dehors ?

APPENDICE

Les béates.

Les béates ont eu en France une célébrité passagère, le jour où il fut parlé d'elles à la tribune du Parlement. Elles furent alors l'objet de polémiques fort vives et dont maintes brochures ont gardé le souvenir. Elles sont un peu oubliées aujourd'hui. Nous leur avons réservé une place dans notre histoire de la dentelle : elles ont eu, en effet, sur le développement de l'industrie du Velay, une réelle influence ; c'est à ce titre que nous voulons parler d'elles.

Nous avons trouvé sur les béates la définition suivante :

« Femmes dévouées à la vie pieuse et à l'instruction des modestes habitants de la campagne. » En voici une plus complète : « On a beaucoup dit que la béate est une institutrice. Sans doute, elle est institutrice à certaines heures et à sa façon ; mais elle est bien autre chose encore. Elle enseigne la dentelle aux jeunes filles et le catéchisme aux enfants des deux sexes. Auxiliaire avouée du curé, elle préside aux prières communes et à tous les exercices de piété pour lesquels un prêtre n'est pas indispensable. Elle garde les malades, fait de la médecine et de la pharmacie ; enfin, veille et ensevelit les morts. » Seulement les béates, qui étaient une institution originale de la Haute-Loire, deviennent rares. Elles sont bien moins nombreuses qu'il y a trente ans. Il faut se hâter de s'occuper d'elles, pendant qu'elles existent encore dans le pays vellave (1).

Les béates sont organisées depuis longtemps dans le département. Elles se rattachent étroitement à la fondation par feu Mlle Martel de la Congrégation de l'Instruction, fondation qui remonte au XVIIe siècle. Il y avait alors beaucoup de misères à soulager. Les pieuses personnes qui se rangèrent derrière la bannière de Mlle Martel se donnèrent pour mission d'instruire les mendiants qui stationnaient aux portes des églises, de recueillir les enfants qui erraient dans les rues et de remplir les cruches des servantes pour leur permettre d'aller à la messe. En ce temps-là, il y avait peu de fontaines à eau potable dans la bonne ville du Puy, et, pour s'approvisionner, il fallait faire un long voyage et une longue station. Sans doute, la ville était petite et le nombre des sources vives assez grand. Médicis et Oddo de Gissey en indiquent dix, et parmi ces dix fontaines celle du Therond, qui de nos jours est très abondante. Mais alors la canalisation de l'eau était très mal faite : les conduits étaient en bois Cela nous explique entre autre autres choses pourquoi les pestes étaient alors si fréquentes (2). Il est à remarquer aussi que l'assistance des enfants moralement abandonnés existait déjà : des âmes charitables s'intéressaient à

---

(1) V. Lire sur les béates : *Les sœurs de l'Instruction et les béates ou institutrices de village*, par M. Dunglas, ancien recteur de l'Académie départementale de la Haute-Loire, 1852.

(2) V. Médicis, *Chroniques*, t. II, p. 257. M. Lascombe, *Le feu au Puy*, p. 1.

ces petits loqueteux qui vont et viennent le long des maisons, au lieu d'aller à l'école.

Les campagnes avaient besoin aussi d'être surveillées et protégées : c'est dans ce but que les dames de l'Instruction organisèrent la confrérie des béates. J'ajoute que les dames religieuses de l'Instruction n'ont pas seules fondé des maisons de filles dévotes ou assemblées pour l'instruction de la jeunesse et pour le travail en commun. Aymard en a trouvé la preuve dans l'inventaire des anciennes archives de la Préfecture. On y voit aussi mentionné souvent l'existence des filles dévotes placées sous la direction du curé de la paroisse, ou nommées par les marguilliers.

Les béates sont reconnaissables à leur costume noir d'une simplicité monacale, à leur bonnet de même couleur, à leur air pieux et sans malice On les rencontre souvent disant leur chapelet, les yeux baissés à terre. En somme ce sont des dévouées à leur manière. Leurs modestes et primitives écoles ont été très utiles dans un pays, comme la Haute-Loire, où les communications étaient difficiles, et dans un temps où les écoles communales étaient rares. Le Velay est un des exemples les plus curieux de la dispersion des maisons appartenant à la même unité administrative. Une commune de deux ou trois mille habitants se compose souvent de trente villages isolés les uns des autres par de grandes distances. L'hiver arrive, et les communications sont interrompues pendant de longues semaines. Les petits enfants ne pouvaient courir au loin. A ces isolés la béate apprenait « les premiers éléments » comme disaient nos grand'mères. On épelait péniblement le vieux syllabaire et, quand on avait été bien sage, la leçon se terminait par un cantique chanté par les voix fraîches et cristallines des marmots.

Le rôle des béates dans l'industrie dentellière mérite d'être bien mis en relief. Pour le comprendre, il faut se rappeler combien était active autrefois la fabrication de la dentelle. Toutes les femmes, dans le moindre des hameaux, étaient occupées, du matin au soir, à faire marcher les fuseaux. Elles travaillaient souvent dans des chambres malsaines, humides, mal éclairées. De là des infirmités précoces, l'ennui, la mort rapide. La béate offrit à ces ouvrières un lieu d'assemblée. C'était, en général, une petite maisonnette avec deux pièces. La plus grande était un atelier, où chaque villageoise apportait son carreau. La maison de la béate est facile à reconnaître ; elle est presque toujours surmontée par un petit clocheton. Au sommet, soutenue par deux supports, on voit se balancer une cloche.

Les dentellières se disposent autour de la béate, font une prière sous sa direction. C'est indispensable pour bien commencer la journée. Puis les doigts se mettent en mouvement et les langues aussi. On bavarde beaucoup dans l'assemblée en général. Les soirs — en hiver, surtout lorsque la nuit arrive à quatre heures — les veillées sont très longues ; grâce à la béate elles se passent sans trop de frais. Elle fournit le local, le feu et l'éclairage, un éclairage ingénieux et commode. Au centre de la pièce, sur une table est placée une bougie. Autour quatre globes remplis d'eau de source limpide en multiplient la clarté et répandent au loin une lumière tamisée et adoucie. C'est le travail à la boule, dont Jules Vallès dans l'*Enfant* nous a tracé un joli crayon : « En hiver les béates travaillent à la boule ; elles plantent une chandelle entre quatre globes pleins d'eau, ce qui donne une lueur blanche, courte et dure avec des reflets d'or. En été, elles portent leurs chaises dans la rue, sur le pas de la porte et les carreaux vont leur train » (1).

Lorsque la température est douce, la maison est abandonnée, pour le plus grand bien de la santé des ouvrières (2). Au son de la

(1) Puisque l'occasion se présente, je cite encore cette peinture du *carreau*, l'humble métier de la dentellière : « Avec ses bandeaux verts, ses rubans roses, ses épingles à tête de perle, avec ses fils qui semblent des traînées de bave d'argent sur un bouquet, avec ses airs de corsage riche, ses fuseaux bavards, le carreau est un petit monde de vie et de gaieté. Il faut l'entendre babiller sur les genoux des dentellières, dans les rues de béates, les jours chauds, au seuil des maisons muettes : un tapage de ruche ou de ruisseau, dès qu'elles sont seulement cinq ou six à travailler. Puis, quand midi sonne, le silence, les doigts s'arrêtent, les lèvres remuent. On dit la courte prière de l'*Angelus*. Quand celle qui l'a dite a fini, toutes répondent mélancoliquement *amen* et les carreaux se remettent à bavarder. » A comparer avec ces lignes de George Sand, dans *le Marquis de Villemer* : « On voit sous le porche des églises des espèces de communautés de villageoises assises en rond et faisant voltiger leurs bobines en murmurant des litanies ou chantant des offices en latin, ce qui ne les empêche pas de regarder avidement les passants et d'échanger leurs remarques, tout en répondant *ora pro nobis* à la sœur grise, noire ou bleue, qui surveille le travail et le psalmodie. »

(2) Dans un curieux livre, aujourd'hui inconnu, « *Les recherches diététiques du médecin patriote,* de C.-D. Balme, médecin au Puy, 1791, se trouve un long article

cloche les dentellières arrivent, se groupent devant les portes, et sur le modeste carreau exécutent avec leurs fuseaux ces mille dessins, qui orneront ensuite les robes des dames élégantes. La béate est toujours là surveillant son troupeau, activant la conversation lorsqu'elle tombe, murmurant des oraisons.

Elle se contente d'un modique traitement et bien souvent d'un traitement en nature, payé sans régularité. Elle reçoit de ses paroissiennes sa provision de bois, de beurre, d'œufs, etc. On lui assure aussi un petit revenu en argent. L'école, dont j'ai parlé tout à l'heure, venait encore augmenter ses ressources. Malgré tout, la béate reste pauvre. En somme, elle est désintéressée dans sa simplicité d'esprit, et c'est par dévouement, par esprit de sacrifice qu'elle accomplit sa tâche. Mais nous avons bien peur que son rôle utile soit près de finir. L'État et les communes ont partout ouvert des écoles où la béate ne peut entrer. Dans les villages la dentelle, hélas ! est moins en honneur et chacun vit dans sa maison assainie et blanchie. Aussi le nombre des béates va-t-il diminuant sans cesse (1). Il faut les regarder

---

sur les ouvrières en dentelles et les maladies qu'elles contractent dans l'exercice de leur profession, maladies contractées surtout dans les assemblées. Le docteur Balme constate que l'ouvrière est ordinairement fixée sur une chaise pendant une quinzaine d'heures par jour, qu'elle ne vit pas en particulier, mais par assemblées de vingt, trente, quarante et même cinquante. Elle est entourée d'un air profondément vicié par la respiration. L'usage habituel du brasier lui donne des vertiges et des palpitations, celui du corset de balcine l'expose aux maladies d'estomac. Les maladies d'yeux sont rares, malgré l'application constante qu'exige la bonne direction des fuseaux. La conclusion du docteur Balme est rassurante. Malgré tout, les dentellières ont peu de maladies et de passions. Elles sont d'humeur gaie, chantant toujours, sauf celles qui deviennent dentellières sur le tard.

(1) En 1881 on comptait 777 béates dont 669 béates congréganistes et 108 laïques. Je tire ce renseignement d'un rapport très curieux d'inspection générale sur l'enseignement dans la Haute-Loire de M. P. Leysenne (Imprimerie nationale, 1881). Il renferme, page 43 et suivantes, de nombreux détails sur les béates. Je cite ce passage qui complète ce qu'on vient de lire : « Cette singulière institution qui a son passé, ses traditions, sa popularité, est très curieuse à étudier, comme un vestige des temps anciens égaré dans notre civilisation moderne. Qui croirait, par exemple, que toutes les béates ne sont pas des religieuses ? Or, non seulement il y en a de laïques, absolument laïques, qui ne dépendent d'aucune congrégation, qui tout simplement ont pris un costume quasi religieux et ont été agréées par le curé de la paroisse; mais presque aucune des béates proprement dite ne contracte de vœux. La plupart restent indépendantes et libres de rompre à leur gré les liens qui les unissent à la congrégation dont elles ont accepté le patronage. La congrégation à laquelle elles

avec respect et leur conserver un bon souvenir pour l'œuvre
utile qu'elles ont accomplie.

sont généralement affiliées est la congrégation de l'Instruction ou de l'Enfant-Jésus,
dont la Maison-Mère est au Puy, et dont elles forment en quelque sorte le tiers-ordre.
Quelques-unes relèvent de l'ordre de la Présentation dont le siège n'est pas dans la
Haute-Loire. »

                              J. CORCELLE.

PEINES ET TRIBULATIONS D'UN ARCHITECTE
AU XVIIIe SIÈCLE

RÉPARATIONS A LA CATHÉDRALE DU PUY PAR JEAN-CLAUDE PORTAL

PROCÈS DE CE DERNIER AVEC LE CHAPITRE

Sous le titre de *Réparations à la cathédrale en 1778*, M. Antoine Jacotin a publié, dans *l'Annuaire de la Haute-Loire de 1877*, des pièces relatives aux démarches faites par l'évêque et le chapitre du Puy en vue de restaurer l'antique basilique dont l'état de vétusté inspirait des craintes sérieuses et exigeait d'urgentes réparations.

Un mémoire qui nous est communiqué par M. César Falcon complétera la notice de M. Jacotin.

Ce factum de quarante pages in-4° imprimé au Puy, sans date, est rédigé en faveur de Jean-Claude Portal cadet, architecte de cette ville, contre messire Bertrand, syndic du chapitre de notre cathédrale.

Nommé en 1774 à l'évêché du Puy, en remplacement de Mgr de Pompignan, Marie-Joseph de Gallard-Terraube, né le 10 mai 1736 au château de Terraube près de Lectoure, mort à Ratisbonne le 8 octobre 1804, conçut le projet de réparer son église cathédrale et chargea de ce soin l'architecte Portal.

Dès l'année 1778, celui-ci dressa un devis des travaux à exécuter et le remit aux chanoines qui le transmirent à Mgr de Gallard alors à Paris. A son retour, les plans de restauration reçurent l'approbation du prélat et celle d'un sieur Loyer, architecte

à Lyon que les chanoines avaient appelé au Puy « pour venir
examiner leur église et donner son avis particulier sur ce qu'il
était le plus convenable de faire pour la réparer et en corriger
les irrégularités ».

En chargeant Portal de la conduite et de la direction des travaux, ces messieurs, sans fixer le montant de ses honoraires, lui
promirent une gratification satisfaisante dont le chiffre resta
indéterminé, l'architecte déclarant d'ailleurs s'en rapporter à
leur générosité.

Charpentiers, tailleurs de pierres et maçons se mirent à l'œuvre le 20 mai 1779 et travaillèrent sans interruption jusqu'au
20 août 1782, c'est-à-dire durant trois ans et trois mois (1). A Portal est due la substitution de l'ancien escalier aboutissant au centre de l'église, par le nouvel escalier installé dans le collatéral
nord de la nef. « Je découvris, dit-il, à côté de la Porte dorée
une voûte qui me fit naître l'idée de détourner dans cette partie
le grand escalier, dont l'embouchure au centre de l'ancienne
église en défigurait horriblement le sol. Sur cette idée je dres-
sai le plan et construisis le modèle du nouvel escalier, tel qu'on
le voit aujourd'hui. »

Le mémoire que nous analysons rend compte des difficultés et
des tribulations éprouvées par l'architecte dans l'exécution de
ses plans. « On sait en général, lit-on dans ce document, le peu
de capacité des ouvriers du Puy. La plupart connaissent à peine
l'échelle d'un plan. Un architecte est obligé d'entrer à leur
égard dans les plus menus détails et souvent même de leur donner l'exemple du travail qu'il leur impose. C'est à quoi j'ai été
maintes et maintes fois réduit pendant le cours des réparations
dont il s'agit. Je m'occupois en mon particulier à tracer des
plans, des coupes, des divisions et sous-divisions, et je courois
ensuite çà et là pour distribuer à chaque ouvrier la tâche qu'il
devoit remplir. »

Portal courut même, s'il faut l'en croire, de graves dangers
qu'il expose ainsi : « Dans plusieurs circonstances et surtout lors

---

(1) Arnaud (*Histoire du Velay*, t. II, p. 399) dit que la restauration de la cathédrale
fut terminée en 1781. Cette date est en contradiction avec celle fournie par le
Mémoire du Portal.

des réparations que j'ai fait faire aux voûtes et du blanchissage de l'intérieur de l'église, j'étais obligé de grimper plusieurs fois, chaque jour, au plus haut des échafauds, ce que je n'ai jamais fait qu'au péril de ma vie, une fois surtout un échelon s'étant cassé sous mes pieds, j'allois me briser les os sur le pavé, si je n'avois eu le bonheur ou assez de présence d'esprit pour m'accrocher en tombant à un des échelons inférieurs. »

On lui doit aussi le nivellement du sol de l'église dont l'irrégularité était assez originale. « On se rappelle qu'il étoit ci-devant disposé de manière qu'en sortant de la grande sacristie pour traverser la petite, il falloit monter deux marches ; qu'en sortant de la petite sacristie pour entrer aux bas côtés, il en falloit descendre cinq ; et qu'au milieu de l'église il en falloit monter six autres dont chacune étoit de huit pouces de hauteur. Or j'ai trouvé moyen de mettre tout ce sol de niveau, mais on conçoit aisément que ce n'a pas été sans peine, surtout si l'on considère qu'une grande partie de ce même sol est porté par des voûtes que j'ai dû conserver dans leur intégrité. »

Il faut le reconnaître, Portal exécuta un véritable tour de force en déplaçant, sans le démonter, du milieu de l'église « où il étoit suspendu » pour le transférer au fond, l'orgue que nous voyons encore aujourd'hui à la même place (1). Ce déplacement opéré à l'aide d'un mécanisme de son invention, évita aux chanoines une dépense de plus de 6,000 livres et leur procura en outre l'agrément de se servir de cet instrument sans interruption.

Pendant que s'accomplissaient ces divers travaux et notamment la pose et la taille des marbres qui décorent le maître-autel et le sanctuaire, notre architecte se rendait à Monistrol-sur-Loire et traçait au serrurier de cette ville chargé de la confection des grilles du sanctuaire le plan de ces grilles et de leurs divers ornements tels que palmes, armoiries, lauriers, chiffres, etc., etc. (2).

Deux ans s'étaient écoulés depuis l'achèvement des réparations de la cathédrale, quand, le 13 septembre 1784, les chanoines

(1) Depuis, les orgues ont été transférées à la tribune du transept nord, en 1892, sous l'épiscopat et par l'initiative de Mgr Fulbert Petit, évêque du Puy.

(2) Ces grilles, enlevées lors de la restauration de la cathédrale effectuée par M. Mallay, architecte, ont disparu, à l'exception de quelques fragments recueillis par M. Aymard et déposés au musée du Puy.

conflèrent à Portal le dessin, le devis et l'exécution d'une chaire à prêcher, celle sans doute que nous admirons de nos jours. Cette étude l'occupa huit mois.

Durant une période d'environ quatre ans, il avait reçu du chapitre, à titre d'honoraires le 10 juillet 1779, un acompte de 288 livres ; le 1er mars 1781, un deuxième de 1,212 livres, et le 20 janvier 1782 un troisième de 600 livres, le tout formant un total de 2,100 livres, somme insuffisante pour rémunérer le long travail qu'il venait d'accomplir. Vainement s'adressa-t-il aux chanoines pour obtenir une plus large indemnité : ceux-ci firent la sourde oreille ou répondirent à ses nombreuses demandes d'une manière évasive. Malgré son désir de prévenir des contestations judiciaires pour lesquelles il avait la plus profonde aversion, malgré l'envoi à ses adversaires de divers mémoires où il leur exposait le tableau de leurs obligations envers lui, lassé d'attendre il les fit assigner en la personne de M. Bertrand, leur syndic, et ce, par exploit de Pellissier, huissier, en date du 27 août 1785.

Il expose dans cet acte, que sous sa direction, une somme de 104,093 livres a été affectée aux diverses réparations de la cathédrale ; qu'un dixième de cette somme, soit 10,409 livres, lui sont dues pour honoraires, sous déduction des 2,100 livres déjà reçues. Il consent néanmoins, afin d'éviter le désagrément d'un procès, à réduire à 6,000 livres la somme due, à la condition d'en recevoir le paiement dans la huitaine.

Le 5 août 1786, par le ministère de l'huissier Chalbos, les chanoines offrirent, en outre de ce qu'ils lui avaient déjà payé, une somme de 1,900 livres à Portal, entendant fixer à ce chiffre le reliquat de ses honoraires.

Les revendications de notre architecte furent-elles favorablement accueillies par la justice? c'est ce que ne dit pas le mémoire que nous venons d'analyser et qui porte la signature de M. Roche de Pouzols, rapporteur, de Me Rey, avocat, et de Me Vialatte, procureur.

A. LASCOMBE.

NOTRE-DAME DU PUY EN SAVOIE

En compulsant l'histoire de la Savoie, nous avons éprouvé une très vive surprise. Nous y avons rencontré à plusieurs reprises le nom du Puy. Cela a piqué notre curiosité et nous a engagé à faire quelques recherches qui ne seront point sans intérêt pour l'histoire religieuse du Velay. Dans les pages qui vont suivre on trouvera une preuve de la grande importance de Notre-Dame du Puy et de l'extension prise par son culte. Nous devons en partie les renseignements qui vont suivre à l'obligeance de M. Ducis, ancien archiviste de la Haute-Savoie, et de M. Lavanchy, archiprêtre de Saint-Jorioz. Dans la commune de Saint-Jorioz il existe, au château de Villard-Chabot, de riches archives qui nous ont fourni de précieuses indications.

Le chapitre de Notre-Dame du Puy en Velay, ou en Auvergne, comme on dit assez fréquemment en Savoie, avait de nombreuses possessions dans le diocèse de Genève, diocèse qui comprenait alors la plus grande partie du département de la Haute-Savoie. L'étendue de ses domaines était telle qu'il fallait un questeur ou régisseur pour en percevoir les revenus. Ces revenus étaient utilisés en partie pour des œuvres pieuses dans le pays de Savoie. On doit aussi au chapitre de Notre-Dame la fondation d'hospices, entretenus au moyen de quêtes faites dans les villages.

Il est fait mention de ces fondations dans des actes notariés nombreux surtout du xive siècle, — 1337, 1349, 1352, 1363. Sur la rive droite des Usses, un torrent alpestre qui s'est creusé une étroite et profonde vallée dans la pierre, non loin de l'endroit où s'élèvent les bains et le pont de la Caille, le chapitre du Puy avait fait construire la chapelle et l'hospice de Sainte-Agathe.

Les deux édifices ont aujourd'hui disparu, et seul, le plan cadastral en a gardé le souvenir.

Une seconde fondation, qui nous retiendra plus longtemps, est celle de la chapelle de Notre-Dame du Puy à Saint-Jorioz. Le bourg de Saint-Jorioz est un des nombreux villages qui entourent le gracieux lac d'Annecy. Cette chapelle rurale était d'origine très ancienne. On peut en constater l'existence dès la fin du XIIIe siècle. Il en est fait mention dans les inventaires du couvent de Talloires. Elle doit avoir une origine encore plus reculée. Dans un acte d'échange *(permutationes)* fait entre l'illustre seigneur Guillaume, comte de Genevois, et le seigneur Pierre de Duing, portant la date de 1311, il est question à plusieurs reprises de la « *Capella podii* ».

Nous avons relevé une autre mention de la chapelle dans le journal de visite épiscopale du diocèse de Genève. L'évêque de Genève, en 1443, envoie un visiteur, Mgr Barthélemy, évêque de Corneto et de Montefiascone. Le 17 septembre, il arrive en la chapelle de Notre-Dame du Puy, rière (1) Saint-Jorioz. Il la mentionne comme étant de la collation de la collégiale de Notre-Dame du Puy en Auvergne.

Un recteur desservait la chapelle. Il était institué par l'évêque, sur la présentation du seigneur qui en était le patron, et le seigneur était, en la circonstance, le chapitre des chanoines du Puy. Le recteur devait dire deux messes par semaine : plus tard, il n'en célèbre plus qu'une tous les samedis. Pour ce service, il perçoit les fruits de quelques terres du voisinage.

La chapelle avait une certaine étendue, comme le prouve l'ancien plan cadastral. Elle était pourvue d'un clocher. La cloche qui appelait les fidèles avait un son clair et argentin. La tradition voulait qu'une noble dame du voisinage ait jeté dans le métal en fusion, au moment de la coulée, de grosses pièces d'argenterie. A côté de la chapelle se trouvait un « chosal », nous dit un acte passé en 1587 par devant Guillet notaire, c'est-à-dire un petit bâtiment ou grange. Je note que, dans le plan cadastral de 1735, dressé par le gouvernement sarde, la chapelle s'appelle *Dupuis*. On avait oublié son origine.

____

(1) Vieux mot des actes notariés signifiant situé sur.

Autour s'étendait un petit domaine dont les revenus étaient perçus par le recteur. L'acte que nous venons d'indiquer en donne l'énumération : « Une pièce de vigne et terre, le tout ensemble quatre poses (25 ares), un journal et demi de terre (37 ares). Les trois parties d'une seytorée de pré situé au pré commun, une quantité égale au pré de la Maladière. » — La seytorée, comme le journal, a une superficie de 25 ares. Les revenus de ces biens étaient estimés 60 florins (le florin = 2 fr. 50 cent.). Ce n'était point assez pour faire vivre le recteur. Aussi la direction de la chapelle était-elle confiée en général à un curé du voisinage. Dans l'acte que nous analysons, le recteur est messire Claude Blanchin, curé de Bellecombe en Bauges.

Le recteur ne percevait qu'une partie des revenus attachés à la chapelle. Les chanoines du chapitre du Puy, comme on va le voir, étaient en Savoie de très grands propriétaires. Ils possédaient autour du village de Saint-Jorioz une multitude de revenus en argent, servis, cens, corvées, usages, redevances, pesant sur les terres et maisons à Chessenaz, à la chapelle du Puy village, à la Planche, au Brolliet, à Nant-Costier, à Duing, à Chosal-Lombard, à Chosal-Berthellet, au Noiret, à Espagny, à Machevaz, à Sales, à Menthon, à Annecy et ailleurs, comme on peut le voir dans les minutaires de notaires. La chapelle représentait un véritable fief, dont les rentes étaient perçues par les seigneurs qui l'avaient sous leur patronage. Ces rentes, si j'en crois des calculs autorisés, s'élevaient en capital à 2,000 florins. Si l'on songe à la dépréciation de la monnaie depuis le xve siècle jusqu'à nos jours il faudrait au moins tripler cette somme pour avoir la valeur exacte.

Mais là ne se bornaient pas les domaines des seigneurs de la chapelle de Notre-Dame du Puy; et même la collégiale n'avait la collation de ce sanctuaire champêtre qu'en vertu d'un autre titre et d'autres possessions plus importantes. Dans tous les actes notariés où il est question des chanoines du Puy ils sont dotés des titres suivants : *Les révérends seigneurs doyens et chanoines du chapitre de Notre-Dame du Puy, seigneurs de Quintal.*

Quintal est une petite commune éloignée de 4 ou 5 lieues de l'endroit où s'élevait la chapelle. Nous ignorons comment le chapitre cathédral du Puy était devenu seigneur temporel de Quintal ; mais le fait est incontestable : tous les actes, et ils sont nombreux, en font toujours mention.

Vers 1660, la seigneurie de Quintal passa des mains du chapitre de Notre-Dame du Puy dans celles de noble Guillaume de Méclard. Dans un acte de 1667, nous lisons : « L'an 1667 et le 28 avril, à l'instance de moi, Claude Delaporte, notaire ducal, commissaire d'extentes, receveur des terriers de S. A. R. en la province de Faucigny, bourgeois d'Annessy, à ce spécialement député pour la stipulation de la présente reconnaissance par noble Guillaume de Méclard, seigneur de Quintal et de la rente de Notre-Dame du Puys.... » Dès lors la chapelle changea de maître. Ce furent les seigneurs nouveaux qui en nommèrent les recteurs. Elle devient dans la suite la propriété d'une seigneurie voisine, la seigneurie du Villard-Chabot.

On ne connaît pas tous les recteurs de la chapelle. Le premier cité est le Révérend Claude Cartier, dont le nom figure dans une reconnaissance de fiefs au profit des chanoines du Puy en Auvergne (François Gratiani, notaire). Ces recteurs n'ont pas toujours bien administré la chapelle. Elle fut visitée en 1618 par un mandataire de saint François de Sales. On lit dans le rapport : « Les murs s'en vont en ruines, il n'y a aucun ornement ni habit. Est enjoint au recteur de faire plâtrir les murailles dedans et dehors, blanchir le dedans, fournir une lampe, une aube, un missel, trois mantils, trois corporaux, une chasuble et un calice dans six mois. » La chapelle fut détruite pendant la Révolution. Nous avons visité l'endroit où s'élevait l'édifice. Le nom est resté, mais aucune pierre ne rappelle aux yeux son souvenir. Les vieilles gens en parlent encore et plus d'une bonne femme adresse encore ses oraisons à la bonne dame du Puy.

Cette dévotion à Notre-Dame du Puy est un fait ancien et persistant dans la région d'Annecy. M. Ducis, qui a été longtemps archiviste du département, a constaté souvent dans les innombrables testaments qu'il a dépouillés, la mention, entre autres legs pieux, de legs faits à Notre-Dame du Puy. Dans les hautes vallées de la Savoie, vers Faverges par exemple, elle a encore ses fidèles qui l'invoquent dans des cas particuliers, lorsqu'ils veulent obtenir des grâces déterminées. Les faits que nous venons

d'indiquer sont certains, bien qu'ils puissent paraître invraisem-
blables. Il resterait à déterminer la cause de cette extension de
l'influence religieuse du Velay. Mais nous regrettons de ne
pouvoir éclaircir ce délicat problème.

J. CORCELLE.

CONFRÉRIE

DE

NOTRE-DAME DU PUY A LIMOGES [1]

En signalant dans les *Annales de la Société d'agriculture, sciences, arts et commerce du Puy* (2) l'existence à Limoges d'une confrérie fondée sous le patronage de Notre-Dame du Puy, nous avons reproduit un titre relatif à cette association écrit en langue vulgaire et daté de 1274 (3). En voici la teneur :

Vente faite par A. du Peyrat à la confrérie de Notre-Dame-du-Puy de 16 sols de cens et 3 ll. d'acapt. — 1274.

Conoguda chausa sia a totz ceus qui son e qui son a venir que li baile e li cofrair de la cofrairia Sta Maria deu Poi compreren durablamen de A. deu Peirat, filh En P. Peirat deu Temple qui fo, XVI solz d'achapte am senhoria per la cosduma deu chasteu de Lemotges, per lo pretz de XVI lieuras et V solz de la moneda de Lemotges ; de que

<hr>

(1) On trouve aux archives de l'hôpital de Limoges le sceau de cette confrérie appendu à des lettres du carême de 1332-1333 données par les bailes de la confrérie. De forme ovale, il mesure 34 millimètres de hauteur environ.

Légende..... ONFRATRI...B.... (.... *confratriæ beatæ* ....)

Dessin (à peine visible). — La Vierge tenant dans ses bras l'Enfant-Jésus.

(*Bulletin de la Société archéologique et historique du Limousin.* Tome XXXIX page 388.)

(2) Tome XXVIII, 1866-1867, page 187.

(3) Ce titre figure dans la *Description des monuments de la Haute-Vienne*, par Allou, page 368, comme appartenant aux archives de l'hôpital de Limoges. Il n'est plus aujourd'hui dans le fonds indiqué et nous le reproduisons d'après la copie corrigée insérée dans les *Documents historiques bas-latins, provençaux et français concernant principalement la Marche et le Limousin*, tome I, page 188.

lo dihs A. se tenc per paiatz en la maijo W. Boneu qui es entre la
maijo S. Soclanat, deves una part, e la maijo J. Guilbert au fermalhier,
deves l'autra. E lo dihs A. vistit en, coma senher que s'en apelava,
los bailes de la cofrairia avan dicha, a l'ops d'aquela cofrairia. E per
que aiso sia ferm e tenable, li cossol deu chasteu de Lemotges, a la
requesta de las partidas, doneren en aquestas presens letras testimo-
nials saeladas deu saeu cuminal de la villa deu chasteu de Lemotges.
Datum mense augusto, anno Domini M. CC. L. XX IIII.

Aux termes de cet acte, les bailes et confréres de la confrérie
de Sainte-Marie-du-Puy achétent á perpétuité de A. du Peyrat,
seize sous de cens et trois sous d'acapte avec seigneurie, d'aprés
la coutume· du château de Limoges, assis sur la maison de
W. Boneuil, bâtie entre les maisons Soclanat et Guibert. Cette
acquisition est faite moyennant le prix de seize livres et cinq
sous, monnaie de Limoges.

Nous disions dans ces mêmes *Annales* (1) que, dés l'an 1246,
il y avait á Limoges une église sous le vocable de *Notre-
Dame du Puy*, fermée au culte en 1791 et dénommée aussi
église de la *Providence;* mais nous ne possédions alors aucun
document antérieur à 1274 et relatif soit à cette église, soit à la
confrérie qui avait pris son nom. Un ouvrage paru sous le titre
de *Documents historiques bas-latins, provençaux et français
concernant principalement la Marche et le Limousin,* publié
par MM. Alfred Leroux, Emile Molinier et Antoine Thomas (2),
renferme trois pièces datées de 1251, 1258 et 1292. Elles ont trait
à la confrérie de *Notre-Dame du Puy* et complètent la notice
que nous avons insérée dans les *Annales.*

I

*Vente faite par Pierre d'Aixe, bourgeois, aux bailes de la confrérie
de N.-D du Puy, d'une rente foncière de 4 sols sur une maison des
Chauchières, pour le prix de 4 l. 5 sols. — 1251 (n. st. 1252),
Orig. Sc. des consuls.*

Conoguda chauza sia a totz aqueus que son e que son a venir que li
baile de la cofrairia nostra dompna sainta Maria deu Poi compreren

---

(1) Tome XXVIII, page 193.
(2) Limoges. Vᵉ H. Ducourtieux, 1883-1885. 2. vol. in-8.

d'En P. d'Aischa, borzes de Lemotges, a l'uops de la confrairia
IIII sol. de ces, am senhorias e (1) am achaptamen per las cosdumas
de Lemotges, per lo pretz de IIII libras e V sol. de la moneda de
Lemotges, en la maijo B. Ridorta que es entre la maijo J. d'Aureilh
d'una part, e la maijo A. Balharget de l'autra part, davan las Chau-
chieiras (2) aus Alsandres; e vestit en los bailes de la dicha cofrairia
com senher fondal. E per que aisso sia ferm e tenapble, li cossol de
[u] chasteu de Lemotges feiren aquestas letras saelar deu saeu cuminal de la vila, per volontat de las partidas. *Datum mense februarii,
anno Domini M° CC° quinquagesimo primo.*

Arch. hospit. de Limoges, série B, rentes en la rue Palvézy (3).

II

*Vente faite par Laurent Maumet, curé de Verneuil, à la confrérie
de N.-D. du Puy, de certaines rentes assignées sur diverses maisons de Limoges. — 1258. Orig. Sc. perdu.*

Universis presentes litteras inspecturis officialis curie Lemovicensis
salutem in Domino. Noveritis quod in nostra presencia personaliter
constitutus dilectus in christo magister Laurencius Mahometi (4),
rector ecclesie de Vernolio, recognovit et confessus fuit in jure gratis
et spontanea voluntate se vendidisse, concessisse et quittasse perpetuo
pro se et omnibus suis confratrie et confratribus beate Marie de
Podio que fit in castro Lemovicensi et successoribus eorumdem,
precio triginta octo librarum monete Lemovicensis, de quibus dictus
rector recognovit se habuisse a bailivis dicte confratrie plenarie
gratum suum in pecunia numerata, census, redditus, dominia et
acaptamenta que dictus rector asserebat se habere in locis inferius
scriptis, scilicet in domo Hugonis de Bancxis et in orto contiguo dicte
domui duodecim solidos renduales et in domo et orto Helie Iterii
qualuor solidos renduales, et in domo Philippi Negri septem solidos
renduales, et in domo Helie Chalvet octo solidos renduales, et in
vilari Petri Aimerici de Cumbis quinque solidos renduales que loca
sita [sunt] in rua dicta *a las Tozas,* hoc salvo quod de premissis debet
reddi sacriste monasteri santi (sic) Marcialis Lemovicensis obolus

---

(1) Le ms. porte : *es am* ce qui doit être une faute.

(2) La rue des Chauchières (ou Palvézy) était habitée par des tanneurs. On trouve
ailleurs : *Chanchieras sive bordas.*

(3) *Documents historiques,* etc. T. I, page 174.

(4) Laurent Maomer ou Maomet (Maumet, d'après la traduction provençale de
cette pièce).

rendualis. Et devestiens se dictus rector de premissis investivit
Petrum Bernardi de Bancxalgier, pro tempore bailivum dicte confratrie, pro se et aliis bailivis et confratria et confratribus predictis
perpetuo de eisdem, ita quod nichil juris sibi vel suis retinuit in censi-
bus seu redditibus, acaptamentis et dominiis antedictis, renuncians
dictus rector excepcioni non numerate pecunie, non habite nec
recepte et omni excepcioni, actioni et defensioni, usagio et consue-
tudini juris et facti et omni auxilio et beneficio juris canonici et
civilis que sibi possent competere et dictis confratrie, confratribus et
bailivis nocere super premissis. Et promisit dictus rector se contra
premissa per se vel per alium de cetero non venturum tacite vel
expresse et se guariturum et defensurum premissa vendita dictis
confratrie et bailivis ab omni homine, quantum erit de jure. In cujus
rei testimonium nos ad instanciam parcium predictarum nostras
presentes litteras super premissis concessimus sine juris prejudicio
alieni. Datum quarto decimo kalendas julii, anno Domini millesimo ducentesimo quinquagesimo octavo.

(Arch. hospit. de Limoges, série B.) (1).

III

*Concession d'une indulgence de quarante jours par l'évêque du Puy,
du consentement de l'évêque de Limoges, aux fidèles de ce dernier
diocèse qui contribueront par leurs donations au bien de la confrérie de Notre-Dame du Puy. — 1291 (n. st. 1292). Vidimus de
1292.*

Universis presentes litteras inspecturis officialis Lemovicensis
salutem in Domino. Sequentes litteras reverendi patris in Christo
domini Guidonis, miseracione divina Aniciensis episcopi, non rasas
non abolitas non cancellatas, cum vero et integro sigillo ipsius sigil-
latas omnique suspicione carentes, nos vidisse et diligenter inspexisse
et de verbo ad verbum collacione facta presentibus inseri fecisse
noveritis sub hac forma :

Guido, miseracione divina Aniciensis episcopus (2), universis abba-
tibus et prioribus, archidiaconis, capellanis et aliis ecclesiarum recto-
ribus in civitate et diocesi Lemovicensi constitutis ad quos presentes
litteras pervenerint, salutem in Domino Jhesu Christo. Quoniam, ut
ait apostolus (3), omnes stabimus ante tribunal Christi recepturi

(1) *Documents historiques,* etc., t. I, page 179.
(2) Guy de Neuville, évêque du Puy de 1290 à 1296.
(3) II, Cor. V. 10.

pro ut in corpore gessimus, sive bonum fuerit sive malum, cum igitur
bajuli candele [seu] rote Virgine gloriose Aniciensis, qui quidem
bajuli sunt de castro Lemovicensis, quandam candelam teneant arden-
tem de nocte et de die in ecclesia nostra Aniciensi, que cotidie et
incessanter ad honorem et laudem Virginis gloriose conburitur, que
quidem Virgo in dicta ecclesia nostra venerabiliter honoratur univer-
sitatem vestram monemus et ortamur in Domino Jhesu Christo in
remissionem vestrorum peccaminum, nichilominus injungentes qua-
tinus plebes vobis commissas moneatis et efficaciter inducatis ut de
bonis a Deo sibi collatis ad dictam candelam in dicta ecclesia nostra
Aniciensi tenendam pias helemosinas et grata caritatis subsidia lar-
giantur, ut per hec et alia bona, que Domino fecerint inspirante, ad
eterne possint felicitatis gaudia pervenire. Nos vero de omnipotentis
Dei misericordia et beate Virginis gloriose et beatorum apostolorum
Petri et Pauli precibus et meritis confidentes, omnibus vere peniten-
tibus et confessis qui ad dictam candelam tenendam in dicta ecclesia
nostra Aniciensi manum suam contraxerint ad invicem de auctoritate,
licencia et mandato reverendi patris domini Girberti, Dei gracia
Lemovicensis episcopi, quadraginta dies de injunctis sibi pœnis miseri-
corditer relaxamus. Datum et sigille nostro sigillitatum in testimo
nium premissorum, die jovis post octabas purificationis beate
Marie (1), apud Lemovicas, anno Mo CCo nonagesimo primo.

In cujus visionis et inspectionis testimonium presentibus litteris
sigillum Lemovicensis curie duximus apponendum. Datum XVI
calendas maii, anno Domini millesimo CCo nonagesimo secundo.

(Arch. hospit. de Limoges, série H, fond de la confrérie de Notre-
Dame du Puy) (2).

Traduction.

À tous ceux qui liront les présentes, l'official de Limoges salut dans
le seigneur. Nous vous faisons savoir que nous avons vu, soigneuse-
ment examiné, collationné mot à mot et fait insérer dans les présentes
les lettres suivantes du révérend Père en Jésus-Christ, le seigneur
Guy, par la miséricorde divine évêque du Puy, lettres non raturées,
non biffées, non barrées, scellées de son sceau véritable et intact,
entièrement dignes de foi, et dont voici la teneur :

Guy, par la miséricorde divine évêque du Puy, à tous abbés,
prieurs, archidiacres, chapelains et autres supérieurs des églises dans

(1) C'est-à-dire le 13 février 1292.
(2) *Documents historiques*, etc. T. I, page 199.

la ville et le diocèse de Limoges auxquels parviendront les présentes, salut en notre seigneur Jésus-Christ. Puisque nous devons, comme dit l'apôtre, comparaître au tribunal du Christ pour recevoir suivant nos œuvres en cette vie, soit bonnes, soit mauvaises et que les bailes du cierge ou de la roue de la glorieuse vierge du Puy lesquels bailes sont du château de Limoges, tiennent, dans notre église du Puy, un cierge allumé nuit et jour qui brûle chaque jour sans interruption à l'honneur et louange de la glorieuse vierge, honorée et vénérée dans notre dite église, nous vous engageons et exhortons tous, ne vous demandant pas moins pour la rémission de vos péchés que d'engager et d'amener efficacement les fidèles confiés à vos soins, à faire largesse, en pieuses aumônes, en méritoires subsides de charité de leurs biens reçus de Dieu, afin de tenir ledit cierge dans notre dite église du Puy, afin que par cette bonne action et autres qu'ils accompliront sous l'inspiration du Seigneur, ils puissent parvenir aux joies de l'éternelle félicité. Pour nous, confiant en la miséricorde du Dieu tout puissant et dans les prières et mérites de la bienheureuse et glorieuse vierge ainsi que des bienheureux apôtres Pierre et Paul, avec l'autorisation, licence et mandat du révérend père seigneur Girbert, par la grâce de Dieu, évêque de Limoges, nous remettons miséricordieusement quarante jours des pénitences à eux imposées à tous ceux qui vraiment repentants et confessés se seront cotisés pour tenir ledit cierge dans notre dite église du Puy.

Donné et scellé de notre sceau, en foi de ce que ci-dessus, le jeudi après l'octave de la Purification de la bienheureuse Marie à Limoges, l'an 1291.

En témoignage de notre visa et vérification nous avons fait apposer aux présentes le sceau de la curie de Limoges. Donné le 16 des calendes de mai, l'an du seigneur 1292.

A. LASCOMBE.

RÉUNION

DE LA

SOCIÉTÉ GÉOLOGIQUE DE FRANCE AU PUY

———

La réunion extraordinaire de la Société Géologique de France qui a eu lieu le 14 septembre 1893 au Puy, a été suivie de plusieurs excursions intéressantes sous la conduite de MM. Boule et Termier, auteurs de la carte géologique qui vient d'être publiée. M. Marcellin Boule avait déjà, l'an dernier, publié sa *Description géologique du Velay*, ouvrage très complet, enrichi de nombreuses planches, coupes et vues panoramiques. Ces deux publications récentes, fruits de laborieuses recherches pendant cinq années consécutives et d'analyses microscopiques faites au Collège de France d'après les procédés scientifiques les plus modernes, donnaient à cette réunion, composée de membres la plupart très versés dans les études géologiques, un attrait tout particulier et une occasion éminemment favorable de s'initier à la nouvelle classification adoptée dans la dernière carte géologique (1).

C'est le résultat des observations faites dans le cours de ces excursions que je me propose de développer, avec le double but

(1) Les vues photographiques que nous reproduisons ont été obtenues pendant les excursions géologiques, par M. James Jackson, bibliothécaire de la Société géographique de Paris. Elles sont extraites de son album.

de résumer l'évolution géologique du Velay d'après les derniers travaux et de faciliter aux géologues de notre contrée la lecture de la carte et son utilisation au profit des progrès de la science géologique.

Parmi les membres de la Société Géologique présents à la réunion et les amateurs de géologie qui firent partie des excursions se remarquaient : MM. Michel-Lévy, ingénieur en chef des Mines, directeur du service de la carte géologique de France ; Marcel Bertrand, ingénieur en chef des Mines ; Mouret, Delebecque, ingénieurs des Ponts et Chaussées ; Voisin, ingénieur en chef des Mines de Firminy ; Depéret, Gosselet, Ficheur, Kilian, Offret, professeurs de Facultés ; Cayeux, Haug, Riche, attachés aux laboratoires de l'École des Mines de Paris, de la Sorbonne et de la Faculté des sciences de Lyon ; Termier, ingénieur des Mines, professeur à l'École des Mines de Saint-Étienne, auteur d'études savantes sur les roches du Mezenc et du Meygal ; Boule, Léon Bertrand, Raveneau, agrégés de l'Université ; Fabre, inspecteur des forêts à Nîmes, créateur de l'observatoire de l'Aigoual (ce membre assistait à la réunion extraordinaire du Puy en 1869, ainsi que MM. Tardy et Gillet-Pâris, ingénieur civil) ; James Jackson, archiviste de la Société de Géographie de Paris, chargé de relever les principales vues panoramiques par la photographie ; l'Abbé Boulay, le savant paléophytologiste de l'Université catholique de Paris ; Adan de Yarza, ingénieur des Mines d'Espagne ; Gouverneur, Chibret, Reymond, Thiéry, secrétaire de la Société Géologique ; vicomte de Chaignon, de Margerie, lieutenant-colonel Durand, colonel anglais Tabuteau, Bourgery, Flournoy de Genève.

Quelques-uns de nos compatriotes se joignirent à ces Messieurs pour les excursions, parmi lesquels nous citerons :

MM. Dreyfus, conservateur des collections géologiques du musée ; G. Boudon ; Vernière, avocat à Brioude ; abbé Pagès, Girollet, etc., etc.

M. le Maire du Puy avait mis à la disposition de la Société la salle des groupes lapidaires du musée disposée pour la circonstance ; c'est là qu'eut lieu la séance d'ouverture, le 14 septembre au soir. L'assemblée procéda à l'élection de son bureau et nomma : président, M. Boule ; vice-présidents, MM. Fabre, Gosse-

maison forestière, cirque des Boutières, Chartreuse de Bonnefoy, les Estables, le Monastier.

Mercredi, 20 septembre. — Vallée de la Laussonne, déjeuner au Monastier, retour au Puy par la Terrasse, Coubon et Taulhac.

Le soir, séance au Musée.

2ᵉ PARTIE. — SOUS LA DIRECTION DE MM. BOULE ET FABRE.

Les jours suivants, jeudi, vendredi, samedi et dimanche, devaient être consacrés à la visite du cours de l'Allier et du département de la Lozère par Notre-Dame des Neiges, Bagnols-les-Bains, le roc de l'Aigle, les causses de Mende et de Bleymard, Villefort et les Vans.

La présente note ne comprend que la première partie des excursions, en y joignant ce qui est relatif aux terrains volcaniques de la chaîne du Velay.

L'attention des sociétaires fut tout d'abord vivement attirée par l'examen des collections paléontologiques et minéralogiques du Musée et de la villa de Corsac. C'est surtout au moyen des fossiles de ces collections que M. Boule a pu fixer l'âge de plusieurs dépôts et par suite celui des formations volcaniques adjacentes. M. Boule a, du reste, maintes fois reconnu le mérite des travaux de ses prédécesseurs et en particulier des géologues de la Haute-Loire. La *Description géognostique* de Bertrand de Doue a été citée plusieurs fois avec éloges pour la précision et la rectitude de ses observations. Les découvertes d'A. Aymard, ses collections paléontologiques, celles de Félix Robert, de Pichot-Dumazel, Vinay et autres, ont rendu les plus grands services aux géologues chargés de dresser la carte du Velay. Il est donc très heureux pour les progrès de la science que notre Musée ait pu acquérir une grande partie de ces collections ; il est, en outre, très désirable qu'il puisse s'enrichir encore de nouveaux éléments scientifiques.

Afin de suivre en connaissance de cause la description des terrains du Velay, il est nécessaire de connaître d'abord leur disposition générale au moyen du tableau suivant qui montre leurs superpositions en allant de haut en bas, ainsi que les notations adoptées à cet effet pour la nouvelle carte géologique.

TERRAINS SÉDIMENTAIRES

TERTIAIRE

Pléistocène

supérieur a². Alluvions modernes. — Val de la Borne, *Cervus Tarandus*, époque du renne.

inférieur
- a¹ᵇ Dépôts quaternaires. — Les Rivaux, *Elephas Primigenius*, etc.
- a¹ᵃ Dépôts de Solilhac, *Elephas meridionalis*, etc.

Pliocène

supérieur p¹. Alluvions du sommet des plateaux à gros éléments, la Malouteyre, Ceyssac, Mons, Sainzelles près de Polignac, *Elephas meridionalis, Rhinoceros Etruscus*. Vallée de l'Allier, Alleyras, Monistrol.

moyen p⁰ ou *Sables à Mastodontes*. Alluvions très développées près du Puy, d'un jaune ferrugineux avec petits galets volcaniques. — Dépôts de Vialette, du Coupet, Chilhac, Ceyssaguet.

Miocène

supérieur m⁴. Dépôts fluviatiles à une altitude d'environ 1000 m., se reliant avec les dépôts similaires du Coiron, Gourgouras, Saint-Clément, L'Aubépin, Le Monastier.

âge incertain m. Argiles et sables quartzeux avec morceaux de calcaire siliceux et chailles jurassiques. — Le Monastier, Fay-le-Froid.

Oligocène ou Infra-Tongrien m,,⁻,,, Dépôts lacustres du fond des bassins du Puy et de l'Emblavès, comprenant, à partir du fond, des sables bigarrés, des marnes, des bancs gypseux et calcaires. — *Faune de Ronzon*.

Éocène moyen c₁. Arkoses, Blavozy, Brives, Auteyrac.

TERRAINS CRISTALLOPHYLLIENS

PRIMAIRE

Micaschistes ζ² et Micaschistes granulitiques ζ² γ¹ — plus ou moins feuilletés.

Gneiss ζ¹ et Gneiss granulitiques ζ¹ γ¹ — plus ou moins cristallisés.

ROCHES ÉRUPTIVES

Sc. Scories recouvrant les cônes volcaniques, particulièrement les plus récents.

PLÉISTOCÈNE inférieur

β³ Basalte du fond des vallées, plus ancien que la Faune à Elephas primigenius. — Denise, St-Vidal, Le Clauzel, La Terrasse.

a² β³ Brèches et scories correspondantes.

β² Basaltes des pentes. — Denise, Chadrac, Collandre.

a¹ p¹ β² Scories correspondantes.

PLIOCÈNE

supérieur

β¹ Basalte couronnant les plateaux autour du Puy et descendant assez bas dans la vallée de l'Allier.

p¹ β¹ Brèches et scories correspondantes.

moyen

β⁰ Basalte intercalé dans les sables à mastodontes. — Denise, Ceyssac, Vals, Pranlary, Taulhac. (C'est le basalte des plateaux du Mezenc.)

p⁰ β⁰ Brèches ou scories correspondantes (St-Michel, Corneille, etc.).

φ⁰ Phonolites.

p⁰ φ⁰ Tufs phonolitiques.

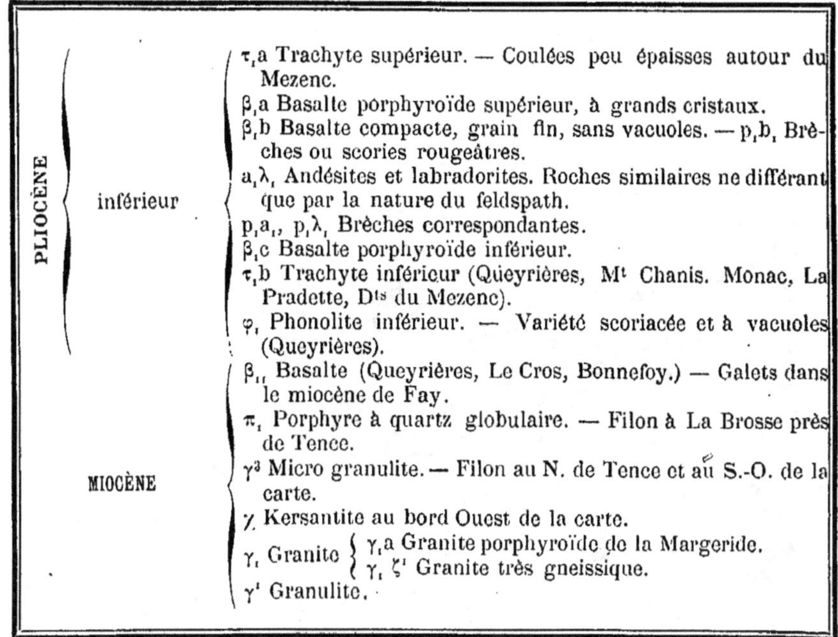

Caractères généraux des roches.

La structure particulière à chaque roche n'est pas absolument caractéristique ; c'est ainsi que certains phonolites ont la structure massive, tandis que certains trachytes ont la structure feuilletée.

La disposition stratigraphique, jointe à l'étude microscopique, permet seule d'établir la dénomination exacte d'une roche et sa position relative. Le microscope ne révèle que des différences peu importantes entre les échantillons d'une même roche ; mais les divers types passent de l'un à l'autre par des transitions ménagées. A l'exception des phonolites et de quelques trachytes, toutes les roches volcaniques sont parfois difficiles à distinguer à l'œil nu. Un certain nombre de roches mixtes forment passage entre deux groupes bien définis. La *Noseane*, violette ou jaune, est le minéral le plus caractéristique des phonolites du Velay ; généralement ultra-microscopique, elle se rencontre en cristaux très apparents dans quelques gisements. La *Néphéline* est non moins caractéristique, elle se rencontre en cristaux volumineux dans le phonolite celluleux de la maison forestière au Mezenc.

Les cristaux d'*Olivine* ou *Péridot* sont la caractéristique des basaltes. Les basaltes les plus récents — tels que ceux de la chaîne du Velay — se distinguent des basaltes plus anciens par une couleur plus claire, par une compacité moins grande; ils sont plus rugueux au toucher, et plus riches en *grenat*, cristaux d'olivine.

Éboulis des Orgues de la Croix-des-Pailles se mêlant à un dépot
d'atterrissement quaternaire.

RÉSUMÉ DES EXCURSIONS

Première journée.

Marnes et calcaires oligocènes de Ronzon qui forment les parties moyennes et supérieures des couches bien très du bassin du Puy; leur horizon est celui du *Calcaire de Brie*; à la partie inférieure se trouvent des gypses et des argiles sableuses, bariolées dont un gisement est examiné à Cornuat. Dépot d'atterrissement des Rivaux, riche en fossiles quaternaires et contenant les éléments de la coulée basaltique de la Croix de Paille, ce qui donne l'âge de cette coulée, l'une des plus récentes du Velay (?). Arrêt au Rion Pezzouilhou dont les cristaux (Zircon, Corindon,

Grenat) proviennent d'une andésite augitique située en amont ; c'est la seule roche non basaltique des environs du Puy. En remontant le ravin auprès des Petites-Brus, M. Boule réussit à montrer un cristal encore enchâssé dans un fragment d'andésite.

Un peu plus loin, dans le ravin de Clary, sous le basalte β^1 qui recouvre le plateau, se voit le contact de ce basalte avec l'oligocène par l'intermédiaire d'alluvions à très gros éléments où on a trouvé l'*Elephas meridionalis* : ce qui indique le Pliocène supérieur.

On s'enfonce ensuite dans la vallée de Ceyssac dont les brèches volcaniques se trouvent mêlées aux alluvions p° qui y forment une couche de 100 mètres d'épaisseur renfermant toutes les roches volcaniques du Mezenc : leur âge est donné par la faune à *Mastodon arvernensis*, qui est du Pliocène moyen : ce qui fournit une limite supérieure pour l'âge des éruptions du Mezenc. — Pour M. Boule, le rocher stratifié de Ceyssac n'est qu'un témoin détaché par l'érosion des brèches p° β° reposant sur l'Oligocène. En remontant le ruisseau de Ceyssac jusqu'à la cascade de Brossac, les sables à mastodontes alternent avec des couches de fine argile à diatomées, contenant une flore fossile qui a été déterminée par M. de Saporta. L'ensemble de ces dépôts a été formé par un cours d'eau pliocène ; le basalte β° se trouve aussi intercalé dans ces couches. La même formation se retrouve plus loin sur le flanc de la Garde d'Eycenac, qui est couronnée par le basalte β^1. La plus grande épaisseur de ces sables à mastodontes se voit à Taulhac ; c'était le thalweg du fleuve pliocène ; sa rive droite affleurait à la rive gauche actuelle de la Loire, la rive gauche partant de La Roche ; le fleuve se dirigeait vers Polignac et de là sur les environs de Peyredeyre dont il traversait le défilé à une altitude d'environ 800 mètres.

En traversant le plateau, les géologues visitent les carrières de pouzzolane du Croustet ; ces scories présentent de nombreuses enclaves, notamment des gneiss à cordiérite d'un beau bleu.

Dans la soirée eut lieu au Musée une intéressante conférence de M. Depéret sur *l'âge absolu des faunes de mammifères pliocènes du Plateau central et des éruptions volcaniques contemporaines*. Le savant professeur de la Faculté des sciences de

Lyon est amené à rattacher au Pliocène supérieur les basaltes,
brèches et dépôts paléontologiques du Pliocène moyen.

Deuxième journée.

Arrêt au rocher d'Aiguilhe qui, sur sa face nord, présente une
injection bien caractérisée de basalte. Le reste de la masse est
composé d'une brèche analogue à celles de Corneille, de Polignac,
d'Espaly et de Ceyssac, etc. Cette brèche est formée de fragments
volcaniques anguleux agglutinés par un ciment ; les fragments
sont constitués par un verre renfermant de grands cristaux d'au-
gite et d'hornblende, le ciment par une cinérite également
vitreuse.

La brèche renferme beaucoup d'enclaves empruntées au terrain primitif et aux couches oligocènes, ces dernières formant
des nodules d'argile transformés par la chaleur en *pierres d'aigle*, pierres qui ont fait au Puy l'objet d'un certain commerce
avec la Bretagne et la Normandie où on les employait comme
spécifiques contre les douleurs de l'enfantement.

D'après M. Boule, la plupart de ces rochers seraient des
témoins isolés par l'érosion d'anciennes masses de projections
basaltiques. Saint-Michel, par sa position au fond de la vallée,
paraît se trouver sur la cheminée d'un ancien cratère qui a été
rempli de projections et injecté postérieurement par le basalte
qui a contribué à le consolider. — Le rocher d'Espaly qui se
trouve également an fond d'une vallée, serait un débris des brèches du volcan de Denise, dont le côté occidental paraît avoir
subi un effondrement considérable.

De l'étude attentive des conclusions produites par M. Boule, et
de la discussion approfondie qui eut lieu sur le même sujet, lors
de la réunion extraordinaire de 1869, il nous semble probable
que ces rochers pittoresques qui ornent les environs du Puy ne
sont pas, en effet, des dykes sortis d'une seule pièce du sein du sol
dans l'état où nous les voyons, qu'ils ne sont pas non plus les
restes d'une immense coulée qui remplissait toute la vallée,
ainsi que le croyait Bertrand de Doue, mais qu'ils sont tous,
d'après l'opinion d'Aymard, situés sur l'emplacement d'une bouche éruptive, ainsi que l'admet M. Boule pour Saint-Michel ; le

culot central serait entouré ou surmonté d'une certaine quantité de brèches projetées, puis consolidées peut-être par voie humide dans le cône d'éruption. La position centrale de ces rochers, à différentes hauteurs au milieu des vallées, c'est-à-dire au point où ils étaient le plus exposés à disparaître ; pour Cornaille, l'absence de galeries bien constatées traversant le rocher de part en part, alors que tous les alentours ont été exploités pour la recherche du gypse ; pour Polignac, l'exploration de l'abîme jusqu'à 83 mètres 50 de profondeur en pleine roche : sont autant d'éléments qui appuient notre opinion. Ces roches, ainsi formées à travers les dépôts oligocènes qui auraient contribué à les protéger, se seraient peu à peu dépouillées de leur enveloppe au fur et à mesure du creusement des vallées.

La course se poursuit en montant à Denise dont le flanc sud escarpé montre nettement la couche du p[ ] reposant sur un lit de galets volcaniques des roches du Mezenc. À droite se trouve le gisement de la Malouteyre à *Elephas meridionalis* dans les

Face sud du volcan de Denise, lit d'une rivière pliocène.

brèches p[ ]3[ ] qui recouvrent les sables à mastodontes. — En continuant la route au-delà de l'Ermitage et laissant à gauche les orgues de la coulée β^3 dont l'âge a été déterminé la veille, on s'arrête au point où fut découvert, en 1844, l'homme fossile dans une roche d'origine détritique que M. Boule croit contemporaine de la faune pleistocène à *Rhinoceros merckii* que l'on trouve dans les fentes des brèches anciennes. Plus loin, les géologues ayant gravi le cône de pouzzolane, s'arrêtent avec admiration devant l'énorme colonne des scories noires qui s'appuie sur une crête verticale de brèches ; c'est le point que M. Boule assigne au cratère du volcan.

La route se poursuit sur Polignac où se retrouve dans le village la couche de sables à mastodontes. — Se rendant sur le versant nord du plateau de Rome, on examine le volcan de Cheyrac qui possède encore sur trois- de ses faces des parois doublement inclinées vers le cratère et vers les bords.

L'après-midi est consacrée à la visite des environs de Blanzac. Avant d'arriver à ce village, on s'arrête à Cussac devant des buttes formées de conglomérats à gros éléments, tant granitiques que volcaniques, et paraissant produites par les entraînements des eaux découlant des hauteurs de Saint-Geneys Ces transports, que l'on avait assimilés à des moraines de l'époque glaciaire, seraient plutôt dus, d'après M. Boule, à la fonte des neiges, ce qui constituerait un terrain *névéen.* Tout près de là se trouve le gisement de la faune pléistocène de Solilhac qui, par sa position au fond de la vallée, indique que le creusement de la vallée a été achevé pendant le Pliocène supérieur, alors que les faunes de Sainzelles à mi-coteau et celle de la Malouteyre placée à son sommet donnent les diverses époques de ce creusement depuis son origine. — L'âge du basalte des pentes β^2. qui se trouve à mi-coteau près de Bilhac, se trouve par suite fixé entre le Pliocène supérieur et le Pleistocène.

Gravissant les pentes boisées du mont Tarsou, les géologues se dirigent vers le sommet de la côte qui domine la Loire et la plaine de l'Emblavès. En face se dresse le massif granitique de Saint-Quentin-Chaspinhac, lequel se trouve compris entre deux failles courant au N.-O. sur chaque côté desquels le terrain granitique présente un abaissement important, qui se trouve indiqué par une différence d'environ 500 mètres entre la base des argiles oligocènes dans la vallée et celle des lambeaux qui

reposent encore sur le sommet du massif trachytique du Puy-
de-Dôme du mont Comtal.... C'est à la roche de ce type que M. Boule
place au Miocène supérieur comme étant la première des éruptions
volcaniques.... En revenant à Brioude, on passe près des versements de Cornssamet et de Vieille, tous deux contenant une
faille qui paraît appartenir au Pliocène moyen. Une distance
verticale de 400 mètres sépare ces dépôts du massif de Solilhac
ce qui indique l'puissance des érosions entre ces deux époques.

Après avoir visité à Coren la roche collection Arnaud, on
remarque à Brioude que les annales se trouvent séparées de l'Olico
cette partie de ... que l'on ne retrouve pas dans la même sin-
indebita superposée à Brioude. Cette superposition dans cette
formation a été placée par M. de Saporta dans Pliocène moyen.

Roche trachytique de Monac.

Ces versements sont peu étendus et ont été fortement dénivelés
par les érosions de sorte que les faux sédimentaires suivant des
socles élevés, ce qui réduit faute d'un affaissement sur ... granite
failot sur les lambeaux d'ailleurs.

Sortant de la région granitique, on se dirige sur le Pertuis à travers la région des phonolites, qui commence à Saint-Étienne-Lardeyrol et contient plus de cent masses distinctes. — Du Pertuis, on descend à Saint-Julien-Chapteuil ; sur la route on examine les tufs phonolitiques signalés par M. Termier sous forme de cinérites blanches stratifiées et traversées par un filon de phonolite blanc très feuilleté. — Plus loin, arrêt au Suc de Monac, grand dyke de trachyte avec structure prismatique, de même que les masses voisines de la Chapuze et du mont Chanis.

Sous la conduite de M. Termier, on va ensuite examiner les couches oligocènes qui sont en contact avec le phonolite du versant sud du mont Plaux ; une action métamorphique s'est produite par le passage du phonolite à travers ces argiles, donnant naissance à des silex résinites et à des concrétions siliceuses d'opale.

Quatrième journée.

De Saint-Julien-Chapteuil on se dirige sur Queyrières où se rencontre une certaine variété de couches voisines l'une de l'autre. Au contact du granite se voit un basalte $\beta°$ analogue comme position stratigraphique au basalte miocène du Mezenc ; au dessus est un trachyte analogue à celui de Monac ; le sommet du Calvaire présente une magnifique agglomération de prismes de labradorite, convergeant en gerbe. — Continuant dans la direction du col de la Jame, on rencontre sous le pic phonolitique de Raffy une couche puissante d'andésite augitique recouvrant le trachyte ; du reste, l'andésite passe souvent au trachyte par un enrichissement d'orthose. — Au col de la Jame, on reconnaît le basalte porphyroïde sous le phonolite néphélinique ordinaire. — De là on se dirige sur le Meygal, en traversant la forêt qui couvre son versant nord. Le sommet est couvert de tables énormes de phonolite. Le panorama de cette région phonolitique excite l'admiration de tous les excursionnistes : c'est certainement la partie la plus pittoresque du Velay. — On atteint bientôt Boussoulet.

L'après-midi est consacrée aux environs de Saint-Front. Après avoir traversé le grand plateau à basalte semi-porphyroïde de

Champclause β°, on descend dans le ravin de la Gagne où l'on fait ample récolte de cristaux d'andésine isolés dans les berges de la rivière. Ce sont des brèches andésitiques qui se trouvent sous les andésites. Plus haut, en remontant à Saint-Front, on retrouve l'andésite, recouverte par des brèches p° β°, au-dessus desquelles se trouve le basalte β° d'une teinte gris-violacé, qui sert de pierre de taille pour les maisons du bourg. — On se dirige ensuite sur Fay-le-Froid en faisant le tour de la coulée de Rofflac. — En traversant le Lignon, on s'arrête pour étudier le terrain du Miocène supérieur avec chailles jurassiques et cailloux basaltiques.

Cinquième journée.

La matinée est consacrée à l'ascension du Mezenc dont l'horizon découvert permet de voir les cîmes neigeuses des Alpes ; ce spectacle charme tout le monde, même les excursionnistes alpins. Auprès de la maison forestière où se dresse la table du déjeuner, on trouve de beaux échantillons de phonolite celluleux contenant des prismes apparents de néphéline.

L'après-midi est consacrée à la visite du cirque des Boutières, sous la conduite de M. Boule, tandis qu'une partie de la troupe va, sous la conduite de M. Termier, étudier la stratigraphie du massif près de la Chartreuse de Bonnefoy. Le versant sud du Mezenc offre un escarpement très rapide, qui permet de passer en revue les couches successives des diverses éruptions : le cirque des Boutières paraît être un des cratères qui ont donné naissance à ces diverses éruptions qui, depuis le Miocène, se sont succédé jusqu'au Pliocène moyen.

Le retour s'opère par les Estables jusqu'au Monastier.

Sixième journée.

Le programme comprenait la visite de plusieurs points intéressants, tels que les cinérites et lignites de l'Aubépin, de Meyzoux, de la Vacheresse, les tufs de labradorite avec beaux minéraux de La Besseyre, etc. Le temps pluvieux et le désir de visiter le Puy firent accélérer le retour. On se contenta de faire une course rapide à un dépôt du Miocène supérieur avec débris de roches jurassiques reposant sur l'Oligocène que l'on voit auprès de la tuilerie La Roule. Remontant ensuite le lit de la Laussonne, on peut faire une étude des granites et des granulites qui s'y rencontrent à divers états d'altération par leur contact avec les gneiss.

En revenant au Puy, on s'arrête pour examiner les coulées scoriacées des volcans récents β^0 de la Terrasse et du mont Jonet situé au-dessus de Coubon. — La vallée de la Loire déploie ses ondulations, montrant au sommet de ses rives la stratification du basalte β^1 et à mi-coteau celle du basalte β^2 reposant sur les couches d'Oligocène qui forment les berges du fleuve. Ce même basalte β^1, qui couronne les berges de la Loire, se rencontre au contraire près du lit de l'Allier, ce qui indique que cette dernière rivière avait déjà sa profondeur actuelle à l'époque du Pliocène supérieur, tandis que la vallée actuelle de la Loire n'existait pas encore.

Dans la soirée eut lieu au Musée la séance de clôture dans laquelle M. Boule fit un résumé de l'évolution géologique du Velay que nous complétons à l'aide de son ouvrage.

Les terrains les plus anciens sont formés par des gneiss et des micaschistes. Ces dépôts primitifs ont été pénétrés par des épanchements considérables de roches éruptives, granite et granulite. Plus tard, et probablement vers l'époque carbonifère, sont sortis des porphyres et d'autres roches analogues aux andésites récentes, qui furent sans doute projetées par des volcans disparus depuis et dont la présence ne se manifeste plus que par quelques dykes isolés dans la Margeride.

L'époque secondaire ne se manifeste dans le Velay par aucun vestige. Au début des temps tertiaires le Velay, comme l'Auvergne, ne devait présenter que des reliefs peu considérables. — Pendant l'Éocène, le Plateau Central a dû partager les oscillations d'exhaussement et d'abaissement bien constatées pour le bassin parisien. C'est sans doute à l'une de ces oscillations qu'est due l'apparition des lacs du bassin du Puy et, par suite, le dépôt des arkoses. Ces lacs ont ensuite disparu, et les arkoses furent partiellement démolies par l'érosion.

Un nouveau mouvement du sol marque le début de l'Oligocène; alors s'établissent dans le Velay, comme en Auvergne, des lacs

d'eau saumâtre, tantôt douce, tantôt salée, par les communications temporaires qu'ils avaient avec les mers voisines. De là ces
alternatives de gypses sans fossiles et de marnes avec mollus-
ques d'eau saumâtre. Les bords de ces lagunes étaient fréquentés par les palœotherium.

Plus tard, le bassin du Puy ne communiquant plus avec l'eau
marine, se déposèrent au centre du lac du Velay les marnes et
calcaires de Ronzon, tandis que sur les bords du lac se déposaient
surtout des argiles sableuses.

Pendant le Miocène, un large cours d'eau ou lac se trouvait
sur l'emplacement actuel du Mezenc, caractérisé par les dépôts
de sables avec silex et chailles jurassiques provenant sans doute
d'affleurements secondaires très voisins.

Au Miocène supérieur les grands mouvements du sol dans le
Plateau Central se traduisent dans le Velay par de grandes
fractures qui nous sont révélées par la dénivellation des couches
oligocènes, sans cependant modifier beaucoup le relief général,
puisque la différence d'altitude entre le point le plus élevé et le
point le plus bas du Velay ne dépassait pas 500 mètres, alors
qu'elle en atteint aujourd'hui 1,200, par suite des entassements
volcaniques sur les hauteurs et du creusement ultérieur des
vallées.

De cette époque, et par suite de ces fractures, datent les
débuts de l'éruption volcanique, activité qui s'est déplacée de l'Est
vers l'Ouest. Les coulées les plus anciennes s'observent, en effet,
dans les massifs du Mezenc et du Meygal. D'abord ce sont des
basaltes se reliant à ceux des Coirons ; ensuite, pendant le Pliocène inférieur, se montrent les trachytes inférieurs, surmontés par
d'énormes coulées d'andésites, de labradorites, de basaltes com-
pactes et de basaltes porphyroïdes.

Vers le Pliocène moyen, nouvelle poussée de trachyte et
épanchements formidables de phonolite, suivis par la sortie du
basalte semi-porphyroïde : celui-ci termine la série éruptive de
cette partie orientale du Velay.

Pendant ces époques, la partie occidentale n'était le théâtre
d'aucune éruption ; les parties élevées, dégradées par l'érosion
formaient des alluvions dans la cuvette du Puy ; les cours d'eau
venant de la partie du Mezenc surélevée par les projections vol-

caniques, apportaient les cailloux roulés volcaniques que l'on retrouve dans les sables à mastodontes; ceux qui descendaient de la chaîne granitique du Velay ne déposaient au contraire que des éléments quartzeux. Le confluent de ces cours d'eau paraît se trouver entre Borne et Polignac et l'issue probable de ce fleuve était Peyredeyre, à 700 ou 800 mètres d'altitude, c'est-à-dire bien au-dessus du niveau actuel de la Loire.

Pendant le Pliocène moyen, la partie centrale du Velay se couvrit à son tour de volcans qui formèrent les brèches aujourd'hui découpées en rochers pittoresques, ainsi que des coulées de basaltes qui comblèrent les vallées. Un certain nombre de ces bouches volcaniques s'établirent également à la même époque dans la chaîne du Velay, épanchant leurs laves dans la vallée de l'Allier, à peu de hauteur au-dessus du lit actuel de cette rivière. Certains cônes de scories de ces volcans supportent des dépôts renfermant les éléments caractéristiques des sables à mastodontes.

Au Pliocène supérieur correspond la grande période éruptive de la chaîne du Velay; une centaine au moins de bouches volcaniques, formant une traînée de plus de 40 kilomètres, couvrit tous les terrains antérieurs d'une couverture de lave dépassant 100 mètres d'épaisseur qui ne suffit pas à combler la vallée de l'Allier alors très profonde, mais qui combla au contraire entièrement le bassin de la Loire, le transformant en un vaste plateau dans lequel les cours d'eau durent recommencer à creuser leur lit.

Au début du Pleistocène le creusement de la vallée de la Loire et de ses affluents était à peu près terminé aux environs du Puy, car les dépôts à *Elephas Primigenius* se trouvent au niveau des cours d'eau actuels. C'est à cette époque que remonte l'apparition de l'*homme;* il a donc dû être témoin des dernières éruptions; car on observe encore quelques coulées quaternaires et ses débris ont été trouvés au milieu des tufs de Denise, l'un des volcans les plus récents.

Le séjour des membres de la Société géologique de France fut définitivement clos par une soirée offerte par la municipalité, à la suite de laquelle ces membres témoignèrent leur reconnaissance pour le bon accueil qu'ils avaient reçu de notre pays et adressèrent des remercîments à la Société agricole et scientifique, qui venait de faire distribuer à chacun d'eux un exemplaire du Guide du Puy, récemment édité par ses soins.

PH. HEDDE.

FRANÇOIS DE LAFAYETTE

ÉVÊQUE DE LIMOGES

(1590-1676)

En feuilletant le premier volume du *Nobiliaire du Limousin*, une biographie consacrée à l'un de nos compatriotes a fixé notre attention. Malgré sa brièveté, elle renferme des renseignements qu'on ne rencontre pas ailleurs, et nous la donnons *in extenso*, en l'accompagnant de quelques détails généalogiques sur la famille du personnage auquel elle s'applique.

Il s'agit dans cette notice de François de Lafayette, évêque de Limoges, né en 1590, mort en 1676. Une des plus vieilles de France, la famille de ce prélat comptait sous l'ancienne monarchie un soldat illustre, Gilbert III de Motier de Lafayette, maréchal de France, en 1421, et vainqueur des Anglais à la bataille de Baugé, en 1422. Alliée ou parente aux grandes familles de France, elle était fière de citer parmi ses membres 'de vaillants capitaines, des chevaliers de Malte, un chambellan, un grand maître de l'artillerie, des colonels, un docteur de Sorbonne, un sénéchal d'Auvergne, un académicien et des gouverneurs de places fortes.

Elle avait fourni au noble chapitre de Saint-Julien de Brioude sept chanoines, et trois à celui des comtes de Lyon. Comme le dit Bouillet, « Ce nom de Lafayette est devenu populaire depuis « plus d'un siècle en Europe et en Amérique par l'un des hom- « mes qui ont joué le plus grand rôle dans nos révolutions. »

De nos jours les petits-fils de celui qu'on appelait le *héros des deux mondes*, MM. Oscar et Edmond de Lafayette représentent au Sénat, le premier le département de Seine-et-Marne, le second celui de la Haute-Loire.

Le mariage de Claude de Lafayette, seigneur de Hautefeuille et de Nades, avec Marie d'Alègre, fille de Gaspard, seigneur de Viverols et de Beauvoir et de Charlotte de Beaucaire, donna le jour (1) à cinq enfants : 1° Jean ; 2° Jacques, chanoine comte de Lyon ; 3° Gaspard ; 4° Philippe-Emmanuel ; 5° François. C'est à ce dernier enfant que le *Nobiliaire du Limousin* a consacré les lignes suivantes:

« FAYETTE (François DE LA), d'une très noble famille d'Au-
« vergne, fils de Gilbert de La Fayette, maréchal de France,
« naquit en 1590, fut chanoine et comte de Lyon, abbé de Notre-
« Dame de Dalon, prieur de Saint-Angel, conseiller d'État et
« premier aumônier de la reine Anne d'Autriche. Il reçut d'Ur-
« bain VIII ses bulles pour l'évêché de Limoges le 29 novembre
« 1627, fut sacré à Paris le 19 mars 1628, dans l'église des Corde-
« liers de cette ville, par André Frémiot, archevêque de Bourges
« (frère de sainte Jeanne-Françoise Frémiot de Chantal), et prit
« possession de son siège le 18 ou le 19 octobre suivant. A sa
« consécration, la reine susdite lui fit présent d'un diamant de
« grand prix. Ce prélat fut si attaché à son évêché de Limoges
« que, quoiqu'il jouît de la plus grande faveur auprès de cette
« princesse, il ne voulut jamais le quitter ni en accepter de plus
« considérables.

« En 1630, les chanoines de Saint-Martial, mécontents de leur
« abbé (Pierre du Verdier), trouvèrent moyen de se soustraire
« à sa juridiction, en se soumettant à celle de monseigneur de La
« Fayette, évêque de Limoges.

« La même année, ce prélat eut une contestation avec le même
« abbé pour la réception de Louis XIII, lorsque ce prince passa
« à Limoges.

« En 1638, Mgr de La Fayette fit la première procession de
« Notre-Dame d'août, que le roi Louis XIII avait ordonnée pour
« tout son royaume.

« Les chanoines de Saint-Martial ayant fait, en 1644, durant
« l'absence de l'évêque, un inventaire des reliques de leur église,

____

(1) Bouillet, *Nobiliaire d'Auvergne*. T. 3. page 41.

« ce prélat refusa d'approuver ledit inventaire. Il consentit néan-
« moins, l'année suivante, à la construction de la nouvelle châsse
« que ce corps fit faire pour y déposer le chef du saint apôtre.

« Les consuls de la ville ayant appelé M. le duc de Ventadour
« pour faire exécuter un arrêt touchant l'élection desdits consuls,
« que Mgr LaFayette favorisait, ces magistrats en reconnaissance
« de ce bienfait, vinrent saluer l'évêque avec leur marque consu-
« laire, ce qu'ils n'avaient pas voulu faire jusque alors, et qui
« cependant a continué depuis sous leurs successeurs.

« Monseigneur La Fayette eut beaucoup de part à la fondation
« de la maison des filles de la Providence en 1660, et en autorisa
« plusieurs autres. Limoges lui doit aussi trois beaux établisse-
« ments, qui sont ceux du séminaire des missions en 1662, du
« séminaire des Ordinands en 1666, et de l'hôpital général en
« 1653.

« Il obtint un arrêt du parlement touchant le droit de visite
« du monastère de La Règle, qui lui fut attribué. Il acquit le
« même droit, par accommodement sur celui des Allois. Il fit
« réimprimer, en 1673, les ordonnances synodales de ses prédé-
« cesseurs, et y ajouta les siennes ; reçut et authentiqua plusieurs
« reliques portées de Rome dans diverses églises de Limoges ;
« releva de terre, en 1666, le corps du vénérable Bernard Bardon
« de Brun, dans l'église de Saint-Pierre-du-Queyroix ; célébra en
« divers temps la cérémonie de la béatification et canonisation
« de plusieurs saints ; approuva l'établissement de la compagnie
« des pénitents bleus ; établit l'oraison des Quarantes-Heures dans
« les églises de Saint-Pierre et de Saint-Michel pour le temps
« du carnaval, et mourut saintement au milieu des œuvres de
« piété le dimanche 3 mai 1676, à l'âge de quatre-vingt-six ans,
« et après environ cinquante ans d'épiscopat. Il fut inhumé dans
« l'église du séminaire des Missions. M. Devoyon, supérieur de
« cette maison, a donné son éloge en 1771. Il fit les pauvres
« de l'hôpital ses héritiers universels.

« Armes : *d'azur à la bande d'argent, à l'orle de vair.*

« Source : Manuscrits de Nadaud. »

Il importe de relever ici une lourde erreur commise par le
biographe de l'évêque limousin qui attribue la paternité de ce
dernier à Gilbert de Lafayette, maréchal de France. Cet

homme de guerre, né probablement vers 1380, est mort le 23 février 1462, suivant le Nobiliaire d'Auvergne, le 23 février 1464, d'après la biographie Michaud. Quoi qu'il en soit, le maréchal, loin d'être le père de François, évêque de Limoges, n'était que son aïeul au cinquième degré.

La notice qui précède fixe la mort du prélat au 3 mai 1676, et Bouillet (1) au 23 mai de la même année.

Les armes des Lafayette : *de gueules, à la bande d'or, à la bordure de vair*, figurent sur les plats de deux volumes appartenant à la bibliothèque publique du Puy. Un de ces volumes nous a été donné par M. Edmond de Lafayette, sénateur. Bouillet attribue les mêmes armoiries à cette famille. Elles différent, comme on le voit, de celles fournies par le manuscrit de Nadaud.

(1) *Nobiliaire d'Auvergne.*

A. LASCOMBE.

L'ÉLÉPHANT DE SENÈZE

Il s'agit d'un squelette et d'un squelette fossile découvert dans les cendres basaltiques du volcan de Senèze (Haute-Loire).

M. Marcelin Boule a fait de cette découverte d'un *Elephas meridionalis* une communication à l'Académie des Sciences. Voici le texte même du rapport de ce savant dont on connaît les beaux travaux sur la géologie de notre région :

« A 10 kilom. au sud-est de Brioude, non loin de la station de Frugières-le-Pin, au fond d'un cirque formé par des collines gneissiques, se trouve le village de Senèze. Le sommet et les flancs de la partie occidentale de ce cirque sont occupés par les ruines d'un petit volcan. Ce sont des matières de projection, bombes, lapillis, cendres basaltiques, plus ou moins agglutinés et remaniés par les orages volcaniques. De ces amas de projection parfaitement stratifiés, partent deux coulées qui descendent assez bas, l'une dans la vallée de l'Allier, l'autre dans la vallée de la Sénouire.

« M. Henry Mosnier m'avait signalé la présence d'ossements fossiles dans les terrains volcaniques de Senèze. Dans une première excursion, que je fis, avec MM. Paul le Blanc, Vernière et Henry Mosnier, je recueillis un certain nombre de débris, d'*Equus Stenonis*, de *Bos elattus*, de *Rhinoceros*, d'*Hyœna*, des bois de plusieurs espèces de Cervidés et des morceaux d'un énorme Proboscidien. Ces ossements se trouvaient enfouis et disséminés au milieu de cendres volcaniques ravinées par les pluies d'orage. Quant aux os de Proboscidien, ils provenaient d'un champ cultivé et ils avaient été ramenés au jour par le soc des charrues.

« M. Albert Gaudry ayant bien voulu se rendre à Senèze avec moi, une fouille fut préparée...

« Au milieu du champ, le sol formait une protubérance arrondie comme un tumulus. Les premiers coups de. pioche donnés au milieu de cette protubérance mirent à découvert quelques ossements de très grandes dimensions. A notre arrivée, M. Gaudry et moi nous reconnûmes les restes d'un grand Proboscidien, un humérus mesurant 1 m. 20 de longueur, des vertèbres dorsales, des côtes et une défense tombant en miettes.

« Le tumulus devait évidemment son origine à la présence de cet énorme squelette, qui avait permis aux cendres volcaniques de résister plus longtemps à l'entraînement par les eaux. Nous fîmes continuer les'fouilles sous nos yeux ; la colonne vertébrale servant à nous guider, nous mîmes successivement à découvert la ceinture scapulaire, les vertèbres cervicales et les condyles occipitaux. Le crâne se trouva défoncé, brisé en mille morceaux, ce qui s'explique par la faible profondeur (quelques centimétres) à laquelle il se trouvait. Les dents, admirablement conservées, furent extraites avec soin et nous permirent de reconnaître un *Elephas meridionalis.*

« Certains os du squelette n'avaient pas conservé exactement leurs connexions anatomiques ; une défense, par exemple, se trouvait assez loin de la tête et à l'opposé de celle-ci. Il est donc probable que le cadavre gisait sur le sol depuis un certain temps et était même complètement décharné, quand tomba la pluie de cendres qui devait le conserver.

« Cette découverte rappelle celle de l'Éléphant de Durfort, dont le squelette se trouve dans les galeries de Paléontologie du Muséum (1). Les deux fossiles présentent de notables différences. L'Éléphant de Durfort se rapproche de beaucoup, par sa dentition, de l'*Elephas antiquus.* Les lames d'émail de ses molaires sont plus fines et plus rapprochées que dans l'Éléphant de Senèze. Celui-ci les a beaucoup plus larges, plus écartées ; il a conservé, comme les éléphants des Siwalik, certains caractères des mastodontes. L'Éléphant de Senèze représente un type plus

---

(1) J'ai envoyé au Muséum de Paris la dentition complète de l'Éléphant de Senèze, le reste du squelette sera probablement conservé dans les collections locales.

ancien que l'Éléphant de Durfort. Il ressemble à l'*Elephas meri-dionalis* du *crag* anglais, tandis que celui de Durfort rappelle l'*Elephas meridionalis* du *Forest-Bed*.

« L'étude des ossements fossiles de Senèze confirme les observations que j'ai déjà eu l'honneur de communiquer à l'Académie relativement à l'âge des volcans basaltiques de la vallée de l'Allier. Jusqu'à ces dernières années, on n'avait aucune notion précise sur l'âge de ces petits volcans isolés au milieu des gneiss. Les géologues, se fondant sur des caractères topographiques avaient cru devoir les considérer comme quaternaires. Or, chacun de ces volcans est une sorte de Pompéï où ont été conservés les débris contemporains de leurs éruptions. Les uns, comme ceux du Coupet et de Chilhac, étaient en activité à l'époque où vivaient le *Mastodon arvernensis* et d'autres mammièfres caractéristiques du Pliocène moyen. D'autres, comme celui de Senèze, sont un peu plus récents, car ils datent de l'époque où l'*Elephas meridionalis* avait remplacé dans nos pays les mastodontes. A cette époque, le creusement de la vallée de l'Allier et des vallées affluentes était à peu près terminé et les environs de Brioude avaient acquis les principaux traits du relief actuel (1). »

1) Extrait du journal *La Haute-Loire* du 5 décembre 1892.

CESSION PAR LE CHAPITRE DU PUY

AU MONASTÈRE DE SAINT-RUF

DE PLUSIEURS ÉGLISES DANS LE DIOCÈSE DE DIE

Ce document a été signalé, pour la première fois, par M. l'abbé Ulysse Chevalier, dans le *Codex diplomaticus ord. S. Rufi* (Mss). Le neveu du savant abbé, le chanoine Jules Chevalier, professeur au grand séminaire de Romans, l'a publié dans son *Essai historique sur l'église et la ville de Die* (1). Le tome I renferme des détails sur les possessions des religieux de Saint-Chaffre en Diois, qui se trouvent déjà dans le cartulaire de saint Théofrède, pages 7, 21, etc. Mais ce qui a surtout de l'intérêt pour l'histoire de l'église du Puy, c'est ce qui se rapporte aux possessions des chanoines de cette ville, dans le même diocèse.

On voit, en effet, qu'ils avaient trois églises dans cette partie du Dauphiné : deux dans la ville de Crest, Sainte-Marie ou Saint-Sauveur et Saint-André : la première, dans la cité, l'autre près de la forteresse, sur les hauteurs du Calvaire. Cette dernière a disparu, tandis que Sainte-Marie a été reconstruite, vers 1845. Quant à l'église de Saint-Domnin-sur-Grane, il nous a été impossible d'avoir le moindre renseignement sur son histoire

La charte des archives de la Drôme nous apprend que le chapitre de N.-D. du Puy céda à perpétuité, en 1192, à Pierre, abbé de Saint-Ruf, afin d'avoir droit aux prières qui se faisaient dans son monastère, ces trois églises, avec les dîmes, les prémices, les oblations, les droits de sépulture, etc.

(1) In-8°, impr. Bourron, Montélimar, 1888.

Les chanoines du Puy exceptent de cette cession les maisons qu'ils avaient à Crest. Ils se réservent, également, sur ces églises leur droit de propriété, avec un cens annuel de 300 sous d'or, monnaie de Vienne, et dans le cas où le titre de ce numéraire deviendrait plus faible, cette redevance annuelle devait être de 7 marcs et demi d'argent, poids du Puy.

Enfin, ils n'oublient pas d'imposer dans l'acte aux religieux de Saint-Ruf l'obligation d'une noble hospitalité pour tous les chanoines du Puy, venant à passer à Crest. Ils demandent à être regardés non comme des voyageurs, mais comme des seigneurs de la ville (1). En somme l'acte est plutôt un bail qu'une donation ou une vente.

Nos chanoines avaient compris, sans doute, qu'ils étaient bien éloignés pour surveiller leurs intérêts à Crest. Il s'élevait, en effet, bien des contestations entre les membres des différents ordres religieux. « Ces fâcheuses divisions, dit l'historien du diocèse de Die, durèrent de longues années. Les parties soumirent, une première fois, leur différend à un légat du siége apostolique, nommé Bernard, cardinal prêtre du titre de Saint-Pierre-aux-Liens. Ce haut dignitaire de l'Église étant à Crest, en compagnie de Falcon, évêque de Valence et de quelques autres personnages, rendit un jugement dans cette affaire le 10 mars 1196. Voici en peu de mots ce qui fut arrêté. Les religieux de Saint-Ruf auront sur l'église Saint-Sauveur de Crest tous les droits qu'y possédaient auparavant les chanoines du Puy, à l'exception du tiers des dîmes qui appartiendra à l'évêque de Die : ils lui payeront aussi le cens annuel. L'évêque demeurera paisible possesseur de la chapellenie que desservent, en son nom, dans l'église Saint-Sauveur les moines de Saint-Médard ; quant à l'autre chapellenie que les chanoines de Saint-Ruf tiennent des chanoines du Puy, ils la conserveront, mais à condition de payer annuellement à l'évêque dix sous et deux livres de cire, comme aussi de présenter le chapelain à son approbation (2). »

Louis PASCAL.

---

(1) *Codex diplomaticus ord. S. Rufl.*
(2) *Essai historique sur l'église et la ville de Die*, T. 1, page 245.

1192. Le Puy-en-Velay. — P. doyen du Puy et le chapitre de cette église cathédrale cèdent à perpétuité à Pierre, abbé de Saint-Ruf, et à son monastère les églises de Sainte-Marie et de Saint-André de Crest, ainsi que celle de Saint-Domnin, près de Grane.

Cum juxta apostolum omnibus debitores simus, eis tamen propensiori karitate tenemur adstricti, qui renunciantes seculo in religionis habitu famulari noscuntur. Eapropter ego P., ecclesie Aniciensis decanus, et totus ejusdem ecclesie conventus, ecclesie sancti Ruffi religionem attendentes, ut tam presentes quam futuri Aniciensis ecclesie canonici orationum ecclesie sancti Rufi participes esse mereamur, concedimus tibi Petro, sancti Rufi abbati, et per te ecclesie sancti Rufi in perpetuum, ecclesias sancte Marie et sancti Andree de Cristo et ecclesiam sancti Domnini, que est apud Granam, cum decimis primiciis et oblationibus vivorum et mortuorum et sepulturis et omnibus appendiciis suis, exceptis domibus de Crista, retento tamen in eis dominio et annuali censu trecentorum solidorum viennensium, aut si moneta, lege aut pondere, cadere contigerit, VII marchas et dimidiam argenti ad pondus Podiense ; ita ut, tam presentes, quam futuri ecclesie sancti Rufi canonici habeant, teneant, possideant et, ut de ceteris suis rebus, pro beneplacito suo, disponant, sic tamen ut ad alios transferre non possint. Si vero Aniciensis ecclesie canonicos per loca illa transitum facere contigerit, tenentur canonici sancti Rufi eos in predictis ecclesiis benigne ospicio suscipere et ut dominis reverentiam et honorem et idoneam procurationem exibere, specialiter tamen P. de Monte Rebelli et ejus successores et nuncios suos, qui tunc temporis supradictarum ecclesiarum possessor existebat. Si quis autem supradictos ecclesie sancti Rufi canonicos super hoc inquietare temptaverit, Aniciensis ecclesia se justicie pro eis opponere tenetur. Ut, autem supra dicta concessio omnimodam obtineat firmitatem, laudaverunt hoc Anicienses canonici : Petrus Decanus, Magister Alanus, Gibertus de Spaleto, S. Buzillo, P. Ricardi, P. de Monterebelli, P. Gaufredi, Bertrandus de Fillinis, Poncius de Fillinis, Bermundus de Salnerii, P. Poncii, Bertrandus Aspasii, Guigo de Rocha, W. Salverii, Odilo Paganus, Ugo de Podempniaco, D. de Saisiaco, W. de Corbeira, P. Pictavinus, W. de Sancto Quintino, Dalmacius Guini, Ferrandus, Radulphus, abbas Brivatensis, Poncius Mauricii, P. de Bellomonte, W. Dracho, W. prepositus. Hoc autem factum est in capitulo Aniciensi, anno ab Incarnatione Domini M. C. L. XXXXII, Celestino summo Pontifice. Hujus rei testes sunt : Poncius

Augis, Pontius de Sos, P. de Prunet, canonici Sancte Rufi, D. de
Turnone, P. de Sancto Prejecto, Pontius de Valentia, Durandus de
Treuix (ou Tremx) et multi alii. Hujus consentionis paginam Ani-
cienses canonici sigilli sui auctoritate firmaverunt.

(*Archives de la Drôme ;* fonds de Saint-Ruf : original).

LES BOURSIERS DU DIOCÈSE DU PUY

AU COLLÈGE D'AUTUN, A PARIS

« Pierre Bertrand, natif d'Annonay en Vivarais, évêque d'Autun et cardinal célèbre, fonda, en l'an 1341, à Paris, rue Saint-André des Arcs, un collège qui conserva, jusque vers la fin du xviiiᵉ siècle, le nom de l'évêché dont le fondateur était pourvu. Par l'acte de fondation, Bertrand créa dix-sept places, dont l'une devait être occupée par un principal, la seconde par un proviseur-chapelain et les quinze autres par de jeunes boursiers dont cinq devaient étudier la théologie, cinq le droit canon et un pareil nombre la philosophie ou les arts. Le cardinal fondateur affecta expressément toutes les places du nouveau collège à des étudiants natifs-de la ville d'Annonay, à leur défaut à des étudiants originaires de cette partie du diocèse de Vienne, qui était en deçà du Rhône, et, au défaut des uns et des autres, à des étudiants nés dans le diocèse du Puy, de Saint-Flour et de Clermont (1). »

Telle est la mention, très exacte mais sèche comme une éphéméride, que le principal historien du Velay se borne à consacrer à un établissement où, pendant quatre siècles et demi, de nombreux enfants de notre province — l'élite de plusieurs générations — vinrent compléter les connaissances qu'ils avaient acquises, soit dans les écoles dépendant de la vieille université de Saint-Mayol, soit, plus tard, au collège des Jésuites du Puy, à celui de Tournon ou d'Annonay.

A l'époque où vivait Arnaud, le souvenir de ce collège devait

---

(1) Arnaud, *Histoire du Velay,* t. Iᵉʳ, p. 203.

pourtant subsister encore dans un grand nombre de familles de nos montagnes. Parmi les contemporains se trouvaient, sans doute, quelques anciens élèves de ce célèbre établissement, et notre historien eût pu recueillir de leur bouche des faits, des traditions se rattachant à sa fréquentation par nos compatriotes.

Aujourd'hui, ce nom de collège d'Autun n'éveille plus chez quelques-uns d'entre nous que de vagues souvenirs. Nous allons essayer néanmoins de rappeler ses fastes et le rôle important qu'il a joué dans la vie intellectuelle du Velay.

Fils d'un mire ou médecin d'Aurillac, qui était allé s'établir à Annonay, Pierre Bertrand naquit, dans cette dernière ville, vers la fin du xiiie siècle. Il fut successivement avocat au Parlement de Paris, conseiller en la grand'Chambre et l'un des quatre clercs du Conseil privé suivant le roi, chancelier de Jeanne de Bourgogne, évêque de Nevers, puis d'Autun (1). Il occupait ce dernier siège et venait d'être élevé au cardinalat, lorsque, en 1341, il eut l'idée de convertir en collège destiné à recevoir, comme boursiers, des jeunes gens originaires, soit de sa ville natale, soit des diocèses voisins, une maison qu'il possédait à Paris proche l'église paroissiale de Saint-André-des-Arcs, entre la rue du même nom et celle de l'Hirondelle.

Par cette fondation le cardinal Bertrand ne faisait qu'imiter l'exemple de hauts dignitaires de l'Église, de grands seigneurs, d'hommes généreux de France ou de l'étranger qui, surtout à la suite de la création du plus célèbre des collèges de Paris, de la Sorbonne, avaient ouvert et entretenaient de leurs deniers des collèges, où des écoliers de leurs provinces, venant à Paris pour y achever leurs études, trouvaient une hospitalité gratuite, une direction éclairée, un centre de ralliement qui représentait pour eux le pays qu'ils venaient de quitter.

L'évêque d'Autun suivait le courant, obéissait à l'impulsion irrésistible qui s'était produite pendant cette période de notre existence nationale.

Ce grand mouvement s'était surtout accentué dans la première

(1) Voy. sur lui une intéressante notice de son compatriote le Jésuite Jacques Gaultier, *Table chronographique de l'estat du christianisme.* Lyon, Pierre Rigaud, 1631, in fol., p. 700 et 704.

moitié du xive siècle et après la mort de Philippe le Bel. L'année même où mourut ce monarque vit naître les collèges de Laon, de Soissons ou de Presles et de Montaigu, suivis à quelques années d'intervalle de ceux de Narbonne (1317), de Tréguier et Léon (1319), de Cornouailles (1321), du Plessis (1322), des Écossais (1326), de Marmoutier et d'Arras (1329), de Bourgogne (1332), des Lombards, de Tours (1334), de Lisieux (1336), de Hubaut (1339), d'Autun (1341) de Chanac, fondé par un illustre évêque de Mende, de Mignon (1343), d'Aubusson (1348), de Boncour, de Tournay, des Allemands et de Justice (1353).

Après avoir agrandi son hôtel par l'adjonction de plusieurs maisons voisines, le cardinal Bertrand, par acte du 1er août 1341 et par plusieurs dispositions subséquentes, constitua au nouvel établissement des revenus suffisants pour assurer l'entretien d'un principal, d'un chapelain et de quinze étudiants, cinq en théologie, cinq en droit canon et cinq en philosophie, nourris dans la maison et servis par cinq domestiques.

Ces quinze boursiers devaient être choisis, en premier lieu, parmi les membres de la famille du fondateur ou les jeunes gens natifs de la ville et banlieue d'Annonay ; à défaut de ceux-ci, ils devaient être pris, comme on l'a vu, dans le diocèse de Vienne « de la part qui dépend de France », c'est-à-dire dans la partie de ce diocèse qui s'étendait alors sur la rive droite du Rhône et, enfin, dans les diocèses de Notre-Dame du Puy, de Saint-Flour et de Clermont.

Le cardinal Bertrand administra jusqu'à sa mort son collège, dont la direction passa alors à un neveu du prélat, comme lui d'origine vivaroise, Pierre de Colombier, évêque de Nevers, d'Arras et enfin cardinal. Le nouveau directeur contribua dans une grande mesure au développement de la maison où il mourut à son tour en 1361.

Établi sur d'aussi solides bases, le collège d'Autun prospère singulièrement, surtout pendant le premier siècle de son existence ; il traverse sans dommage la période calamiteuse du règne de Charles VI et de l'occupation étrangère.

A la fin du xive siècle, de quinze le nombre des étudiants s'élève à dix-huit, à la suite des libéralités d'Oudart de Moulins, président en la Chambre des Comptes, qui lui laisse en 1393 des sommes suffisantes pour l'entretien de trois boursiers du diocèse de Moulins.

Un inventaire, conservé aux Archives nationales (1), permet de se représenter la physionomie du collège à cette époque lointaine. Il contient l'état descriptif des meubles des diverses salles de la maison, des ornements et joyaux de la chapelle et enfin le catalogue de la librairie (bibliothèque). Ce catalogue, qu'un érudit (2) a publié in extenso, est du plus grand intérêt au point de vue bibliographique, la bibliothèque du collège d'Autun renfermant deux cent deux volumes, chiffre considérable pour le temps.

Vers cette même époque et jusqu'à la fermeture de ses portes, le collège donne asile, non seulement à des boursiers, mais encore à des pensionnaires libres qui viennent loger rue Saint-André-des-Arcs pendant les séjours d'études qu'ils font à Paris.

Signalons encore les libéralités d'André de Sauzéa, évêque de Bethléem et proviseur du collège, qui, en 1643, fonde deux nouvelles bourses en faveur d'écoliers d'Annonay, sa ville natale.

Le procès-verbal d'une visite universitaire faite, le 3 décembre 1642, sous l'administration de Sauzéa, nous fait connaître que le collège avait alors 18 boursiers dont six théologiens, six décrétistes et six artiens. Il s'en trouva un dans le nombre qui avait quarante ans et n'avait jamais étudié les lettres. Le principal se plaint de ce que les boursiers aient ouvert, malgré lui, la maison à beaucoup « d'étrangers entremetteurs de procès, usuriers et soldats » (3).

Le même document nous apprend que les boursiers doivent être silencieux aux repas qu'ils prennent en commun, que les philosophes et les grammairiens doivent parler latin. En recevant sa bourse, chaque boursier est tenu de payer au procureur quarante sols pour son entrée, et à ses camarades « un septier de bon vin ».

Les boursiers ont des chambres dont la porte doit rester ouverte pour assurer la surveillance. On mange au réfectoire, et le boursier absent à l'heure du repas « dîne par cœur ».

---

(1) Série M. 80.

(2) Franklin, *Les anciennes bibliothèques de Paris*, t. II, p. 70.

(3) Ce procès-verbal a été publié par Ch. Jourdain, *Histoire de l'université de Paris*, p. 144.

L'on ne s'explique guère la décadence de l'établissement qui, commencée à cette époque, ne fit dès lors que s'accentuer.

Au cours du XVIIIe siècle, ses revenus deviennent si insuffisants que, sur le rapport de M. de Laverdy, le Parlement, par un arrêt du 19 août 1763, prononce sa réunion au collège Louis-le-Grand.

Peu après, en 1779, l'administration de ce dernier collège cède au maréchal prince de Soubise, marquis d'Annonay, et à ses successeurs le droit de nommer les titulaires des bourses instituées par le cardinal Bertrand, moyennant la somme de 1,200 livres. Les seigneurs d'Annonay ne jouissent pas longtemps de ce privilège. La Révolution amène la fermeture définitive du collège d'Autun, dont les bâtiments, après avoir abrité l'école gratuite de dessin instituée par lettres patentes du 20 octobre 1767, sont vendus par l'État, le 28 mars 1807, et presque complètement démolis en 1823.

Leur entrée principale portait cette inscription : *Le collège de Maistre Pierre Bertrand, cardinal, natif d'Annonay au diocèse de Vienne.*

Les deux côtés du portail étaient décorés des statues des deux cardinaux, l'oncle et le neveu.

Les écoliers du diocèse du Puy profitèrent-ils en grand nombre des libéralités du cardinal Bertrand ? Divers documents authentiques nous permettent de répondre affirmativement à cette question et de jeter quelque lumière sur un point de notre histoire locale laissé complètement dans l'ombre par nos annalistes qui, en général, ont par trop négligé, dans leurs écrits, le côté biographique.

Oui, il n'est pas douteux que, pendant plusieurs siècles, le collège d'Autun fût un rendez-vous, un diminutif de la « petite patrie » pour beaucoup de jeunes écoliers du Velay, venant à Paris compléter les connaissances scientifiques et littéraires qu'ils avaient commencé d'acquérir dans les écoles du Puy ou de leur région.

La trace de ces écoliers se retrouve dans divers documents qui proviennent du vieux collège, mais qui, malheureusement, ne fournissent que des noms, alors que d'autres indications, et surtout celle du lieu d'origine, seraient si précieuses.

Le premier de ces documents est un obituaire (1) dans lequel nous relevons la mention du décès, en 1562, d'un maître de théologie du nom de Maitry Jean, *alias* Grange, né au lieu de La Grange, paroisse du Chambon *(parrochiâ de Chambonis)* au diocèse du Puy, en 1602, et le 10 mars, de Jacques Beget de la ville de Monistrol *(oppidi de Monistrol apud Velauna)*, ancien élève de la maison et, pour lors, avocat au Parlement en 1679; de Jean des François, du lieu de Saint-Didier en Velay *(Sancti Desiderii apud Velaunos),* qui mourut « dans le lit de son fils, Nicolas des François, proviseur dudit collége », ancien doyen de la cathédrale du Puy.

Le même obituaire contient les noms de plusieurs écoliers auvergnats, parmi lesquels Chalvon, de Brioude; Antoine Cavard, de Champagnac-le-Vieux, etc.

Il nous apprend, en outre, qu'en 1515, Jacques Durade, prêtre du diocèse de Notre-Dame du Puy, était à la fois proviseur et chapelain du collége.

Les divers registres de comptes sont également une source de renseignements, sommaires à la vérité et bien incomplets, mais pourtant de nature à mettre les chercheurs sur la voie de précieuses découvertes.

Il est surtout regrettable que les comptables soient en général muets sur le lieu d'origine des écoliers. Cependant les livres de *distributions*, ainsi nommés parce qu'ils renferment l'état des sommes distribuées au personnel écolier, pour sa pension hebdomadaire s'élevant à 5 ou 6 livres, sont parfois un peu plus explicites, et les milliers de signatures couchées sur ces registres, souvent de nature à aider dans ses recherches un érudit au fait de l'histoire du Velay ayant fouillé nos archives publiques ou privées, habitué à l'écriture des personnages qui, depuis quatre siècles, ont joué un rôle dans ce pays.

En 1534 et 1584, les contrôles du collége d'Autun (2) mentionnent quatre boursiers du nom de Barbier et du prénom de Jean, Antoine et Vital, qui pouvaient bien se rattacher par d'étroits liens de parenté au célèbre auteur du *Viatorium juris,* au jurisconsulte Jean Barbier, né, comme on sait, à Yssingeaux.

(1) Archives de l'Université, ms. 396.
(2) Archives nationales. M. 83-84 H. 2492, 2787 1-16, 28993.

A cette époque, les Vivarais et, en particulier, les Annonéens dominent : de Montgolfier, Chabert, de Larocque, Tracols, Blachère, de Gallier, Badon, Deydier. Pendant le siècle suivant, les Vellaviens et les Auvergnats semblent être en majorité ; nous relevons les noms de Chalendard, Demeure, Ploton, Drevet, Perrussel, Mollin, Mallat, Monteillet, de Goût, Granoulhet, Chave, Celle, Rulhière, Chanial ; nous rencontrons plusieurs Marcland, de la Chaise-Dieu ; un Rochette, de Craponne ; un Vissaguet, très probablement des environs d'Arlanc.

En 1734, Jean Grangeon, du Puy, est inscrit comme auditeur (étudiant) en logique ; en 1737, Jean Privat de Frédeville, également du Puy, comme auditeur en physique. En 1625, François Vissaguet, boursier théologien, occupe une chambre qu'il loue de ses deniers, à raison de 24 livres par an.

En 1656, Jean Rulhière, auditeur décrétiste, obligé d'aller faire un voyage dans sa province, reçoit, du consentement de ses camarades, une avance de 7 livres.

Cette prédominance de nos compatriotes s'explique lorsque l'on sait, comme on l'a vu plus haut, Nicolas des François, de Saint-Didier-la-Séauve, à la direction de l'établissement.

Il en facilite si bien l'accès aux étudiants de son pays, qu'à certains moments le collège est presque exclusivement peuplé d'originaires de Saint-Didier, Tence, Montfaucon et du Vivarais.

Nous retrouvons, sur les mêmes bancs, plusieurs autres membres de cette importante famille des François (1), et notamment Léonard des François, qui fut, dans la suite, doyen de l'église

---

(1) Nous ne pensons pas que cette famille se rattache, au moins par des liens connus, à celle des François du Puy ; elle est originaire d'Annonay, ville où nous trouvons son établissement vers la fin du XVIe siècle. — André des François, bourgeois d'Annonay, fils de Guillaume, notaire royal, et de Clairette Coste ; épousa, le 29 juin 1595, Jeanne Peyret. Entre autres enfants, ils eurent Fleury des François, notaire royal, qui continua la descendance, et Claude des François, frère chapelain ou *diaco* de l'ordre de Malte, commandeur de la Tourrette, mort en 1657 (Archives départementales du Rhône, H. 195).

Cette famille portait : *d'azur à un chevron d'argent accompagné de deux marguerites d'argent en chef et d'une fleur de lys d'or en pointe, au chef cousu de gueules, chargé d'une étoile d'argent.*

Les François du Puy portaient : *d'or au cœur de gueules, au chef d'azur chargé de deux étoiles d'or.*

cathédrale du Puy (1), et revint au collége pour en prendre la direction, à une date que nous ne pouvons préciser.

Ces quelques détails montreront suffisamment l'intérêt qu'offrirait une étude complète sur le séjour des étudiants du Velay au collége d'Autun, l'influence qu'exerça ce foyer de lumières sur la vie intellectuelle de notre petite province, les vocations qu'il fit naître.

Les papiers de famille et, en particulier, les correspondances épistolaires conservées encore en grand nombre dans plusieurs de nos vieilles maisons montagnardes, permettraient, croyons-nous, à un chercheur laborieux et patient de faire cette étude sinon complète, du moins de remplir en partie le cadre que nous venons de tracer.

---

(1) Le *Gallia christiana*, t. II, col. 745, ne mentionne pas ce doyen. Il est vrai qu'il peut parfaitement trouver sa place entre Nicolas des François et Marcellin de Beget.

HENRY MOSNIER.

NUMISMATIQUE DE LA HAUTE-LOIRE

Deniers mérovingiens frappés au Puy et à Brioude, aux VIIe
et VIIIe *siècles, provenant de la trouvaille de Cimiez, près
Nice, et récemment légués au cabinet des médailles de
France par M. A. Morel-Fatio, inspecteur cantonal des
Musées et antiquités monumentales de la Suisse.*

Nous n'avons pas besoin de faire ressortir l'intérêt qui s'attache, pour nôtre histoire locale, aux monnaies émises dans nos contrées aux époques les plus reculées. Celles dont les collections numismatiques de la Bibliothèque nationale viennent de s'enrichir ont une importance scientifique qui, selon l'expression de M. Chabouillet, le savant conservateur honoraire des Médailles et Antiques de la rue Richelieu, n'a d'égale, que leur rareté. On a longtemps douté de l'existence des monnaies mérovingiennes d'argent. Cartier, dans ses *Lettres sur l'histoire monétaire de la France*, après avoir cité, parmi le numéraire qui circulait en Gaule, à l'époque des Francs, le denier d'argent ou saiga, dont le poids réglementaire devait être de 21 grains, ajoutait : « La majeure partie des pièces d'argent qu'on peut « donner aux siècles de la première race, ne me paraissent être « que des tiers de sol contrefaits, frappés sur argent et peut-être « dorés autrefois. » M. A. de Barthélemy, l'un des numismatistes les plus distingués de notre époque, disait : « Les saigas, qui se « rapportaient à un sou d'argent, me paraissent n'avoir jamais « été qu'une monnaie de compte et semblent une innovation faite « par les Francs et les nations d'origine germanique : cette mon-

« naie, du reste, fut l'origine du système carlovingien (1). »
L'éminent membre de l'Institut a conçu, depuis, une plus juste
idée du denier mérovingien.

Ces pièces étaient toujours fort peu communes. Le cabinet
de France, en 1817, ne possédait que vingt-deux saigas.

Vers 1851, trois trouvailles importantes vinrent, heureusement, diminuer cette rareté. La première se fit à Plassac, dans
l'arrondissement de Blaye (Gironde), et fut acquise, en entier,
par M. le marquis de la Grange, qui publia, en 1852, sur cette
découverte, un article intéressant dans la *Revue numismatique,*
sous ce titre : *Monnaies mérovingiennes d'argent.* Selon l'auteur, on avait recueilli cent soixante-dix pièces, à Plassac. Les
collectionneurs s'attendaient à trouver dans ce mémoire la description des précieux deniers. On ne la donna que vingt-cinq
ans après, dans le catalogue publié à l'occasion de la vente de
la collection de M. le marquis de la Grange (2).

Le cabinet de France eut, dans cette vente, l'occasion, tant
désirée, d'augmenter une des séries les plus restreintes de ses
collections.

La trouvaille de Vence, arrondissement de Grasse (Alpes-
Maritimes), fut plus importante. Elle donna trois cent quatre-
vingts pièces, achetées, en novembre 1851, par le marchand
Escudié, qui les revendit, en grande partie, au cabinet de la
Bibliothèque nationale, à M. le comte Clapier, à Marseille, et
à M. H. Morin, à Lyon. Les exemplaires acquis par ce dernier
ont été légués, avec sa collection, au Musée de Lyon et la
description en a été faite par M. B. Fillon (3). Cette seconde
découverte fut l'objet d'un article que le major Carpentin fit
paraître, en 1864, dans la *Revue numismatique : Marseille,
monnaies des patrices.* Mais, comme M. B. Fillon, l'auteur
n'avait eu à sa disposition qu'un petit nombre de pièces et n'avait
pu, conséquemment, compléter les légendes à l'aide de centaines

---

(1) 1re édit. du *Manuel complet de numismatique,* Encyclop. Roret, num. moderne,
p. 1.

(2) *Catalogue des monnaies anciennes et modernes... composant la collection de
M. le marquis de L....., membre de l'Institut... dont la vente aura lieu le lundi 19
et le mardi 20 février 1877.* Paris, Rollin et Feuardent, in-8º.

(3) Fillon, *Lettres à M. Dugast-Matifeux sur quelques monnaies françaises inédites.* Paris, 1853, in-8º, p. 95 et suiv.

d'exemplaires du même denier. Cet avantage était réservé à M. Morel-Fatio, comme nous allons le voir.

En avril 1856, ce savant se trouvant à Nice, acheta en bloc la trouvaille de Cimiez, l'antique *Camenelium,* qui ne présentait pas moins de mille neuf cent quatorze deniers d'argent. Aucune pièce d'or n'avait été mêlée à ce pécule, que le vendeur déclara avoir exhumé d'une terre à lui, en 1852 Mais M. Morel-Fatio était convaincu que ces monnaies provenaient d'un même trésor : celui de Vence. Il pensait que le paysan, qui les avait vendues à Escudié, avait caché la vérité, peut-être dans la crainte de quelque revendication du propriétaire du sol d'où cet amas de pièces avait été retiré. Quoi qu'il en soit, le numismatiste suisse a eu la facilité de réunir un certain nombre d'exemplaires de même type et de donner, par ce moyen, des lectures et des attributions moins conjecturales que celles qui avaient été proposées avant lui, car la frappe de ces pièces est si défectueuse que, très souvent, les légendes sont tout à fait illisibles.

Le généreux donateur se voyant stoïquement arrivé au terme de son existence, adressait, cinq jours avant sa mort, le 5 août 1887, à son ami, M. Chabouillet, non seulement sa collection de Mérovingiennes, mais encore ses manuscrits et les planches qu'il avait fait exécuter. M. A. Morel-Fatio n'avait pas eu le temps de terminer entièrement le catalogue de cette masse de monnaies si précieuses. Le savant conservateur du département des médailles, aidé de M. Maurice Prou, attaché à la même administration, a complété les quelques pages laissées inachevées. Le numismatiste suisse, avec une compétence que personne ne saurait lui contester, a déterminé un nombre considérable de saigas inédits ou mal décrits. On peut donc regarder son travail (1) comme le dernier mot qui ait été dit, jusqu'à ce jour, sur cette partie de la numismatique nationale. Mais la monographie des monnaies mérovingiennes d'argent reste à faire.

______

(1) *Catalogue raisonné de la collection de deniers mérovingiens des* VIIe *et* VIIIe *siècles de la trouvaille de Cimiez, donnée au cabinet des médailles de la Bibliothèque nationale* par M. Arnold Morel-Fatio, rédigé par le donateur et publié, selon ses vœux, par M. A. Chabouillet. Paris, 1890, Rollin et Feuardent, gr. in-8°, XVIII-66 pp., 11 planches reproduisant 229 monnaies, gravées par Dardel.

Nous avons pensé qu'il était utile de reproduire dans les
Mémoires de la Société scientifique de la Haute-Loire, sans rien
changer au texte de l'auteur, la description des vingt-deux deniers
d'argent, attribués au Puy et à Brioude. Ces documents doivent
prendre place à côté de ceux qui font de ce recueil une publication importante par le nombre et la variété des notices qu'il renferme, intéressant, toutes, l'histoire particulière du pays, à des
degrés divers.

LE PUY.

147. (1) 1. Au centre, un point, autour duquel + ANICI.
℞ REGNVLF. Croix.
Coll. M. F. (2) 1 ex. 1 gr. 35.

C'est la première monnaie d'argent que l'on signale pour
cette ville.

BRIOUDE.

160. 2. Globules nombreux et placés symétriquement dans un
entourage en forme de mitre.
℞ BR. Surmonté d'une barre. A l'entour, une légende
rognée.
Coll. M. F., 1 ex. 1 gr. 35.

161. 3. Autre. Même revers, mais laissant voir les lettres T ∩ ᴕ
(Brivates).
Coll. M. F., 1 ex. 1 gr. 20.

162. 4. Autre. Au revers.... TESD....
Coll. M. F., 1 ex. 1 gr. 40.

163. 5. Autre variété. B. R.... TES.
Coll. M.F., 1 ex. 1 gr. 40.

164. 6. Autre. Même type... VSV...
℞ BR surmonté d'une barre ; au-dessous, une croix.
Coll. M. F., 1 ex. 1 gr. 05.

165. 7. Autre. RH ; à l'entour, légende rognée. — O... T...Ω.
Coll. M. F., 1 ex. 1 gr. 10.

(1) Les nᵒˢ en tête des descriptions, sont ceux du catalogue de la collection.
(2) Les lettres M. F. désignent la collection Morel-Fatio.

166. 8. Même type.

    ℞. B R ; à l'entour... ϵNO... BER... peut-être NOR-
BERTVS.

    Coll. M. F., 2 ex., : 1 gr. 15, 1 gr.

167. 9. Même type; trace de légende.

168. 10. Les lettres B R traversées par une barre; à l'entour ꝺVS.

    Coll. M. F., 1 ex. 1 gr. 30.

169. 11. Autre B R rétrograde.

    Coll. M. F., 1 ex., 1 gr. 05.

170. 12. BRI en monogr. traversé par une barre; à l'entour Tϵω.

    Coll. M. F., 5 ex. variés, 1 gr. 40, 1 gr. 05, 0, gr. 95,
0, gr. 85. 0, gr, 80.

171. 13. Autre, A l'entour... ϵOP

    Coll. M. F., 1 ex. 1 gr. 30.

172. 14. Même type. BRI surmonté d'une barre; à l'entour..
ITϵS.

    Coll. M. F., 4 ex. 1 gr. 20, 1 gr. 10, 1 gr. 05, 0, gr. 95.

173. 15. Idem. BRI rétrograde; légende circulaire... A M...?

    Coll. M. F. 2 ex., 1 gr. 05, 0 gr. 90.

174. 16. ϬRIVMO ; au centre O.

    Coll. M. F., 1 ex., 1 gr. 35.

175. 17. Autre. + BRI..... R., au centre, O.

    Coll. M. F. 1 ex. 1 gr. 15.

176. 18. Même type..... O E...

    ℞ B R en monogr.; H..... retrograde.

    Coll. M. F., 1 ex., 1 gr. 25.

177. 19. Monogr. NNT(?) autour + VICO C.....

    Coll. M. F. 1 ex. 1 gr. 25.

178. 20. Le même monogramme altéré.

    Coll. M. F., 1 ex. 0 gr. 80.

179. 21. Autre.

    Coll. M. F., 1 ex., 1 gr. 10.

180. 22. Type peu déterminé dans lequel je crois reconnaître une
tête de face entre deux petites croix.

℞ B R : au dessous I...
Coll. M. F., 1 ex., 1 gr.

L'auteur ajoute :

« L'attribution de ces deniers à Brioude me paraît assurée ;
« pourtant les n⁰ˢ 170 et 171 de la planche IX offrent un mono-
« gramme assez différent des autres pour laisser quelques doutes
« à leur égard. Le type principal, la mitre (?), se trouvant sur ces
« deux monnaies, les range dans la même série que les précé-
« dentes. Comme cela arrive souvent pour les deniers mérovin-
« giens, le flan d'un diamètre insuffisant n'a pas pu recevoir
« l'empreinte totale des coins et les légendes circulaires font
« presque absolument défaut ; c'est tout au plus si l'on aperçoit
« de temps à autre une lettre entière, soit sur la face, soit au
« revers ; en général, il ne reste des légendes que la base de
« quelques lettres. De plus, sur ces vingt et une monnaies, il n'en
« est pas deux qui soient sorties du même coin et qui se complè-
« tent l'une par l'autre de manière à faciliter la lecture.

« A force d'étudier ces deniers, il m'a semblé qu'ils avaient de
« nombreux rapports avec ceux de Clermont. D'un côté, je crois
« voir un nom de monétaire et de l'autre celui de Brioude. Un
« exemplaire figuré sous le n° 166 de la planche IX porte, en
« légende circulaire au revers, le nom de Norbertus. Est-ce celui
« de l'évêque des Arvernes que nous avons déjà constaté sur
« la monnaie de Riom ? il serait téméraire de l'affirmer.

« Quand au type principal de tous ces deniers de Brioude, la
« mitre, il est dessiné avec une précision absolue et, bien que sa
« présence sur des monuments du viiiᵉ siècle, ait lieu de sur-
« prendre, je ne saurais désigner autrement cet objet. (Voy. les
« n⁰ˢ 162, 168 et 170 de la pl. IX.)

« Le cabinet de France possède une monnaie à ce singulier
« type et sur laquelle Ch. Lenormant avait cru pouvoir lire ORN,
« et qu'il attribuait à une localité du nom d'Ornans. Je pense que
« cette pièce, qui provient de Vence, doit être restituée à Brioude.
« La lettre O est la partie inférieure d'un B et N appartient à la
« légende circulaire. »

Une autre série de ces deniers très remarquable et absolument inédite, celle des évêques de Clermont, présente dans le

champ le monogramme A R (Verni) et en légende, un nom pro.
pre, suivi de la qualification ep-s ou eps (episcopus). Les noms
inscrits sont ceux des évêques : saint Avitus, saint Bonetus,
Procolus (1), qui vivait, d'après le rituel du pays, en 720,
Bubus et Norbert, évêque de Clermont, vers 699, sur un denier
de Riom. L'atelier de cette dernière ville n'est connu que
depuis peu.

Le plus grand nombre des monnaies trouvées à Cimiez provenaient des ateliers de Marseille. On doit admettre, avec M. Morel-
Fatio, que ce trésor avait été amassé dans la cité Phocéenne.
Les autres pièces appartenaient à des localités différentes et
situées à des distances plus ou moins grandes les unes des autres.
Ce qui démontrerait que le cours des saigas n'était pas limité aux
lieux d'émission et, aussi, que les ateliers qui les avaient frappés
jouissaient d'un grand crédit, puisque leurs espèces étaient
acceptées dans toute la Gaule. En effet, la trouvaille de Cimiez
est la réunion de produits monétaires des villes de Marseille,
Nîmes, Narbonne, Uzès, Arles, Vienne, Lyon, Chalon, Clermont,
Riom, Le Puy, Brioude, Poitiers, Tours, Orléans, Paris, etc.
Cette circulation de la monnaie d'argent a lieu de surprendre,
quand on considère combien était inégal le poids des pièces. Le
catalogue de M. Morel-Fatio renferme la description de trois
cent quarante-huit deniers, dont le pesage a été fait avec un soin
scrupuleux. On voit que les uns excèdent de beaucoup 21 grains,
tandis que les autres en offrent à peine 10, ce qui accuse une
fabrication des plus élémentaires. On fondait des lames d'argent;
puis, à l'aide du marteau, on cherchait, sans y parvenir, à leur
donner la même épaisseur. Ces lames étaient, ensuite, découpées
à la cisaille, un peu au hasard. Il semble que l'ouvrier ne se
préoccupait que d'une chose : retirer de chaque livre de métal un
nombre déterminé de flans. Mais comme ces morceaux ne présentaient jamais la même épaisseur et très rarement un diamètre
suffisant pour recevoir l'empreinte entière des coins, il en résul-
tait une grande variation de poids et des légendes dont les lettres
manquaient ou étaient plus ou moins complètes et souvent cou-

(1) Combrousse a décrit un triens de cet évêque, frappé à Arlanc. (Monn. nat. p. 9,
nº 75 *ter.*)

pées par le milieu, en sorte que la moitié d'un B peut être pris pour un O. .

On a trouvé, dans des tombeaux de l'époque mérovingienne, des balances portatives, qui servaient, sans doute, à peser les sommes un peu importantes qu'on avait à recevoir. C'était le moyen qu'on paraît avoir adopté, alors, pour corriger l'inégalité de poids de la monnaie.

L'argent commençait, déjà, au viie siècle, à remplacer l'or dans le monnayage. Cet usage serait devenu plus général dans la première partie du viiie, si l'on en juge par la trouvaille de Cimiez, car la plus grande partie des pièces qu'elle renfermait avait été frappée avant l'année 737, date de la destruction complète de cette ville par les Lombards (1).

Les deniers mérovingiens, moins rares aujourd'hui, le sont, cependant, beaucoup encore et n'offrent pas tous le même intérêt. Les pièces révélant des noms de personnages nouveaux, comme le saiga du Puy, ont une autre importance historique que celles qui reproduisent, à l'infini, le nom ou le monogramme d'une ville connue, avec des lettres à peine figurées. Les plus précieuses, sous ce rapport, appartiennent au cabinet de France, dont la série des mérovingiennes d'argent, par suite de legs ou d'acquisitions, ne comprend pas moins de huit cent soixante-quinze spécimens. C'est bien, certainement, la plus riche collection de ces monnaies qui soit au monde.

Au point de vue de la numismatique, les saigas de Brioude offrent un type parfaitement localisé et spécial, jusqu'ici, à cette ville : le type de la mitre. Il suffit, maintenant, de le rencontrer sur une monnaie de cette époque, pour être certain, sans le secours de légendes, que cette pièce doit être attribuée à Brioude.

Le saiga d'Anicium a une importance historique, qui vient à l'appui d'autres renseignements fournis par la numismatique mérovingienne. Il établit, d'une manière certaine, l'existence de cette métropole au viie ou, au moins, au commencement du viiie siècle.

M. Ponton d'Amécourt (2), qui a fait une étude toute spéciale

(1) Voy. Papon, *Hist. gén. de Provence*, t. I, p. 33

(2) Ponton d'Amécourt et Moré de Próviala, *Monnaies mérovingiennes du Gévau-dan*, Paris, 1883, in-8, 5 pl. gravées.

des monnaies mérovingiennes, signale un triens, également frappé au Puy, par le monétaire Sporius (Esperius), au type de Childebert II, avec la légende : *Pax et Libertas,* qui, comme on le sait, inaugure, dans le monnayage national, l'époque de l'affranchissement de toute ingérence romaine et l'abandon des types, empruntés aux quinaires des empereurs Anastase et Justinien, avec l'éternelle Victoire. Mais ce tiers de sou d'or, dont l'émission, au Puy, offre une date certaine, constitue, pour notre histoire locale, un document précieux : cette date concorde avec celle de l'inscription du sarcophage de Saint-Vozy et donne, en quelque sorte, une fois de plus, raison aux déductions judicieuses du savant abbé Lebeuf, relativement à l'époque de la translation du siège épiscopal du Velay, que cet érudit avait fixée, d'abord, entre 560 et 570. Puis, ayant reconnu qu'Aurèle, qui, d'après Saint Grégoire de Tours, résidait à Anicium en 591, n'avait pas été le successeur immédiat de saint Vozy, que deux évêques l'avaient précédé sur le siège d'Anicium, l'abbé Lebeuf ajoute : « Il faudra faire remonter l'époque de cette translation jusqu'en 530 (1). » M. Ponton d'Amécourt fixe vers 538 l'émission du triens du Puy. Il y a là une concordance de date qui a bien son intérêt, si, comme nous le pensons, cette monnaie est la plus ancienne qui ait été frappée dans la cité fondée par saint Vozy.

(1) Voy. *Hist. de l'Acad. des Inscrip.*, 1759, t. XXV, p. 145-6.

Louis PASCAL.

LES OFFICIERS DU VELAY

AU RÉGIMENT D'AUVERGNE, EN 1747

L'histoire a entouré le régiment d'Auvergne d'une prestigieuse auréole. A lui seul, le cri héroïque du chevalier d'Assas à Clostercamp aurait suffi à immortaliser ce corps qui, pendant près de deux siècles, se couvrit de gloire sur tous les champs de bataille de l'Europe, au point qu'on pouvait dire de lui : « Mettez-y le plus grand poltron de la terre et il deviendra un brave homme. »

Créé en 1606, sous Henri IV, il porta d'abord le nom de du Bourg, puis celui d'Espinasse. Son uniforme se composait, tant pour le soldat que pour l'officier, d'un habit vert à parements et collet violets, boutons blancs, passes ordinaires garnies de boutons et autant sur la manche, d'un chapeau brodé vert, d'une culotte blanche.

Parmi ses premiers colonels il compte quelques grands noms : les ducs de Chevreuse et de Duras, les marquis de Chatellus et de Moussy, le comte de Clermont-Galerande, etc.....

Ce fut seulement vers le commencement du xviii^{e·} siècle qu'Auvergne se recruta pour une large part, non pas dans la province à qui il empruntait son nom, mais dans le pays du Velay. A la suite du futur maréchal de Vaux qui s'y enrola dès l'âge de dix-huit ans, les originaires de ce petit pays y affluèrent sans distinction de rang social, plusieurs d'entr'eux à peine âgés de quatorze ou quinze ans.

Une maison surtout, celle des Sagnard, subdivisée en plusieurs branches, les Choumouroux les Sasselange, les Montméa, les

Lafressange, lui donna un si grand nombre d'officiers, que pendant certaines périodes, elle eut au corps jusqu'à dix des siens.

En 1747, époque à laquelle remontent les documents suivants recueillis par nous aux Archives nationales, le régiment d'Auvergne n'avait pas de colonel; le commandement en chef y était exercé par le lieutenant-colonel de Sagnard de Choumouroux. Jourda de Vaux, qui y était entré, le 16 octobre 1723, comme lieutenant, avait, le 6 mars 1743, passé dans Angoumois.

Sur environ cent cinquante officiers composant ses cadres, dix-neuf étaient nés en Velay et y avaient entraîné dans leur « beau régiment », en qualité de bas officiers ou de simples soldats, peut-être une centaine de leurs compatriotes.

L'état suivant nous fournit sur ces braves de précieux renseignements qu'il sera facile à l'un de nos historiens locaux de compléter.

Les autres officiers étaient, pour la plupart, originaires du Languedoc, principalement de Nîmes et du Vigan, ou de Guyenne.

Nous ne trouvons dans leurs rangs que trois auvergnats : MM. de Sarra, natif de la Chaise-Dieu, entré au corps comme lieutenant en 1738, capitaine depuis 1743; de Saulvebeuf, natif de Salers, pour lors capitaine, et le lieutenant de Neuvéglise, de Riom.

Enfin, depuis 1740, Auvergne avait l'honneur de compter parmi ses officiers le chevalier d'Assas qui y servit jusqu'au jour où il tomba glorieusement à l'affaire de Clostercamp, en 1760, et son frère qui s'y était enrôlé en 1746.

Mémoire des services des officiers qui composent ce régiment, fait au camp de Cortersem, en septembre 1747.

« Le Sr *de Choumouroux*, lieutenant-colonel, natif d'Yssingeaux en Velay, a commencé ses services au régiment d'Auvergne en qualité d'enseigne en 1705; a été fait lieutenant en 1706, capitaine en 1711, chevalier de l'ordre militaire de Saint-Louis en 1731, capitaine des grenadiers en 1738, major en 1743, lieutenant-colonel en 1744. A fait vingt-quatre campagnes de guerre; a été blessé à Turin ?, à Barcelone et estropié à la main droite à Parme. Il lui a été accordé une pension au mois de may 1747 de 800 livres à l'occasion de la prise des forts de Ki Kuit qu'il a emportés l'épée à la main, à la tête de six compagnies de grenadiers. A été fait brigadier en janvier 1748; retiré en 1756, avec 1,000 livres de pension (1).

« Le sieur *de Beaux*, commandant du 2e bataillon, natif d'Yssingeaux en Velay, a commencé ses services au régiment d'Auvergne en qualité de sous-lieutenant en 1713, a été réformé à la paix; a été remplacé en qualité de lieutenant dans ledit régiment en 1715; a été fait capitaine en 1729. Chevalier de l'ordre militaire de Saint-Louis en 1738. Capitaine des grenadiers en 1743, commandant de bataillon en mars 1744. A fait la campagne de 1713, où il se trouva au siége de Barcelone et de Rose en qualité de lieutenant en second, a fait toutes les campagnes d'Italie, de Corse, de Bohême, d'Allemagne et de Flandres, a été blessé à la bataille de Parme. Il lui a été accordé une commission de lieutenant-colonel au mois de janvier 1747. A quitté avec une pension de retraite de 800 livres en 1758.

« Le sieur *de Veyrac*, natif d'Yssingeaux en Velay, a commencé ses services au régiment d'Auvergne en qualité de volontaire en 1727, a été dans la compagnie des cadets-gentilhommes à Strasbourg en 1730 ; a été fait lieutenant au régiment d'Auvergne en 1731, capitaine en mars 1739, chevalier de l'ordre de Saint-Louis en 1746 ; a fait toutes les campagnes d'Italie, celles de Corse, de Bohême, sur le Rhin et en Flandres, a été blessé à Prague, à la sortie du 22 août 1742. S'est retiré avec une pension de 400 livres en 1748.

« Le sieur *de Choumouroux*, natif d'Yssingeaux en Velay, a commencé ses services au régiment d'Auvergne en qualité de volontaire en 1737 ; a été fait lieutenant en 1739, capitaine en 1743, aide-major en 1746. A fait les campagnes de Corse, de Bohême, d'Allemagne et de Flandres. A passé à une compagnie en 1747.

(1) Un mot de cet officier supérieur est célèbre dans les fastes militaires. Comme l'aumônier de son régiment prolongeait plus que de raison le prône dominical qu'il était dans l'usage de faire aux troupes et qui roulait ce jour-là, sur les fins dernières, M. de Choumouroux, impatienté, se tournant vers ses hommes : « M. l'aumônier veut vous dire qu'il n'y a pas de salut pour les lâches », et il fait signe aux tambours de battre aux champs.

« Le sieur *de Sasselange*, natif de Craponne en Velay, a commencé ses services au régiment d'Auvergne en qualité de volontaire en 1739. A été fait lieutenant en 1741, capitaine en février 1743. Il a fait les campagnes de Bohême, d'Allemagne et de Flandres.

« Le *sieur de Vacherolles* (1), natif de Craponne en Velay, a commencé ses services au régiment d'Auvergne en qualité de volontaire en 1740. A été fait lieutenant en second en 1742, lieutenant la même année, capitaine en 1746. A fait les campagnes de Bohême, du Rhin et de Flandres. A été blessé d'un coup de feu au siège de Prague.   .

« Le sieur *d'Apinac*, natif du Puy en Velay, a commencé ses services audit régiment en qualité de volontaire au régiment d'Auvergne, en qualité de lieutenant en février 1744, a été fait capitaine en 1746. A fait les campagnes de Flandres ; mort en 1752.

« Le sieur chevalier *de Veyrac*, natif de............... a commencé ses services audit régiment en qualité de lieutenant en 1745 ; a été fait capitaine en 1748.

« Le sieur *d'Oliac*, natif de Craponne en Velay, lieutenant en second en mars 1745, lieutenant en may 1746.

« Le sieur *de Breux* (2), natif de   volontaire au régiment de Conti infanterie en 1744 ; a passé dans celui d'Auvergne en octobre 1746, dans celui d'Angoumois en qualité de capitaine en 1747.

« Le sieur *Dubourg de Vacherolles* (3), natif de Craponne en Velay, lieutenant en octobre 1746.

« Le sieur *de Sagnard* sous le nom de *Laval*, natif d'Yssingeaux en Velay, en 1739. A été fait lieutenant en second en 1740, enseigne en 1742, lieutenant en 1743, capitaine le 21 octobre 1746. A fait les campagnes de Corse, de Bohême, d'Allemagne et de Flandres.

---

(1) Torrilhon de Vacherolles, frère de Torrilhon du Bourg dont il va être question.

Trois frères Torrilhon qui servaient à la fois à cette époque ont été successivement capitaines au régiment.

(2) Né vraisemblablement au château des Breux, près de Mézères.

(3) Torrilhon du Bourg, né à Craponne le 4 février 1732, mort dans la même ville, le 8 août 1806, après être parvenu au grade de maréchal-de-camp-général de brigade et avoir servi en cette qualité, en 1790, sous les murs de Lyon insurgé.

« Le sieur *de Montméa,* natif d'Yssingeaux en Velay, a commencé ses services audit régiment en qualité de lieutenant en second en 1743, a été fait lieutenant la même année, capitaine en 1746 ; a fait les campagnes d'Allemagne et de Flandres.

« Le sieur *de Montaigut,* natif d'Yssingeaux en Velay, a commencé à servir audit régiment comme lieutenant en 1743 ; a été fait capitaine en 1746 ; a fait les campagnes du Rhin et de Flandres.

« Le sieur *Duvernet* (1), natif du Puy en Velay a commencé ses services au … …………….. lieutenant en octobre 1746.

« Le sieur *d'Agrain,* natif du Velay, lieutenant le……………….

« Le sieur *de Lachau,* natif de……………. lieutenant en 1748.

« Le sieur de *la Borie* natif de……………. lieutenant en 1748.

« Le sieur chevalier *de Vacherolles,* natif de………… a commencé ses services en qualité d'enseigne au mois de….. 174.. (2) »

Parmi ceux de nos compatriotes qui, dans la suite, servirent honorablement dans ce corps d'élite et parvinrent aux plus hauts grades de l'armée, nous citerons :

Jean-Jacques-François de Chambarlhac, baron de l'Aubépin, né aux Estables, le 2 août 1754, enrôlé en 1769, mort général de division en 1826, après avoir pris part aux campagnes de la République et de l'Empire ; Jean André Veyron, baron de La Borie, né au château de La Borie, paroisse de Saint-Jeures, le 30 novembre 1733, incorporé dans notre régiment, le 1er janvier 1748 blessé à Clostercamp, passé en Amérique avec Rochambeau, mort général de brigade et gouverneur de Sainte-Lucie, le 19 juillet 1783.

(1) Vraisemblablement un ancêtre maternel du général Mouton-Duvernet.
(2) *Archives nationales.* Registre M. M. 830.

Henry MOSNIER.

André-Bruno **FRÉVOL** de **LACOSTE**

GÉNÉRAL DU GÉNIE

NÉ A PRADELLES (HAUTE-LOIRE) LE 14 JUIN 1775

(D'après un portrait du Musée du Puy)

Le général André-Bruno FRÉVOL de LACOSTE

M. le général Thoumas, dans ses *Chroniques militaires*, a consacré les lignes suivantes à un de nos compatriotes, le général du génie André-Bruno Frévol de Lacoste, né à Pradelles le 14 juin 1775 et tué, à trente-quatre ans, au siège de Saragosse, le 1er mai 1809, d'une balle au front :

« Il y eut encore dans cette armée, qui s'illustra par le siège de Saragosse et dont le général Suchet faisait partie, un jeune général du génie dont la mort prématurée plongea dans le deuil une charmante épouse qu'il avait quittée six jours après le mariage pour ne plus la revoir, je veux parler d'André-Bruno Frévol de Lacoste, général de brigade, aide de camp de l'empereur, commandant en chef du génie à l'armée chargée de faire le siège de Saragosse. Si la gloire n'était pas une déesse capricieuse prodiguant ses faveurs au hasard, le nom de Lacoste serait honoré parmi les plus illustres et son nom devrait être inscrit au premier rang sur le livre d'or de l'arme du génie, où figurent tant de noms injustement ignorés. Je vais dire ce que j'ai pu en savoir.

« André Bruno Frévol de Lacoste était né à Pradelles (Haute-Loire), le 14 juin 1775. Il fit, en qualité d'adjoint dans l'arme du génie, les campagnes de 1793, 1794 et 1795 à l'armée du Nord et à l'armée des Pyrénées-Orientales. Nommé lieutenant de deuxième classe, le 14 octobre 1795, est envoyé à l'école de Metz, d'où il sortit lieutenant de première classe, le 21 mai 1796, pour servir à l'armée du Rhin-et-Moselle et se distinguer à la bataille de Biberach, ainsi qu'à la défense de Kehl ; de nouveau élève à Metz et attaché à l'expédition d'Égypte, il y apprit l'art de l'ingénieur aux sièges célèbres d'El Arisch, de Jaffa, de Saint-Jean-d'Acre, du fort d'Aboukir, de Boulaq et du Caire. Devenu capitaine et blessé deux fois à Jaffa et à Saint-Jean-d'Acre, il se fit remarquer aux batailles d'Aboukir et d'Héliopolis, fut nommé chef de bataillon, concourut aux travaux de défense d'Alexandrie et du Caire et rentra en France lors de la convention signée au Caire par le général Belliard.

« Nommé directeur des fortifications de Mantoue, il prit, en 1806, une part active au siége de Gaëte, après lequel il fut nommé colonel, fut appelé ensuite à la Grande Armée et, comme s'il eût été désigné d'avance pour prendre part à tous les siéges fameux, il fut employé à celui de Dantzig, où il se conduisit de façon à mériter les croix de la Légion d'honneur et de chevalier de la Couronne de fer. Bien plus, l'empereur Napoléon le prit pour aide de camp, et il réussit à la cour impériale comme il avait réussi dans les tranchées devant Saint-Jean-d'Acre, Gaëte et Dantzig.

« Il venait d'épouser une jeune femme charmante, lorsque, marié depuis cinq jours, il fut arraché brusquement à son bonheur par les événements d'Espagne, qui portaient en germe la ruine de Napoléon et de son empire. Dans le soulèvement général, excité par les agissements de Napoléon vis-à-vis de la famille royale, la ville de Saragosse se signala par son enthousiasme patriotique. L'importance de cette ville, sa position géographique nécessitaient sa prompte soumission. L'empereur donna l'ordre de faire partir de Pampelune, avec quatre mille hommes, le général Lefebvre Desnoëttes pour réprimer l'insurrection de la capitale de l'Aragon. Lefebvre-Desnoëttes, hardi général d'avant-garde, culbuta les insurgés à Tudela, à Mallen, à Alagon et jusqu'aux portes de Saragosse ; il obtint même des succès en pénétrant très avant dans la ville ; mais, arrêté par le feu qui partait des maisons et des couvents qui ressemblaient à des citadelles, il fut obligé de battre en retraite pour prendre position à une demi-lieue en arrière et attendre les renforts qu'on lui avait promis.

« Le général Verdier vint prendre le commandement des troupes françaises portées à 16,500 hommes dont 1,500 de cavalerie. L'empereur envoya en outre son aide de camp Lacoste pour diriger les travaux du siège comme commandant du génie. Les troupes du génie faisaient complétement défaut, le colonel Lacoste n'avait avec lui qu'un officier ; l'artillerie elle-même n'avait qu'un matériel et un personnel insuffisants. La garnison nombreuse trouvait un puissant auxiliaire dans le fanatisme des habitants. Une attaque de vive force échoua, il fallut s'assujettir aux lenteurs d'une attaque en règle et cheminer dans un terrain coupé, boisé et traversé par des murs en tous sens. On ne pouvait y voir à quatre pas et à chaque quatre pas qu'on faisait, il fallait se retrancher : en un mot, on était obligé de conquérir pied à pied sur l'ennemi, qui les défendait avec un acharnement incroyable, une suite de jardins et de maisons de plaisance transformées en forteresses. Le colonel Lacoste, chargé de régler le service de l'artillerie et du génie, se tenait au premier rang dans cette marche pénible et dangereuse : il reconnut avec peine un terrain favorable à l'établissement des batteries de brèche. Enfin, le 3 août, ces batteries furent prêtes à tirer ; leur feu commença le 4 août au matin. Dès midi, trois brèches étaient praticables. L'assaut fut immédiatement donné pour profiter de l'ardeur des troupes qui supportaient avec constance des privations inouïes. Cet assaut réussit tout d'abord, et les colonnes d'attaque pénétrèrent jusqu'au Cosso, promenade de 40 mètres de large, établie sur l'emplacement des anciens remparts maures ; mais arrivés là, nos soldats furent arrêtés par le feu violent qui partait des rues barricadées. Ils étaient épuisés de fatigue, la plupart même n'avaient plus de souliers.

« La scène de carnage était horrible à voir. Nous avions perdu 462 tués et 1,505 blessés. Le général Verdier était grièvement blessé, le général Lefebvre-Desnoëttes, blessé lui-même plus légèrement, prit le commandement : une nouvelle attaque, dans laquelle nous perdîmes encore 3 à 400 hommes, semblait devoir aboutir à la chute de Saragosse, lorsque le général Lefebvre reçut l'ordre de lever le siège et de rejoindre l'armée qui se repliait sur l'Ebre à la suite des événements de Baylen. Cette opération manquée nous avait coûté 3,500 tués ou blessés. Le colonel Lacoste fut récompensé de sa brillante conduite par le grade de général de brigade et le titre de comte de l'empire.

« Lorsque, après l'entrée de Napoléon en Espagne et la victoire de Tudela, remportée par le maréchal Lannes sur les armées espagnoles d'Aragon, le siège de Saragosse fut repris, le général Lacoste fut nommé commandant du génie de l'armée chargée, sous les ordres du maréchal Moncey, bientôt remplacé par Junot, duc d'Abrantès, de cette tâche difficile. Cette fois le personnel du génie était nombreux. Il comprenait huit compagnies de sapeurs, trois compagnies de mineurs, commandées par le major Breuille, directeur des mines, et quarante officiers, parmi lesquels figuraient plusieurs illustrations futures, les colonels Rogniat et Dode de la Brunerie, les chefs de bataillon Valazé et Haxo, le capitaine Prost et d'autres qui seraient parvenus sans doute à la même célébrité, s'ils n'avaient trouvé dans les luttes sanglantes du siège de Saragosse une fin prématurée, tels que le capitaine Second, qui fut tué d'un coup de fusil à bout portant par un moine caché dans les ruines du couvent de Santa-Engracia, le capitaine Lelobe, tué en même temps que le général Lacoste, le capitaine Lepot, tué pendant qu'il examinait les travaux d'attaque par dessus l'épaule du maréchal Lannes.

« A la tête de ce brillant état major, le général Lacoste jouissait d'une incontestable autorité. Formé en Égypte à l'école de Caffarelli, à Gaëte par les leçons des généraux Campredon et Vallongue, à Dantzig par l'exemple de Chasseloup-Laubat, il joignait à une connaissance profonde de l'art de l'ingénieur une valeur calme et réfléchie, un courage à toute épreuve, un caractère aimable et enjoué qui le faisait chérir de tout le monde. Sous son influence, l'artillerie et le génie, faisant trêve à leurs contestations ordinaires, marchaient admirablement d'accord. Il avait trouvé un adversaire digne de lui dans l'ingénieur de la défense, le colonel San Genis, jeune, brave et savant comme lui et qui, par une singulière coïncidence, devait être tué le même jour. Lorsque, par l'ordre de l'empereur, le maréchal Lannes vint prendre la direction supérieure du siège, Lacoste inspira pleine confiance à cet illustre soldat. Les couvents des Trinitaires, de Santa-Engracia et des Capucins, furent enlevés le 27 janvier dans un assaut général, sous son impulsion énergique. L'enceinte de la ville était ouverte, mais la tâche la plus difficile restait à accomplir. Il fallait parvenir au cœur de la place en cheminant à travers les barricades, au milieu d'un dédale inextricable de maisons voûtées et presque incombustibles. Les rues étaient barrées par des batteries qui les enfilaient, les maisons étaient percées de créneaux et communiquaient ensemble, de manière que les assiégés pouvaient circuler de l'une à l'autre à l'abri des projectiles. Lacoste apporta à cette guerre de maisons autant d'activité que d'intelligence. Après l'assaut du 27 janvier, il mit tous ses soins à s'avancer ainsi, sans mettre les soldats à découvert. Le 1ᵉʳ février, des mines étaient préparées pour faire sauter un îlot de maisons; Lacoste, mû par un sentiment d'humanité, fit placer plusieurs mortiers derrière un épaulement très voisin de ces maisons et y fit lancer quelques bombes afin d'en écarter les défenseurs avant l'explosion.

« A ce moment une balle traversa le ballot de laine qui le cachait et lui rasa le front en emportant une boucle de cheveux. Tout en riant de cet accident, il s'écria : « Encore si ces cheveux étaient pour elle! » reportant ainsi sa pensée sur la conversation qu'il venait de tenir en se rendant aux attaques; il avait parlé à l'officier qui l'accompagnait de sa jeune épouse et de son désir de quitter la cour impériale pour aller vivre tranquillement auprès de son père, de sa femme et des enfants qu'il espérait avoir : tout en faisant une peinture délicieuse de l'avenir qu'il se promettait, il était arrivé sur le lieu du combat. Quelques instants après, le feu fut mis à la mine. Tout un îlot de dix ou douze maisons sauta en l'air. Dès que la poussière fut assez tombée pour que l'on pût se reconnaître, le capitaine Prost lança les soldats polonais qui devaient attaquer. Lacoste, Valazé et Lejeune montant à la croisée d'une maison voisine, les cris de : « hourra! hourra! » qu'ils adressaient aux Polonais, pour les encourager, attirèrent l'attention des Espagnols et par des petits trous, presque invisibles, ils ajustèrent des coups de fusil qui brisèrent le front du général Lacoste et du capitaine Lelobe. Celui-ci mourut sur le coup; Lacoste survécut quelques heures.

« Ce fut un deuil général dans toute l'armée.

« La loyauté, la franchise, la belle âme du général Lacoste, « dit Belmas dans son *Histoire des sièges d'Espagne*, le faisaient « chérir autant que son activité, sa valeur brillante et sa capacité « militaire le faisaient admirer. »

« Le colonel Rogniat le remplaça dans la direction des travaux d'attaque.

« J'ai saisi avec d'autant plus d'empressement cette occasion de parler d'un officier du génie, qu'un de mes lecteurs vient de me reprocher, très courtoisement d'ailleurs, d'avoir négligé dans mes rappels des souvenirs du passé, l'arme à laquelle ont appartenu tant de remarquables soldats. Mon correspondant peut être bien assuré qu'il n'y a là aucune négligence de ma part. Je n'ai pas de parti pris à l'avance pour les sujets que je traite, et c'est, la plupart du temps, l'occasion qui les fournit. Les sièges les plus fameux par l'acharnement de la défense, Saint-Jean d'Acre, Gaëte, Saragosse, Sébastopol, ont coûté la vie au général commandant le génie de l'armée assiégeante. Les généraux Lacoste, Caffarelli, Vallongue, Bizot ont été frappés après avoir donné chaque jour l'exemple du plus noble mépris de la mort et du sacrifice de la vie à un devoir dont les exigences n'ont pas de trêve. La guerre de siège, moins brillante que les luttes en rase campagne, moins glorieuse que les batailles d'Austerlitz, Iéna, Friedland, Wagram, impose aux troupes une continuité de dangers et de souffrances ininterrompus. Les ingénieurs chargés de diriger les attaques en ont la plus large part, les troupes les suivent avec confiance parce qu'elles ne les voient jamais s'épargner eux-mêmes.

« Il y a longtemps que le plus grand de tous les ingénieurs, Vauban, faisait ressortir auprès de Louis XIV et de Louvois les services de ses collaborateurs, « toujours les premiers à la fatigue et aux coups, laissant à d'autres les faveurs et la gloire ». Depuis lors, les faveurs et la gloire ne leur ont pas manqué, et c'était toute justice, parce qu'ils sont restés dans les sièges les premiers à la fatigue et aux coups. »

Dans nos *Ephémérides locales*, nous avons donné jadis, d'après le livre de M. Truchard du Molin sur les officiers généraux de la Haute-Loire, la biographie de ce jeune général atteint mortellement au seuil de la gloire.

L'étude de M. Truchard du Molin à laquelle nous renvoyons encore le lecteur, car elle est pleine de détails intéressants que n'a certainement pas connus le général Thoumas, rapporte que l'Empereur aurait dit à un M. de La Coste qui lui avait été présenté peu de temps justement avant la mort tragique du jeune général : « Vous avez un « parent qui ira bien loin si une balle ne l'arrête pas. »

Le jeune général tué à Saragosse était le second fils du général Jean-Bruno Frévol de Lacoste qui, après avoir fait la grande guerre

jusqu'au moment où, en 1752, n'étant encore que capitaine, un rhu-
matisme aigu l'arrêta dans sa carrière et le fixa à Pradelles parmi
ses compatriotes, avait été créé commandant dans les montagnes du
Vivarais, du Gévaudan et du Velay, soulevées par les dernières étin-
celles de la sédition des camisards, et les avait pacifiées.

Jean-Bruno mourut au Puy, le 31 décembre 1808, dans sa quatre-
vingt-unième année, au moment où André-Bruno s'illustrait en
Espagne.

Il avait eu un premier fils, Louis-Etienne, né à Pradelles le 27 septembre 1765, élève de l'école militaire et condisciple de Napoléon
qui le considérait comme un sujet de grand avenir. Il sortit de l'école
sous-lieutenant de l'arme du génie, lui aussi, et fut tué à l'armée des
Pyrénées-Orientales, à la fleur de l'âge, le 8 juillet 1795.

Les deux fils du vieux général Jean-Bruno avaient été élevés dans
ce collège de Tournon, dont, nous raconte M. Truchard du Molin,
les États du Languedoc dotaient le haut enseignement, et où se ren-
contraient, avant d'entrer dans l'Église ou dans les armes, les gentilshommes du Vivarais et du Velay.

M. Truchard du Molin donne, d'après M. Thiers *(Le Consulat et
l'Empire)*, le récit de la mort du jeune général André-Bruno et il
ajoute ensuite ces détails posthumes :

« Ainsi périt, bien jeune encore, mais pour revivre immortel, le
brave général La Coste, l'honneur de sa famille et de son pays, et
pleuré de toute l'armée, dit un de ses biographes, autant pour l'émi-
nence de ses talents militaires que pour ses qualités personnelles.
L'Empereur, qui avait véritablement de l'amitié pour tous ses aides
de camp, reçut avec une vive affliction la nouvelle de sa mort. Il
voulut que du moins le bronze et le marbre transmissent aux générations futures l'image et le souvenir du héros de Saragosse. Par ses
ordres, son cœur, enfermé dans une urne coulée avec du bronze pris
sur l'ennemi, fut adressé au département de la Haute-Loire et,
d'abord déposé dans une chapelle du cimetière, repose aujourd'hui
dans un monument en marbre noir élevé aux frais du pays dans
l'église de Pradelles (1) ; sa statue, moulée par Clodion, que l'artiste
n'eut pas le temps de tailler dans le marbre, oubliée au Musée des
Petits-Augustins pendant les années qui suivirent, est arrivée dans
ce palais de Versailles ouvert par un descendant de Louis XIV à
toutes les illustrations nationales ; son nom est glorieusement inscrit

____

(1) Cette translation, concertée entre M. Mahul, alors préfet de la Haute-Loire, et
Mgr de Bonald, évêque du Puy, fut faite avec une grande solennité, le 3 octobre 1839.

sur l'Arc de Triomphe de l'étoile, son portrait est dans les salles du
Musée des Armes-Savantes à Paris; enfin, par un décret impérial du
30 mars 1809, Napoléon, en récompense des services rendus par son
aide de camp, déclara reversible en faveur de ses trois sœurs, les
dames de La Coste, la pension de trois mille francs que le général
de Lacoste, leur père, avait sur le trésor public (1). »

(1) Journal *La Haute-Loire* du 22 avril 1891.

CHEMINS DE FER

(VITESSE DES TRAINS)

———

Messieurs,

Dans votre dernière séance du jeudi 6 avril 1893, vous avez émis le vœu que la Compagnie Paris-Lyon-Méditerrannée veuille bien répondre aux diverses demandes qui lui ont été adressées en ce qui regarde l'amélioration de son horaire, l'augmentation de la vitesse des trains ou la création de trains légers, afin de compléter les mesures de publicité déjà prises par notre Société et par la municipalité pour attirer les touristes au Puy.

Bien que n'ayant pas qualité pour traiter au nom de la Compagnie les questions soulevées par ce vœu, il en est une cependant — celle concernant « l'augmentation de la vitesse des trains » — qui a plus particulièrement attiré notre attention et pour laquelle, en raison de son intérêt scientifique, nous avons pensé qu'il vous serait peut-être agréable d'avoir quelques mots d'explication, ainsi que sur les vitesses maxima possibles.

(Les détails qui vont suivre sont extraits d'un travail personnel que nous avons envoyé tout récemment à notre Ingénieur en chef à Lyon.)

Les vitesses maxima que les trains de chemins de fer peuvent atteindre, sans danger, dépendent de deux conditions principales, savoir :

1° Du type de la machine locomotive;
2° Du tracé et de la résistance de la voie.

A la Compagnie P.-L.-M., le service de la traction est chargé de fixer les vitesses maxima que les machines des différents types ne peuvent pas dépasser sans nuire à la conservation de leur mécanisme.

Sur environ deux mille machines, quelques-unes seulement peuvent marcher à 100 kil. à l'heure ; d'autres, à 70 et 90 kil. ; mais, le plus grand nombre, à des vitesses variant entre 45 et 65 kil., et, sous aucun prétexte, ces vitesses maxima ne doivent être dépassées.

En ce qui concerne le tracé et la résistance de la voie, cette question se rattachant à notre service, nous entrerons plus volontiers dans quelques détails.

Tout d'abord, nous considérerons la voie pour une même ligne — de Saint-Georges-d'Aurac à Firminy, par exemple, — comme présentant partout la même résistance, c'est-à-dire construite, sur tous les points, avec les mêmes éléments, afin de n'avoir à nous occuper ici que de l'influence du tracé de la voie sur la vitesse des trains.

Vous savez sans doute, Messieurs, que pour le tracé en plan des lignes P.-L.-M., la Compagnie a adopté tout simplement l'arc de cercle pour raccorder les alignements droits. — Pour ces arcs de cercle, on a été obligé d'employer des rayons d'autant plus petits que les pays traversés étaient eux-mêmes plus accidentés. Ainsi, la Haute-Loire en particulier a présenté sur ce point d'assez grandes difficultés, sans qu'on eût besoin toutefois de descendre au-dessous de 250 mètres de rayon, alors que, sur la ligne de Langogne, on est allé jusqu'à 200 mètres.

Vous avez remarqué également que les voitures des trains, au moment d'aborder les parties de ligne en courbe, s'inclinaient du côté du centre de la courbe, restaient dans cette position sur tout le parcours circulaire et se redressaient ensuite à la sortie pour recommencer presque aussitôt, et quelquefois en sens inverse, lorsqu'après l'alignement droit, il se trouvait une deuxième courbe de direction contraire à la première. Ce mouvement de roulis, assez désagréable parfois, qui en résulte, est dû précisément à l'inclinaison transversale du plan de la voie, ou bien à la différence de niveau qui existe entre la file de rails, côté du grand rayon, et celle côté du petit rayon ; cette différence de

niveau entre les deux files de rails est ce qu'on nomme le *devers :*
il a pour but d'empêcher les véhicules, animés d'une certaine
vitesse, de quitter la voie en courbe, ou bien encore — c'est le
cas de le dire — de s'opposer à ce qu'ils prennent la tangente.

Le rôle du devers est donc très important dans la circulation
des trains, et c'est pour cela que nous désirons vous dire quelques
mots à ce sujet.

La question du devers est assurément des plus complexes et,
jusqu'à ce jour, on n'est pas arrivé, croyons-nous, à la traiter
théoriquement, du moins d'une façon satisfaisante.

D'ailleurs, les causes diverses qui font qu'une machine locomotive ne peut être complètement assimilée à une masse dont le
centre de gravité se meut suivant une courbe, causes très difficiles à déterminer et, par suite, à faire entrer en ligne de compte
dans le calcul mathématique du devers, exigent que l'on ait
encore recours à l'expérience pour déterminer la valeur qui convient le mieux dans chaque cas particulier; du reste, les différences qui existent entre les diverses formules appliquées par
les Compagnies de chemins de fer, indiquent également que l'on
est toujours dans la période des tâtonnements.

Malgré les difficultés que présente la question, nous allons,
néanmoins, essayer d'exposer notre manière de voir sur ce
point.

Lorsqu'on observe la marche d'une machine dans une courbe
(machines à six roues couplées qui sont les plus nombreuses et
le plus généralement employées dans la section du Puy), on
remarque que les roues ont deux mouvements simultanés, l'un
circulaire, en tournant autour de leur axe, le deuxième, de
translation, suivant la courbure de la voie dans laquelle la
machine s'inscrit en serpentant autour de l'axe longitudinal de
la voie, c'est-à-dire que, pendant le parcours, il se produit une
série de déplacements comme suit : l'avant de la machine se
rejette du côté extérieur de la voie, puis est ramené à l'intérieur,
par le choc du boudin de la roue de gauche, contre le rail du
grand rayon; tandis que l'arrière de la machine subit en même
temps le mouvement inverse en se rejetant d'abord du côté du
centre de la courbe pour s'en éloigner ensuite.

De ce mouvement il en résulte un second qui a pour effet de soulever verticalement la machine lorsque, de la position A′ B′ (fig. 1), on passe à celle A B ; c'est alors que la roue d'avant à gauche et celle d'arrière à droite sont en contact avec les rails, la première en A, à quelques centimètres en avant de la verticale passant par le centre de la roue, et la deuxième, au contraire, en B, à quelques centimètres en arrière (fig. 1 et 2).

A ce moment, le boudin de la roue d'avant — qui exerce une forte pression contre le champignon du rail du grand rayon — produit, en tournant, un effort de frottement et de cisaillement qui a pour effet d'user à la fois le champignon du rail et le boudin de la roue, tout en donnant naissance sur la surface intérieure du rail — légèrement inclinée à l'extérieur sur la verticale (fig. 2 et 3) — à une réaction f qui tend à soulever la roue de bas en haut ; ce mouvement est favorisé, du reste, par la roue d'arrière qui, au contraire, en raison de son point de contact en B, donne lieu à une réaction semblable, mais de direction opposée, soit de haut en bas, tendant à abaisser la roue et, par conséquent, à la faire servir de point d'appui au mouvement ascensionnel de la roue A qui déraillerait si le mouvement en question n'était pas annulé en partie par une augmentation du devers théorique, ce dernier étant calculé seulement pour combattre la force centrifuge de la machine.

De plus, si la voie en courbe se trouve être en déclivité, on comprend facilement que la machine a encore une tendance plus grande à sortir de la voie en glissant suivant la tangente, ou plutôt suivant la ligne de cisaillement, et que, dans ce cas aussi, il y a lieu d'aider l'avant de la machine à se rejeter vers le centre de la courbe par une augmentation de devers.

Enfin, si l'on examine ce que devient l'inclinaison du bandage de la roue d'avant de la machine, on voit que cette inclinaison vient au contraire diminuer le devers que réclameraient les autres conditions de roulement du véhicule dans une courbe.

En définitive, il résulte de ces observations que, dans le calcul du devers, il faut tout au moins avoir égard aux quatre éléments suivants :

1° La force centrifuge ;

2° Le redressement radial de l'axe longitudinal de la machine qui, par intermittence, donne lieu à une force de soulèvement de la roue d'avant, côté gauche;

3° La déclivité de la ligne;

4° La conicité du bandage des roues.

Si nous désignons par d, d', d'', les devers à donner à la voie pour combattre chacun des trois premiers éléments, et par i, la quantité correspondant au quatrième élément, on aura comme formule générale :

$$D = d + d' \pm d'' - i \qquad \text{(A)}$$

dans laquelle le signe $+$ du troisième terme se rapporte toujours aux lignes à simple voie, tandis que pour les lignes à double voie il doit être pris pour les déclivités seulement, et le signe $-$ pour les rampes; en palier, d'' devient nul.

Évaluons donc maintenant, aussi approximativement que possible, ces quantités :

I. — Pour d ou A D (fig. 4), si α est l'inclinaison de la voie par suite du surhaussement du rail extérieur A jusqu'en D, V la vitesse du véhicule (exprimée en mètres par seconde), P le poids du véhicule, R le rayon de la courbe et g l'accélération de la pesanteur, on sait que la force centrifuge qui agit sur le véhicule est exprimée par :

$$F = \frac{P\,V^2}{g\,R}$$

et la force centripète, c'est-à-dire la composante du poids P, par :

$$F' = P \sin \alpha.$$

Les deux forces F et F′ devant se faire équilibre pour que le véhicule suive la courbe on a :

$$P \sin \alpha = \frac{P\,V^2}{g\,R}$$
$$\sin \alpha = \frac{V^2}{g\,R}$$

soit :

$$\frac{A\,D}{A\,B} = \frac{V^2}{g\,R}$$
$$A\,B = 1,51, \quad A\,D = d,$$

19

par suite :

$$d = \frac{1{,}51\ V^2}{9{,}81\ R} = 0{,}154\ \frac{V^2}{R}$$

II. — Pour d', la difficulté de déterminer exactement l'intensité et la direction de la force ou réaction f (fig. 2 et 3) qui tend à soulever la roue d'avant au moment du contact, nous oblige à procéder par approximation.

Si on se reporte à la figure 1, on voit que cette force de soulèvement doit être d'autant plus grande que le choc de la roue A est plus considérable, c'est-à-dire que le redressement du véhicule est plus accentué, ou bien que l'angle de cisaillement en A est lui-même plus grand. Cet angle de cisaillement qui est nul, ou que l'on considère comme tel, pour $R = \infty$, augmente à mesure que R diminue et deviendrait maximum (90°) si la conicité du bandage et le boudin de la roue A ne venaient pas s'opposer au redressement complet de la machine.

En empêchant la roue A de s'éloigner du centre de la courbe et, par suite, le boudin de venir buter le rail, la force f disparaîtrait; or, pour cela, une augmentation du devers paraît nécessaire puisque jusqu'à présent la valeur de d n'a d'autre effet que de combattre la force centrifuge.

Pour déterminer ce surhaussement à donner au grand rayon, observons que pour amener au contact les roues A et B, la machine pivote autour de son centre de gravité, et le bandage de la roue A surtout — animé d'une certaine vitesse dont l'influence est difficile à évaluer — est obligé, tout en roulant, de glisser sur le rail (1) suivant la ligne A E de cisaillement, ou à peu près (fig. 1). L'effort développé dans ce cas a pour valeur approchée.

        φ étant l'angle du cisaillement,

        P le poids de la machine,

---

(1) En disant glisser sur le rail, nous ferons observer toutefois que ce glissement est évidemment facilité par le roulement de la roue et dans des conditions telles qu'il doit se rapprocher d'autant plus du frottement de roulement que la vitesse circulaire de la roue est plus grande. D'ailleurs, s'il en était autrement, c'est-à-dire si le frottement de glissement transversal de la machine sur les rails n'était pas annulé en grande partie par le mouvement propre ou la vitesse circulaire des roues, l'effort qu'il représente serait supérieur à la force centrifuge et le devers que l'on donne, pour combattre celle-ci, au plan de la voie, deviendrait inutile.

et ψ l'angle correspondant au coefficient de frottement de fer sur fer, à sec :

$$\cdot F = P \sin \psi \sin \varphi.$$

Pour faire équilibre à cet effort, il suffira d'incliner le plan de la voie du côté du centre d'un angle α tel que (fig. 4)

$$P \sin \alpha = P \sin \psi \sin \varphi$$

d'où

$$\sin \alpha = \sin \psi \sin \varphi.$$

Mais l'expérience donne comme coefficient de frottement $\sin \psi = 0,20$, soit 0 m. 30 pour AB = 1 m. 50 de largeur de voie d'axe en axe des rails. La valeur de AD ou d' correspondant à $\sin \varphi$ sera donc

$$d' = 0 \text{ m. } 30 \sin \varphi.$$

Quant à φ, sa grandeur est assez difficile à préciser et varie non seulement suivant le rayon de la courbe, mais encore avec la forme du véhicule, l'état de la voie et l'usure du boudin des roues. On comprend cependant (fig. 1) que cet angle est un peu plus grand que TAC et beaucoup plus petit que TAB ; prenons-le approximativement égal à 3° comme maximum, dans une courbe de 200 mètres, nous aurons

$$\cdot d' = 0 \text{ m. } 30 \sin 3° = 0 \text{ m. } 015.$$

Cette valeur maxima de d' va naturellement en décroissant à mesure que R minimum = 200 m. augmente et devient nulle pour R = ∞, ce qui donne pour une valeur quelconque de R :

$$d' = \frac{0,015 \times 200}{R} = \frac{3}{R}$$

III. — Pour d'', nous pensons que l'effet de la déclivité peut être combattu par une déclivité égale donnée au plan AB de la voie pour R minimum = 200 et nulle pour R = ∞. Si donc p représente la déclivité par mètre de la voie de rayon R, on aura approximativement

$$d'' = \frac{\pm p \times 200}{R} \times 1,50 = \frac{\pm 300 \, p}{R}$$

IV. — Pour i, c'est-à-dire la valeur correspondant à un supplément de devers donné au plan de la voie en courbe par la conicité du bandage des roues, considérons d'abord la voie en alignement droit (fig. 5). L'inclinaison à l'intérieur de 1/20 qui existe de chaque côté de l'axe de la voie fait que la machine se trouve en équilibre sur un plan horizontal suivant AB; or, cet équilibre est rompu dès que l'on donne une inclinaison à AB pour obtenir le devers nécessaire lorsqu'on passe de l'alignement droit en courbe.

En effet, le plan AB, étant incliné, par exemple, de 1/10 sur l'horizontale (fig 6), l'inclinaison de la roue d'avant A est de $3\,\alpha$ alors que celle du plan AB est seulement de $2\,\alpha$; la rampe moyenne à remonter par la roue d'avant est donc $\dfrac{5\,\alpha}{2}$. On a

$$\sin \frac{5\,\alpha}{2} \times 1^m\,50 = 0{,}1248 \times 1^m\,50 = 0^m\,187$$

tandis que

$$\sin \frac{2\,\alpha}{2} \times 1^m\,50 = 0{,}10 \times 1^m\,50 = 0^m\,150$$

soit, en définitive, une augmentation de devers de. . . . $0^m\,037$

qui, si elle ne pouvait être attribuée simplement à la conicité de 1/20 du bandage, résulterait toujours de celle, beaucoup plus grande, donnée par la gorge de raccordement du bandage avec le boudin, alors que la roue A arrive en contact et que le bandage de la roue B opposée ne possède toujours que 1/20.

On comprend aussi que ce supplément de devers est sensiblement proportionnel à d, ce qui donne d'une façon générale

$$i = \frac{0{,}037}{0{,}150} \times d = \frac{d}{4}$$

$$d = \frac{0{,}154\ V^2}{R}$$

d'où

$$i = \frac{0{,}0385\ V^2}{R}$$

Par conséquent, la formule générale (A) aura pour expression

$$D = \frac{0{,}1155\ V^2 + 3 \pm 300\ p}{R} \qquad\qquad (B)$$

d'où

$$V = \sqrt{\frac{R \times D - 3 \mp 300\, p}{0,1155}} \qquad (C)$$

Cette valeur de V en fonction de R, D et P, permet de déterminer la vitesse maxima possible sur chaque section de ligne considérée, en prenant le rayon minimum et la déclivité maximum de chaque section et en se donnant également, au préalable, un maximum pour D qui, jusqu'à présent, a été fixé à 0 m. 15, mais qu'on pourrait peut-être porter à 0 m. 18. Alors, dans ces conditions, les vitesses maxima sur la partie de Saint-Georges à Firminy seraient :

	Minimum	Maximum		Km.
1° De St-Georges à La Chaud, pour	R = 300ᵐ,	p = 0ᵐ 0208	— V =	71 à l'h.
2° De La Chaud à Darsac, —	R = 250ᵐ,	p = 0ᵐ 020	— V =	63 —
3° De Darsac au Puy, —	(mêmes conditions qu'au 1°)		V =	71 —
4° Du Puy à Aurec, —	R = 300ᵐ,	p = 0ᵐ 004	— V =	75 —
5° D'Aurec à Firminy, —	R — 350ᵐ,	p — 0ᵐ 008	— V =	80 —

Ce qui démontre qu'il n'est pas possible de marcher sur toutes les lignes dans les mêmes conditions.

Maintenant, si la Compagnie jugeait prudent de ne pas dépasser 0 m. 15 comme maximum de devers, on ne pourrait avoir qu'une vitesse uniforme de 65 kil. entre Saint-Georges et Firminy, sauf entre La Chaud et Darsac où elle serait réduite à 55 kil. Ce sont, d'ailleurs, ces vitesses qui existent actuellement au livret de marche.

Ainsi donc, Messieurs, les vitesses maxima possibles dans la région ne peuvent être augmentées d'une façon sensible, même avec des modifications et consolidations de voie assez importantes.

A. CELLERIER.

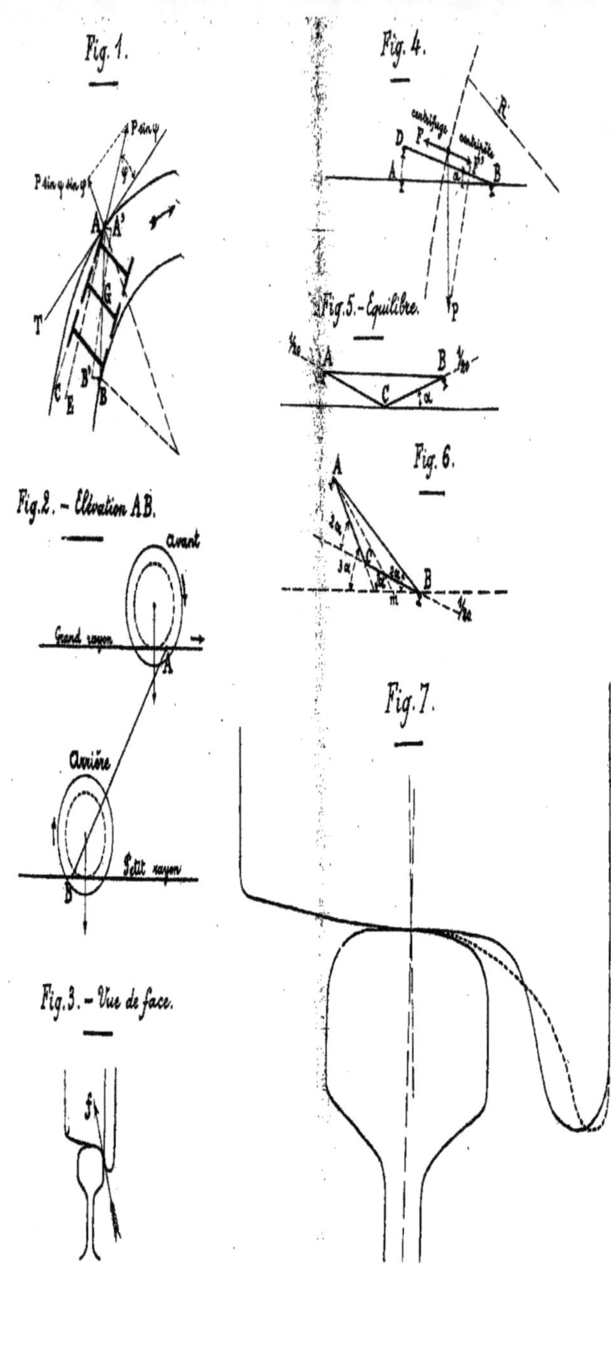

Fig. 1.
P sin φ
P sin φ sin φ'
φ'
A A'
T
G
C B'
E B
Fig. 2. — Élévation AB.
avant
Grand rayon
A
Arrière
Petit rayon
B
Fig. 3. — Vue de face.
Fig. 4.
centrifuge
centripète
D F
A P' B
P
Fig. 5. — Équilibre.
A B
C
α
Fig. 6.
A
C
m B
Fig. 7.

LISTE DES MEMBRES

DE

LA SOCIÉTÉ AGRICOLE ET SCIENTIFIQUE DE LA HAUTE-LOIRE

Au 1ᵉʳ janvier 1895.

BUREAU DE LA SOCIÉTÉ.

MM. Morel (Camille), *président.*
    Gueyffier (Louis), *vice-président.*
    Lascombe (Adrien), *secrétaire.*
    Hedde (Philippe),   *id.*
    Valléry-Michel (Albert), *trésorier.*
    Breschet (Julien), *trésorier-adjoint.*
    Lascombe (Adrien), *bibliothécaire-archiviste.*

CONSEIL D'ADMINISTRATION.

MM. O'Farrell (Arthur).
    Gatillon (Alexandre).
    Jacotin (Antoine).
    Paul (Louis).
    Gueyffier (Edmond).

Les membres du bureau font également partie du conseil d'administration.

BUREAU DU COMICE AGRICOLE.

MM. Jacotin (Antoine), *président.*
    Chaudier (Jean), *vice-président.*
    Hérisson (Etienne), *secrétaire-trésorier.*

MEMBRES HONORAIRES.

MM. Chantemesse, docteur en médecine, à Paris.
Cornevin, professeur à l'École vétérinaire de Lyon.
Roux, docteur en médecine, directeur du laboratoire de M. Pasteur, à Paris.

MEMBRES TITULAIRES.

MM. Abrial (Léon), docteur en médecine, au Puy.
Achard (Hippolyte), fabricant de dentelles, au Puy.
Achard (Paul), sous-chef de bureau au ministère de l'Intérieur, à Paris.
Alirol (Hippolyte), ancien maire au Puy.
Andrieux (Antoine), notaire, à Craponne.
Antier (Joseph), avocat, au Puy.
Arnaud-Delaigue, ancien notaire, à Saint-Vincent.
Assézat-Faure (Auguste), propriétaire, au Puy.
Aulanier (Maurice), notaire, au Puy.
Badiou-Barnier (Camille), négociant, au Puy.
Badiou de la Tronchère (Emile), propriét., à Valence (Drôme).
Berbigier (Louis), conseiller d'arrondissement, au Puy.
Bernard (Claude), conseiller général du canton de Vorey.
Bertrand-Vallon (Paul-Jean), négociant, au Puy.
Binachon (Joannès) directeur des mines de Pont-Salomon.
Blanc, conducteur des Ponts et Chaussées, à Saint-Paulien.
Blanc (Henri), député de la Haute-Loire.
Blanc (Hippolyte), ancien maire, au Puy.
Bonhomme, fabricant de passementeries, à Lempdes.
Bonnefoux (Eugène), conseiller général, à Saint-Paulien.
Bonnet (André), ancien sous-préfet, au Puy.
Bonnet (Léon), docteur en médecine, à Paris.
Boyer (Alfred), conseiller général, à Loudes.
Boyer (André), pharmacien, au Puy.
Boyer (Florimond), avocat, au Puy.
Boyer (Louis), notaire, à Craponne.
Boyer Pierre), docteur en médecine, au Puy.
Braud (Théodore), ancien maire, au Puy.
Breschet (Julien), notaire, au Puy.
Carle-Beraud (Louis), propriétaire, au Puy.

MM. Casati (Jean), propriétaire, à Brioude.

Cellérier (Avantin), chef de section du chemin de fer P.-L.-M., au Puy.

Chaduc (Jean-Annet), directeur de la succursale du crédit foncier, au Puy.

Chambaud (Toussaint-Antoine), conducteur principal des Ponts et Chaussées, au Puy.

Champanhac (Barthélemy), ancien secrétaire en chef de la mairie, au Puy.

Champavère (Léopold), sous-préfet, à Saint-Marcellin (Isère).

Chapuis (Camille), conducteur des Ponts et Chaussées, à Ain-Temouchen (Algérie).

Chatillon (Frédéric), conseiller général, à Brioude.

Chaudier (Jean), directeur de la Ferme-Ecole de Nolhac.

Chaurant (Louis), avoué, au Puy.

Chauvin (Auguste), directeur de la Ferme-Ecole des Plaines (Corrèze).

Chorand (Auguste), propriétaire, à Talobre.

Chossegros, notaire, à Allègre.

Coifflier (Henri), docteur en médecine, au Puy.

Collard (Camille), ancien maire, à Bas-en-Basset.

Corcelle (Joseph), professeur agrégé, au lycée d'Annecy.

Cortet (Auguste), conseiller municipal à Berthier, commune de Collat.

Courcival (de), au château de Courcival (Sarthe).

Dodel, expert, à Craponne.

Dosfant (Gustave), maire, à Couteuges.

Douce (Laurent), rentier, au Puy.

Dreyfus (Samson), professeur au Lycée du Puy.

Dumas, marchand de bois, à Fix-Saint-Geneys.

Dupuy (Charles), député de la Haute-Loire.

Durand (Joseph), conseiller général, au Puy.

Enjolras (Francisque), négociant, au Puy.

Enjolvy-Alirol (Auguste), négociant, au Puy.

Experton (Albert) notaire, au Puy.

Eyraud (Pierre), avoué, au Puy.

Espenel (Louis), caissier de la Caisse d'épargne, au Puy.

Fabre (Emile), docteur en médecine, au Puy.

Fabre (Polydore), propriétaire, au Puy.

Falcon (César), propriétaire à Espaly-Saint-Marcel.

Falcon (Régis), négociant en dentelles, au Puy.

MM. Farigoule (Pierre), négociant en dentelles, au Puy.
Forestier (Jules), entrepreneur, au Puy.
Fournier-Latouraille, propriétaire, à Brioude.
Garde (Gabriel), ancien notaire, au Puy.
Gatillon (Alexandre), propriétaire, au Puy.
Gazanion (Edouard), propriétaire, au Puy.
Giraud (Auguste), juge au tribunal civil du Puy.
Giraud (Henri), boucher, au Puy.
Gire (Jules), commis des Ponts et Chaussées, au Puy.
Gratuze (Louis), conseiller à la Cour de Grenoble.
Guelle (Alfred), docteur en médecine, à Allègre.
Gueyffier (Edmond), conseiller d'arrondissement, au Puy.
Gueyffier (Louis), ancien notaire, au Puy.
Habriat (Michel), vétérinaire, au Puy.
Hedde (Philippe), ancien lieutenant de vaisseau, au Puy.
Hérisson (Étienne), professeur départemental d'agriculture, au
     Puy.
Hilaire (Marie-Louis), marchand de bestiaux, au Puy.
Jacotin (Antoine), archiviste de la Haute-Loire.
Lachenal (Jacques), ancien receveur particulier des finances, à
     Brioude.
Lascombe (Adrien), conservateur de la bibliothèque publique
     et directeur du musée du Puy.
Lavastre (André), juge au tribunal civil du Puy.
Le Blanc (Paul), homme de lettres, à Brioude.
Liogier de Sereys (Alexis), propriétaire au château de Sereys,
     commune de Chomelix.
Malègue (Hippolyte), rentier, au Puy.
Mallat (Louis), ancien directeur des contributions directes, au
     Puy.
Marchessou (Léon), préfet, à Nevers.
Marchessou (Régis), imprimeur, au Puy.
Marsein (Antoine), inspecteur honoraire, à Langeac.
Martin (Antoine), architecte, au Puy.
Martin (Germain), élève de l'école des Chartes, au Puy.
Mauras (Auguste), ancien notaire, au Puy.
Ménand (Théodore), directeur de l'usine à gaz, au Puy.
Ménard (Léon), greffier du tribunal civil, à Saint-Étienne.
Meyer (Léon-Émile), architecte, au Puy.
Morel (Camille), docteur en médecine, au Puy.
Mosnier (Henry), juge au tribunal civil de Clermont-Ferrand.

MM. Mourgues (Gabriel de), procureur de la République, à Brioude.

Néron (Édouard), propriétaire, à Monistrol-sur-Loire.

Néron (Émile), député de la Haute-Loire.

O' Farrell (Arthur), avoué, au Puy.

Piquet (Eugène), conducteur des Ponts et Chaussées, au Puy.

Puaux (Abel-Léopold), inspecteur-adjoint des forêts, au Puy.

Pagès (Henri), notaire, au Puy.

Pascal (Louis), homme de lettres, à Paris.

Pascal (Régis), vétérinaire, au Puy.

Paul (Louis), juge au tribunal civil du Puy.

Planchet, notaire, à Saint-Vincent.

Peyroche, maire, à Craponne.

Ranchet (Justin), professeur au Lycée du Puy.

Repiquet, vétérinaire à Firminy.

Riboud (Eugène), architecte départemental, au Puy.

Rocher-Alméry (Adolphe), négociant, au Puy.

Rogues-Boyer, négociant, à Espaly-Saint-Marcel.

Roussel (Antonin), propriétaire, à Saint-Paulien.

Rumillet (Joseph), ancien député, à Vals-près-le-Puy.

Rome (Alphonse), sous-inspecteur des enfants assistés, au Puy.

Sacher (Frédéric), directeur de la malterie franco-suisse, au Puy.

Sklénard (Ernest), conducteur-principal des Ponts et Chaussées, au Puy.

Terrasse (Édouard), négociant, au Puy.

Truchet (Aldéric), ancien conseiller-général, à Siaugues-Saint-Romain.

Tournefort (de), président du Conseil de préfecture de la Haute-Loire.

Valléry-Michel (Albert), propriétaire, à Espaly-Saint-Marcel.

Varenne (Théodore), propriétaire, au Puy.

Vazeille (Jean-Auguste), peintre-photographe, au Puy.

Vernière (Antoine), avocat, à Brioude.

Veysseyre (Jean), ancien conseiller général, à Brioude.

Vialla (Odilon), vétérinaire, au Puy.

Viallet (Antoine), maire, à Aiguilhe.

Vibert (Léon), substitut du procureur de la République, au Puy.

Vibert (Paul), docteur en médecine, au Puy.

Vissaguet (Ernest), sénateur de la Haute-Loire.

MEMBRES CORRESPONDANTS.

MM. Achard (Joseph), instituteur à Vazeilles-Limandres.
Best (Louis), instituteur à Malrevers.
Boffy, instituteur à Saint-Haon.
Ducat, instituteur à Lavaudieu.
Martin, instituteur à Brives-Charensac.
Mazat, instituteur à Coubon.
Pays (André), instituteur à Vernassal.
Pouille, instituteur à Nolhac.
Mosnier (François), instituteur à Pradelles.

SOCIÉTÉS CORRESPONDANTES

Académie de Reims.

Académie du Gard, à Nîmes.

Académie des sciences, arts et belles-lettres de Dijon.

Académie des sciences, belles-lettres et arts de Clermont-Ferrand.

Académie des sciences, arts et belles-lettres de Bordeaux.

Académie delphinale, à Grenoble.

Académie chablaisienne, à Thonon (Haute-Savoie).

Académie d'Hippone, à Bône (Algérie).

Académie de La Rochelle, société des sciences naturelles de la Charente-Inférieure.

Comice agricole et société de viticulture de Brioude.

Comice agricole central de la Loire-Inférieure, à Nantes.

Société de la Diana, à Montbrison.

Société d'Émulation de l'Allier, à Moulins.

Société académique, à Cherbourg.

Société des antiquaires du centre, à Bourges.

Société nivernaise des sciences, lettres et arts, à Nevers.

Société d'agriculture de la Lozère, à Mende.

Société savoisienne d'histoire et d'archéologie, à Chambéry.

Société impériale des naturalistes de Moscou (Russie).

Société scientifique, historique et archéologique de la Corrèze, à Brives.

Société des sciences naturelles de l'ouest de la France, à Nantes.

Société florimontane, à Annecy.

Société nationale d'agriculture, sciences et arts, à Angers.

Société botanique des Deux-Sèvres, à Niort.

Société des archives historiques, à Saintes.

Société d'études scientifiques et archéologiques, à Draguignan.

Société des sciences historiques et naturelles de l'Yonne, à Auxerre.

Société d'agriculture, industrie, sciences, arts et belles-lettres du département de la Loire.

Société d'agriculture, industrie, sciences, arts et lettres du département de l'Ardèche.

Société des sciences naturelles et archéologiques de la Creuse.

Société historique, littéraire, artistique et scientifique du Cher.

Société départementale d'archéologie et de statistique de la Drôme.

Société archéologique et historique de l'Orléanais.

Société académique de Brest.

Société archéologique et historique du Limousin.

Société d'émulation, à Abbeville.

Société d'agriculture, belles-lettres, sciences et arts de Poitiers.

Société d'études des Hautes-Alpes, à Gap.

Société académique de Laon.

Société archéologique de Tarn-et-Garonne, à Montauban.

Société académique de la Loire-Inférieure, à Nantes.

Société archéologique du département d'Ille-et-Vilaine, à Rennes.

TABLE DES MATIÈRES

———

MÉMOIRES

PROCÈS-VERBAUX.

Année 1891.

pages.

LE PUY-EN-VELAY. — IMPRIMERIE R. MARCHESSOU.